U0618172

概率性学习机制
与第二语言发展研究

张晓鹏／著

科学出版社

北京

内 容 简 介

本书在基于用法的语言习得理论框架下，对概率机制如何影响二语学习进行理论和实证考察，为解释二语认知规律提供理论基础，为优化外语教学、提高学习效率提供参考。本书主要内容如下：首先，结合语言学、认知科学的最新成果，从理论上厘清输入分布、固化、统计优选、语境多样性、构式连接强度等概率机制的促学机理，指出概率在构式边界分割和构式范例概括中所起的重要作用；其次，构建量化概率机制的方法框架，结合语料库语言学和计量语言学成果，对固化、统计优选、构式连接强度、语境多样性、惊奇度等主要概率机制的量化方法进行了系统梳理，提出量化概率机制的具体方法；最后，围绕概率机制对二语发展的作用，以及如何调控概率机制以有效加强其促学效果等方面汇报 8 项实证研究。

本书既适合认知语言学和基于用法的二语学习研究等领域的教师、研究生及研究人员使用，也适合对二语学习与外语教学感兴趣的普通读者阅读。

图书在版编目（CIP）数据

概率性学习机制与第二语言发展研究 / 张晓鹏著. -- 北京 : 科学出版社, 2025. 6. -- ISBN 978-7-03-079742-1

Ⅰ. H003

中国国家版本馆 CIP 数据核字第 2024YQ6993 号

责任编辑：杨 英 宋 丽 / 责任校对：王晓茜
责任印制：徐晓晨 / 封面设计：有道文化

科学出版社出版

北京东黄城根北街 16 号
邮政编码：100717
http://www.sciencep.com

北京厚诚则铭印刷科技有限公司印刷
科学出版社发行 各地新华书店经销

*

2025 年 6 月第 一 版 开本：720×1000 1/16
2025 年 6 月第一次印刷 印张：14 3/4
字数：300 000

定价：118.00 元

（如有印装质量问题，我社负责调换）

前　　言

　　基于用法的语言习得观是指一种语言习得理论，该理论强调语言学习过程中对语言使用和实际经验的重视。根据这一观点，语言习得不仅仅是通过逻辑推理和抽象规则学习，更重要的是通过实际语言使用中的经验积累和模式识别来实现。这种理论认为语言主要是为了实现交流和信息传递而存在的工具，语言的结构和规则是通过实际使用不断调整和演化的。语言的各个组成部分（如单词、短语、句子等）之间相互关联，其意义和语法结构是通过大量实例和经验积累而建立的。在这种观点下，语言习得者通过不断的语言实践和体验，逐渐建立起对语言规律的认识和运用能力。

　　因此，基于用法的语言得观强调通过实际语言使用来提升语言技能和理解能力，质疑传统语言学习中过分注重抽象规则和形式化知识的方式。语言学习是一个概率性的、自下而上的过程，并且与人类普遍认知范畴建立的过程相似。语言学习从简单结构的累积开始，然后逐渐掌握复杂结构，最终形成抽象构式图式。这一过程与认知范畴的建立过程相似，从具体构式范例的积累开始，逐步扩展到构式低域模块，最终达到抽象的构式图式。语言学习受到概率因素的影响，这意味着语言结构在特定语境中的出现频率对学习过程具有重要作用。语言的地道和流利程度往往依赖于这些概率机制。在构式发展的过程中，语言输入分布、固化、统计优选、语境多样性、构式连接强度以及学习者已有的语言知识等各类概率机制都发挥着不同的作用。研究这些概率机制如何推动语言学习，并探讨如何利用这些机制加速构式的习得，从而提高语言学习的效率，是一个值得深入研究的课题。这些问题一直是语言习得研究的重点，同时也是当前构式语法研究中的重要议题。

　　语言研究正在悄无声息地迎来一种取向或格局的改变。基于用法的语言习得观在二语学习研究中逐渐占据主流地位。传统上，语言习得研究主要集中在语法规则的学习和应用上，强调语言结构的学习和内化。然而，随着语料库语言学和计算语言学技术的发展，越来越多的研究开始关注语言使用的频率和上下文的相关性。基于用法的语言习得观强调学习者通过接触到的实际语言使用情境来习得语言，而非简单地通过抽象的语法规则来习得语言。这种观点反映了对语言学习过程更为现实和实用的理解，也推动了语言教学方法的变革，使其更加注重真实语言使用情境的模拟和应用。

本书主要从构建二语概率机制理论框架、梳理概率机制的主要方法、考察概率机制对二语发展和加工的影响、探索二语概率机制的调控等四大方面展开。全书共 8 章，深入探讨了基于概率的语言学习过程及其相关理论。第 1—3 章阐述了概率驱动的语言学习过程，重点分析了固化、统计优选、语言结构的联想学习、语境多样性以及学习者已有的语言知识的迁移等重要概念，综述了固化、统计优选、语境多样性、n-gram 连接强度及学习者已有的语言知识等概率机制在母语和二语构式范畴中的作用，并提出了未来基于概率的二语研究方向。第 4 章则综合介绍了概率性学习机制的语料库量化方法，探讨了形符频率、类符频率、相对频率、卡方检验等多种计量方法在分析学习者语料库中构式分布规律和使用概率方面的应用。第 5—8 章依次汇报了 8 项实证研究成果，研究主题涵盖了 Zipf（齐普夫）频率、固化和统计优选在二语发展中的作用、构式频率和连接强度对中国英语学习者在线加工动词与名词搭配及动词论元结构的影响、n-gram 在中国英语学习者语言产出中的作用、语境多样性对二语词汇习得的促进作用，以及续任务对二语短语知识发展的长期影响。最后，第 9 章作为结语，总结了理论和实证研究的主要成果和学术价值，并指出了当前研究的不足之处以及未来深入探讨的研究方向。

时过境迁，笔者有幸从事二语学习及外语教学研究，至今不觉已有十载。本书汇聚了笔者多年的心血，忠实记载了个人初涉学海、愚笨先飞的求索之历程，希望能为二语学习和教学研究提供一定的参考。笔者之专业水平和学识积淀有限，加之日常琐务繁多，兹因本书或存有不足，敬请专家教者批评斧正，以资后继之改进。

维跻家人脉脉深情之支撑二十年无懈，谨感荷。衷心感谢 8 项实证研究的参与者，正是因为他们的付出和支持，本书才得以顺利完成。特谢科学出版社杨英、宋丽两位编辑，由其躬劳体恤，本书方得以与读者相见。并谢国家、陕西省、西安交通大学等诸多社会科学基金、人才扶植蓁蔓之馈赠，兹备向之钦颂。

张晓鹏

2025 年 6 月

于交大外文楼

目　　录

第1章 绪 论

1.1 引 言

基于用法的语言习得观（usage-based approaches to language learning）强调语言学习和经验的重要性（Bybee，2006；Ellis et al.，2014；Langacker，1987；Tomasello，2003；蔡金亭、王敏，2020；王初明，2015），并提出以下观点：第一，语言的主要功能是交流和传递信息，其结构和语法规则是为了更有效地达到这个目的而不断变化且发展；第二，语言的组成部分（单词、短语和句子等）是相互关联的，它们的意义和语法结构通过大量的实例和经验而得以建立；第三，语言的使用是不断变化的，因为语言使用者的需求和环境也在不断变化；第四，语言知识是通过使用语言的实际经验来建立的，语言学习者通过运用普遍适用于任何学习中的认知机制，从语言经验中归纳出语言使用规律。

上述原则对语言习得研究具有重大的理论指导意义。根据第四点语言知识基于经验的原则，语言学习是概率性的、自下而上的过程。具体来讲，构式学习始于简单结构的累积，然后到复杂结构的掌握，最后到抽象构式图式的形成（Ellis et al.，2014；Goldberg，2019）。这个过程类似于人类建立普遍认知范畴的方式：首先从具体的构式实例积累开始，然后逐渐过渡到构式的扩展范畴，即低域模块，最终达到更抽象的构式图式（Ellis et al.，2014）。语言学习受到概率因素的驱动，这体现了语言结构在特定语境中出现的可能性（Halliday，1991；桂诗春，2004）。目前学界讨论较多的概率性学习机制包括输入分布、固化、统计优选、语境多样性、n-gram 连接强度、学习者已有的语言知识等（Goldberg，2019）。

研究表明，地道而流畅的语言运用是建立在概率基础之上的（Tomasello，2003）；在构式发展的过程中，语言输入分布、固化、统计优选、语境多样性、n-gram 连接强度以及学习者已有的语言知识等概率机制发挥着不同的作用。值得深入探讨的是这些概率机制是如何促进学习的，以及我们如何有效运用不同的概率机制来加速构式的习得，从而提升语言学习的效率。这类研究一直是语言习得领域的焦点，同时也是当前构式语法研究中语言发展问题的重要切入点（Goldberg，2019；Gries & Ellis，2015）。

基于用法的语言习得观对概率机制颇为青睐，主要探讨此类机制如何影响二语发展。探究该课题不仅可为解释二语认知规律提供理论基础,而且可为优化外语教学、提高学习效率提供参考。

1.2　理性学习的概率性

与人类认知相关的事件和环境的一个主要特征是概率性,感知是确定的和可能的事物[①](James,1890)。人们掌握的关于这个世界的概率信息越多,对它的不确定性就越小,那么对未来预测的准确性就越高。在过去四十年左右的时间里,卡内基梅隆大学的研究者,如 Donald O. Herb、Jay McClelland、John Anderson、Brian MacWhinney 等的研究在人类认知统计规律方面取得了重要进展,人类认知过程反映了事物之间的关系和出现概率,表现为以下几种方式:

> 第一,潜意识学习行为。人类的认知过程受到潜意识学习的影响,即人类在不知不觉中学习了世界的统计规律性,从而调整自己的认知方式和行为。第二,统计学习行为。人类利用统计学习的方式,通过大量的实践和经验来学习世界的统计规律。第三,原始性认知行为。人类的认知过程受到原始性认知的影响,即人类倾向于寻找和关注事物的特征和规律性,从而适应世界的统计规律性。(Ellis,2006)

上述学习行为是理性分析(rational analysis)的结果(Anderson,1990)。换言之,人类试图在可用资源和环境的限制下找到最佳解决方案。如果我们能够找到并恰当描述认知系统试图解决的问题,就能找到该问题的最佳解决方案。人们可以通过对一个物品所需概率的最佳估计来实现最优化。换句话说,通过考虑这个物品的重要性和可能需要的频率等因素,来估计它的所需概率,从而在记忆中进行存储和检索。这种最优化的计算过程可有效利用记忆资源,提高记忆的准确性和效率(Anderson,1990;Schooler & Anderson,1997)。语言学习中的理性分析涉及话语世界中单词出现的可能性,以及心理词汇中词汇的流畅性和相对可用性。Anderson 和 Schooler(2000)发现单词出现的概率与其之前出现的时间和

---

① "Perception is of definite and probable things" 这是一种哲学观点,它认为人类感知到的是确定的和可能的事物。这种观点认为,我们感知到的事物不是纯粹的随机事件,而是有一定的规律性和可预测性。具体来说,这种观点主要有以下两方面的含义:第一, "Perception is of definite things",即人类感知到的是确定的事物。这意味着我们感知到的事物具有一定的确定性和确定的特征。例如,当我们看到一张桌子时,我们能够感知到它的形状、颜色、大小等特征,这些特征是确定的,而不是随机的。第二, "Perception is of probable things",即人类感知到的是可能的事物。这意味着我们感知到的事物具有一定的规律性和可预测性,虽然我们不能完全确定它们的特征或发生的方式,但我们可以根据以往的经验和规律对它们进行预测。

频率有幂函数关系。

　　语言使用概率可通过其使用频率来预测，原因如下：首先，人类的记忆对近因（recency）很敏感。回忆事件的概率，就像它的处理或识别速度一样，是根据过去发生的时间来预测的。其次，人类的学习对频率很敏感。遇到刺激的次数越多，处理的速度就越快，结果就越准确。与准确度和先验发生频率相关的幂函数被称为"学习幂律"（DeKeyser，2001），描述了练习与学习效果之间的关系：练习效果在初始阶段急剧上升，之后上升速度变缓，最终趋于稳定。语言使用也是如此，语言理解和加工的准确性和流畅性都遵循以近因和频率为预测变量的幂函数（Schooler & Anderson，1997）。最后，语言使用的概率由语境决定。当过去与一个词语同时使用的其他词出现时，该词被检索且使用的概率就会变大。Schooler 和 Anderson（1997）计算了不同单词之间的关联似然比[①]，评估这种局部语境因素对记忆和加工的影响。实验中，他们发现对于无上下文单独呈现的单词（如"SEA__？"或"FAC_？"），被试在补全单词时付出的认知努力更大，当把该单词片段置于一个搭配中的第二个单词后时（如"HERMETICALLY SEA__？"或"LANGUAGE FAC___？"），在语言加工的过程中则会出现启动现象，即当受到适当的语义或语境约束时，词汇识别和产出的速度更快。

　　这种潜意识的、概率性的理性学习行为影响着语言的习得和使用过程（Bybee & Hopper，2001）。我们的大脑无时无刻不在利用这些关联信息对构式的学习、记忆和处理进行适应性调整。概率论为整合和解释人类在各种推理任务中的表现的心理学模型提供了坚实的基础。Ellis（2002）回顾了语言使用在所有粒度上都与输入频率相适应的证据，包括语音、音位结构、阅读、拼写、词汇、句法和形态句法、语法性、公式化语言、语言理解及句子产出等。诸多证据表明，人类的内隐认知是通过自然生态采样获得的（Ellis，2006），以观察为基础的自然频率在某种程度上是理性的（rational），反映了人类在环境中基于统计规律做出决策的进化方式。这种学习是通过反复接触相关数据而发生的，这使人类能够对潜在的模式和关系形成直觉，更容易理解基于原始频率表征的信息。心理语言学研究表明，人们可能听到的词及其最可能的意义、最可能说出的语言结构、可能会听到的音节、可能会读到的字形等不仅与绝对频率相关，而且也与其发生的

---

　　① 似然比（likelihood ratio）是一种用于衡量两个事件之间关联程度的方法。在语言学中，似然比可以用来衡量两个词语之间的关联程度。具体而言，似然比可以通过计算包含两个词语的文本片段的出现频率与只包含其中一个词语的文本片段的出现频率之比来计算。例如，假设我们要衡量 dog 和 bone 这两个词语之间的关联程度，我们可以计算同时包含这两个词语的文本片段的出现频率，以及只包含其中一个词语的出现频率，然后用这两个频率之比来计算似然比。如果这个比率大于 1，那么这两个词语就是正相关的；如果这个比率小于 1，则这两个词语就是负相关的。

一阶概率[①]、特定语境和相关提示线索的连接强度有紧密关联。语言学习者是"统计学家"，能将来自多个线索的语言信息整合起来。

1.3　二语学习过程的概率性

　　二语学习也是统计学问题，涉及对形式功能映射发生概率的联想学习。学习者的任务本质上是学习概率分布 P（意义|线索，语境），在特定语境中给出正式线索的意义概率，根据语境条件得出从形式到意义的映射（Manning，2003）。语言习得的认知机制需收集规范性证据[②]，为帮助二语学习者形成成熟的语言经验样本提供资源。如上文所言，基于用法的语言学理论认为，一个人的语言能力是在语言输入和使用经历中将所有话语内化并记忆的结果。语言能力的系统性，从语音、句法到语篇的各个层次分析，都是在学习者对语言输入及其使用的分布特征的不断分析中形成的，可以根据联想学习的标准原则来理解。

　　然而，尽管有些构式在输入中出现了很多次，但二语学习者仍未能习得，或者对其的表征比较脆弱或不够精确（Tachihara & Goldberg，2020）。欧洲科学基金会（European Science Foundation）资助的跨语言研究项目对二语学习者的中介语进行了分析，发现学习者的语言传出呈现为"基本变体"的状态，其中大约三分之一的人在这个层面上是僵化的（Perdue，1993）。在这一基本变体中，大多数词汇都来源于目标语言，但它们都无功能形态的标记（王初明，2015）。换言之，大多数词汇对应名词、动词和副词；封闭性词类，特别是限定词、从属词和介词很少出现在基本变体中（Klein，1998）。尽管这些语素在输入中大量存在，但学习者根本无法习得。那么，是什么因素制约了二语发展过程？

　　一般而言，对于二语学习者来说，他们常常会遇到一些语言形式上的困难，这些语言形式虽然在特定的频率、最近的使用情况或语境下是可用的，但由于联想学习过程中关键因素的掣肘，学习者无法顺利地将这些从外部接收到的语言知

---

　　① 事件发生的一阶概率（first-order probabilities of occurrence）指的是某些事件或现象发生的概率。一阶概率是指某事件在单次试验中发生的概率，也就是直接观察到的概率。例如，抛一枚硬币时出现正面的概率是 0.5，这就是一阶概率。在语言学中，一阶概率指的是单词或短语在文本中出现的频率。这种出现频率是一种基本的语言现象，可以通过计算某个单词或短语在给定文本中出现的次数来确定。一些语言学家使用一阶概率来研究语言习得的过程，他们认为，儿童在学习语言时，会根据单词或短语在语料库中出现的概率来选择使用哪些单词或短语。一阶概率为我们理解语言现象和语言习得提供了基本的量化工具。

　　② 在语言习得过程中，学习者需要通过各种方式来获取语言知识，包括词汇、语法和语用等方面的知识。这些知识不仅需要基于周围环境的语言输入，还需要基于周围环境的规范性语言输入，才能构建出一个符合语言规则和常规的语言系统。因此，规范证据是语言习得的必要基础之一。规范证据是指符合语言规则和常规的语言输入，它是一种重要的语言输入形式，可以帮助儿童形成正确的语言知识。

识（输入知识）转化为自己能够灵活运用的、内化的语言知识。简而言之，虽然有些语言结构在特定条件下是可用且常见的，但学习者因为某些关键学习机制的不足，难以掌握并有效地在实际交流中运用这些语言形式。影响联想学习的主要因素，如构式组成元素之间的连接强度 ΔP、构式自身的认知凸显性、构式意义的抽象程度等，会影响语言习得的效果，因此在二语学习中起着重要作用。此外，语言输入中的信息分布如构式元素的冗余性、阻塞、遮蔽、母语干扰和基于母语的感知调节都会对二语学习效果产生差异性的、更显著的作用，从而有助于解释二语学习僵化形成的原因（Ellis，2016）。

就普遍难学的二语功能语类而言，包括介词、连词、冠词、代词、助动词、情态动词和副词等，研究初步发现，功能语类的学习之所以难，主要是受以下因素的制约。第一，这些构式（作为结果）很少有可靠的预测提示线索，即线索和结果之间的关联度很低，如相关量化指标 ΔP 等概率事件的统计数据远远低于 1.0（MacWhinney，2001）。这种线索和结果的低关联使得即使在大量的语言输入中，二语学习者也很难建立起两者之间的映射关系并将其自动化。第二，由于线索的显著性较低，未能参与基于概率的对比选择过程（Andersen，1990），主要是因为功能语类在整体信息解读中的重要性较低。第三，这些构式在语言输入中很难引起二语学习者的注意，因为它们在话语的即时理解中未被注意到，往往被先前选择的具有更高显著性的线索掩盖或阻碍。当线索与解释之间的联系更加紧密时，额外的关联性就会减少；相反，根据上下文和其他线索预测的解释越多，线索的额外关联就越多。第四，这些构式被忽视的另一原因是多元化的构式形式与意义的映射关系。从输入和使用中获得的意义的连接强度共同调节二语学习者选择性参与语言处理的方式。二语学习者的母语体验会影响他们感知和学习二语语言输入中线索和对应的意义功能，以及母语语言的意义体验会影响二语学习者日常表达语言意义的方式。

上述因素都以某种方式影响着学习者对输入中的二语形式的感知和注意。注意对于理解二语输入的几乎每个方面都很必要，包括二语发展中的流畅性、准确性、复杂性和个体差异（如工作记忆、学习动机和学习策略等）（Schmidt，2001）。

目前，以下问题是基于用法的二语学习研究领域的重要课题：在二语发展的不同阶段，语言输入分布、固化、统计优选、语境多样性、构式连接强度和学习者已有的语言知识等概率机制有何作用？上述几类概率机制如何与教学方式、学习环境和学习者个体差异等外界因素交互影响不同二语构式的动态发展过程？如何调控概率机制，有效加强其促学效果，加速构式发展？

1.4　二语学习概率性的研究路径与方法

二语学习中涉及概率性的研究通常从以下几个方面展开。

第一，二语概率机制理论研究。结合语言学、认知科学最新成果，从理论上厘清概率机制的促学机理；构建量化概率机制的方法框架，结合语料库语言学和计量语言学成果，构建二语概率机制的心理语言学模型，解释概率机制的促学机理。

主要的研究方法为：分析母语者和学习者语料库中的构式分布规律和使用概率等指标。语言输入分布的主要量化方法为形符频率、类符频率、范例输入序列等；固化的主要量化方法为目标构式形符频率和构式形义关联度；统计优选的主要量化方法为同义构式的形符频率和目标构式的形义关联度；构式连接强度的主要量化方法是构成成分之间的共现概率；语境多样性的主要量化方法是构式在语料中出现的分散度；学习者已有的语言知识，如习得性注意的主要量化方法是实验处理和学习者母语和目标语的语言类型学对比分析等。

第二，概率机制对二语发展的影响。分析多种构式的语言特征，考察构式学习初期固化的促学效果，检验基于形符频率的典型范例如何充当认知挂靠点，帮助学生建立构式垂直范畴，提高语言使用的流畅性。考察统计优选如何加快构式垂直范畴的拓展，检验统计优选如何在学习者已有的语言知识基础之上，凸显范例的语用对比，加快构式垂直范畴的拓展。检验语境多样性如何在构式学习后期加快构式水平范畴的形成，考查学生已建立的垂直范畴如何吸附不同语境中的范例，将其"打包"并"同化"，促进构式知识重组，提高语言使用的流畅性和准确性。检验 n-gram 连接强度如何反映语言使用的地道性以及已有的语言知识对二语构式发展的促进和抑制作用。

主要的研究方法为：参照齐普夫定律设计教学实验中的构式输入分布构成，然后通过教学实验收集二语学习者的理解和产出等数据；利用参照语料库计算固化、统计优选、语境多样性和构式连接强度等概率机制的量化指标。以此类指标为自变量、被试语言行为数据为因变量进行实验设计。外语水平以英语测试成绩为衡量指标，学习者内部因素涉及的抽象能力和工作记忆通过雷文推理测验（Raven's Progressive Matrices Test）、运算广度任务等工具进行测量，对被试语言产出数据辅以有声思维和访谈。分析所收集语料中被试对不同目标构式的判断和产出性数据，进行个人和组群层面的分析，前者使用定性分析方法，后者采用构建混合效应模型进行拟合，用分析法归纳同类构式习得规律。

第三，二语概率机制的调控。通过调控和设计语言输入结构、给学生提供恰当话题进行续说/写、提升学生元语言意识等方法，尝试改变和优化概率机制的促学效果，将不同学习阶段的构式习得结果进行元分析，找到构式发展的动态路径。

主要研究方法为：根据概率机制对二语发展的影响部分的研究结果，选定易受概率机制影响的英语词汇、语法等构式作为目标。①在语境调控实验中，对实验组采用多语境体验、形义兼顾等干预，试图解释语境操控的促学动因。②在续作实验中，实验组阅读含有基于不同概率分布的目标构式的英语语篇，然后续说/写输入文本，对照组则不接收阅读输入，直接用外语说/写输入文本，观察被试强制与目标构式在语篇层面协同带来的学习效果。③在元语言意识实验中，给实验组开设语言对比工作坊，通过教师讲解英汉词汇和语法规律，让学生进行比较练习，提升元语言意识；给对照组提供相同的材料进行自学，无讲解和练习。后测中让实验组和对照组完成相同的英语判断和产出任务，分析目标构式使用情况。④数据分析采用时间序列分析和混合效应模型拟合二语构式的动态发展。

第 2 章　概率驱动的语言学习理论

语言学家、心理学家和神经学家都对人类学习语言的基本能力感兴趣。任何一个婴儿，只要几年的时间，就能掌握至少一个高度复杂的语言符号系统的基本知识。但语言学习者如何完成这项非凡的壮举仍是未解之谜。尽管几十年来计算技术取得了惊人的进步（如 ChatGPT、DeepSeek 等语言模型已取得了惊人成就），但构建具有相同语言能力的人工系统仍然遥遥无期。那么，语言是如何学会的呢？本章梳理了概率驱动的语言学习理论，重点介绍基于频率和用法的语言理论、构式分布规律、构式竞争机制以及构式的联想学习等。

2.1　先天论和经验论的频率之争

对语言知识建立机制的不同解释，是先天论语言学家和经验论语言学家之间的根本分歧。先天论者提倡一种确定的语言观。他们认为，语言受一种与生俱来的通用语法规则的支配，与一种独立的语言能力相联系。经验论者则提倡语言发展的概率观。他们的出发点是，人类语言系统对一般认知学习机制可以处理的事件频率很敏感。在试图证明一个理论正确而另一个理论错误的过程中，双方的倡导者都转向了我们如何成为熟练的语言使用者，即语言学习者如何在很短的时间内且非常有限的输入中获得惊人的语言能力。

先天论者认为，随着时间的推移，人类大脑的某些部分的功能已经进化，供人们产出和理解语言。大多数的语言知识是天生的，或依赖于语言特定的认知机制，只有一小部分语言知识是"触发的"，即后天习得的，但不是学得的。习得的是一个参数的特定设置，它本身就是先天的。参数指的是一组固定的、互斥的语言属性，任何给定的自然语言只能有其中一个（宁春岩，2011；Chomsky，2014）。先天论者指出，语法必须是天生的，语言学习者接收的输入不仅不符合语法，而且错误重重。这种输入质量差，语言学习者很难从中推断出语言结构。因此，语言先天主义的研究旨在表明，从感官刺激中获得或学习的句法结构知识很少。相反，他们假设，婴儿天生就有语言知识。这些天生的特质让语言学习者能够快速地理解母语语法中哪些是可能的，哪些是不可能的，让他们在出生后几年里快速掌握这些语法，尽管他们接收的输入量有限，质量也很差。

而经验论者声称，语言认知很少依赖于特定的语言认知机制。相反，他们认为婴儿出生时就具备一些基本的认知能力，这些认知能力是通过与环境的相互作用而发展起来的，但不是遗传编码所致。因此，学习语言是一个过程，而学习机制和能力，如模式发现（pattern-finding），是一般认知学习机制的一部分，在知识学习的过程中起着关键作用（Tomasello，2003）；人类的大脑中不存在天生的和专门的语言学习装置。在过去的二十年里，基于经验观的语言研究取得了令人瞩目的进步，他们发现，儿童学习语言的过程是渐进的、零碎的；更重要的是，成人的语言系统对语言使用频率很敏感。基于这些基本的发现，人们越来越相信语言是一种动态的人驱自适应系统，从使用中产生（de Bot，Lowie & Verspoor，2007；刘海涛，2022）。因此，语言发展之谜的部分答案可以从学习者所接触的输入中找到。

这两种观点围绕着一个简单的事实，即天生的东西不需要学习，可以学习的东西不必假定是天生的。这两种语言发展观的区别在于其秉承的原则：为解释语言认知，人们在使用语言特定能力之前是否使用普遍认知能力？普遍认知能力在语言以外的领域是否能发挥作用？其中一些对语言至关重要的普遍认知能力包括常规化和自动化、分类和抽象的能力。基于用法的语言观主张通过考虑普遍认知能力，而不是通过假设语言需要对认知功能的特殊适应来寻找语言发展、处理和表征所涉及的认知能力（Tomasello，2003；Bybee，2006）。

人类语言的一个特性是，个体单元及其形成的序列具有高度的重复性。正是这种重复性导致了语言构式类别和关联的常规化（Bybee，2006）。基于用法的语言学家提出，语法是常用模式惯例化的结果：语言结构是通过语言使用中语言模式的重复而形成的。这就解释了为什么在基于用法的理论中，相关学者对各种频率效应的研究有助于人们理解语法组织的本质。基于用法的语言研究者认为，对频率的敏感性是成功描述语言发展的区别性特征（Ambridge et al.，2015）。频率效应是普遍存在的，并且在词汇、形态和句法（简单结构和更复杂结构）的发展中得到了证实。有关频率在语言发展中的作用的概述，参见 Ambridge 等（2015）、Ellis（2002）。

为帮助生成语言学理论适应频率效应，Yang（2004）提出禀赋和学习在句法习得中都起作用。他反对为语言学习专门设定的触发学习模型，并支持概率性学习机制，该机制很可能是领域通用的，但仍在句法参数的特定领域中运行。语音、词汇和语法——尽管受到普遍原则的约束——因语言而异，必须在语言经验的基础上学习。然而，如果没有对学习空间的先验限制，就不可能进行实际有效的学习。Yang（2015）对这种频率效应具有理论重要性的断言提出了质疑：在他看来，语言和语言习得理论不仅应该解释说话者说了什么，还应该解释他们没有说什么和不能说什么。Ambridge 和 Lieven（2011）为生成语言论者提出了两种方法来整合频率效应，所有的话语都是从头开始构建的，将以前多次以相同方式组合的项目组合在一起时，这个过程更容易、更流畅，而且更不容易出错。当说话者面临认知压力或需要减少努力时，尤其如此。但这场关于将频率纳入语言学理论的讨论事实上可以追溯到语言（langue）和言语（parole）之间的区别，并被生成主义者几乎全盘采纳为两者之间假定的相互独立的"语言能力"和"语言使用"（Saussure，1916；Chomsky，1965）。根据结构主义者和生成主义者的观点，在寻求促进语言的基本认知机制时，语言能力胜过语言使用。

然而，在语言学研究领域之外，长期以来人们认为经验是认知表征的主要贡献因素。到了 20 世纪 80 年代，许多语言学家也开始探索经验对语法的影响（Givón，1979；Bybee，1985）。一个重要发展是语料库语言学的出现，它使得研究大量的语言成为可能。语料库不仅使调查语言项目的出现频率变得相当简单，而且还表明词汇和语法之间的严格分界线是站不住脚的。对语言使用的研究表明，语法结构存在词汇限制：并不是所有的单词都适合所有的结构，通常对词汇项的选择限制了对可能结构的选择，如 delay doing something 和 wait to do something。这些结果进一步说明，语法不是一个预先存在的、自主的和固定的系统，而是一个新兴的系统，它是动态的，并不断适应于新的用法。使用频率是对语言使用情况以及使用情况如何影响系统的量化诊断。某些项目和项目的使用频率对语言在记忆存储中被分解成块的方式、这些块与其他存储信息的关联方式及提取的容易程度有着深远的影响（Bybee & Hopper，2001；蔡金亭、王敏，2020；王初明，2015）。

先天论者和经验论者之间的争论仍在继续，但我们将关注频率在基于用法的语言学理论发展中所起的作用。大多数量化语言使用的方法在一定程度上依赖于语言使用的频率。

2.2　基于频率和用法的语言理论

基于用法的语言学理论体现了表面导向观：所见即所得。"基于用法的方法"（usage-based approach）一词由 Langacker（1987）创造。基于用法的语言学的基本前提是，语言经验创造并影响了语言的认知表征；语言固有的认知结构是不必要的，认知表征是由语言使用者通过对话语进行编码和解码，并根据声音、意义和上下文进行分类而逐渐建立起来的，使用的单位是大脑存储和提取的单位（Bybee & Hopper，2001）。正如对单个单词的提取速度受使用频率的影响一样，对更大语法单位的提取速度也受影响，如 come on 或 you and I。然而，尽管说话人保留了大量特定的语言结构信息，但他们也会从特定的形符中抽象出来。任何经验的记忆都必须是部分抽象的，因为经验的丰富性并没有被记录在所有的细节中。此外，随着时间的推移，内存会衰减，可能会导致额外的抽象。语言知识通常被认为是由不同特定程度的形式-功能对应网络组成的。语言学中的一个重要问题就是，这些抽象的结构以及经验实例如何为认知表征的形成做贡献。构式语法（Goldberg，2006）和语法范例（Bybee，2010）的主要支持者对这个问题提出了不同的答案，并研究了不同类型的频率信息来支持他们的主张。以下两节将依次介绍这些框架。

2.2.1　语言范例理论

就语言经验的表征而言，范例理论将自己定位在具体而详细的层面。作为范例模型特征的丰富记忆表征与认知语言学中表达的观点相一致，即语言意义高度依赖于百科全书知识，以及被单词激活的概念相关的世界知识（Lakoff，1987；Langacker，1987）。百科全书知识和语言知识的表征自然出现在一个范例模型中。在该模型中，单词或结构的标记在记忆中与它们在经验中关联的情境一起被表征在大脑中。在语言的范例理论方法中，记忆表征中固有的细节水平也促进了对频率在语言中的作用的研究。Bybee（1985，2010）及其合作者的开创性工作促进了我们对不同形符和类符频率效应的理解。Taylor（2012）基于对语料库数据的详细分析，提出了第一个完全基于范例的语言知识和表示理论。记录示例体验的认知模型并非只是针对语言而提出；相反，它们同样适用于语言和非语言范畴。因此，范例模型本身也不是语言理论；相反，它是一种记忆表征模型。这些模型体现了基于用法的观点，即语言是一般认知的一部分，并允许我们通过普遍认知规律进入一般认知领域，来获得对语言现象的解释。

范例模型认为，语言经验的记忆与其他经验的记忆别无二致（Bybee，2013）。用于语言体验的记忆存储，包含关于已经处理的形符的详细信息，包括它们的形式和使用它们的语境。语言体验的每个实例都会对其认知表征产生影响，当在编码或解码过程中访问存储的表征时，表征本身会发生变化。Langacker（2017）指出，样本不能被存储——它们是短暂的神经事件，"存储"的是它们发生的轨迹，因为每次发生都会调整突触连接。语言范例大小各异，从单个片段（如元音）到较长的文本（如诗歌），被判断为相同的经验符号被组合在一起，形成了范例云。这些范例云构成了语言的类别。范例云和认知语法中的图式之间没有真正的区别，图式是对特定模式的更抽象的概括模型。云和图式之间的区别很可能是"隐喻性大于实质性"（more metaphorical than substantive）（Langacker，2017：54），因为无论是哪种情况，语言能力都存在于既定的活动模式中，并有不同程度的固化。

范例类别由相似性和频率构成，由于相似程度的差异，通常表现出原型效应（Rosch，1975）。需要注意的是，个体样本，即详细的感知记忆，并不对应于单一的感知体验，而是与对应于感知的体验相同。因此，根据所包含的形符的数量，范例的强度可能会有所不同：由大量形符构建的范例比由少量形符构建的样本更具有代表性。更强的范例或范例集通常形成范畴的重心，其他范例或多或少与更强的范例或者范例集相似。

因为范例基于感知刺激，并且包含在某些（感知）方面相似的项目中，所以范例类别可以基于语音、语义、语用或上下文标准而形成（Pierrehumbert，2001）。对于任何单词、短语或结构，基于经验中的同现概率，这些不同领域的范例类别都是相互关联的。因此，语言的范例模型允许跨域链接。此外，链接或映射也发生在不同语境中的单元之间。事实上，一个单词的范例云将包括该单词所经历的所有含义和语境。这种"过度"的存储是可能的，因为信息是以一种高度结构化和高效的方式存储的，即通过形成类别并使相似的项目彼此靠近而存储。

在语言的范例模型中，语法的单位和类别可以从存储在记忆里的经验中产生，这是因为连续的经验（如意义和声音）被记录为彼此关联的语言信息，并且范例是根据彼此的相似性进行分类的。认知表征随着语言使用者对话语进行编码，并根据声音、意义和语境进行分类而建立。当传入的话语根据与现有表达的相似性进行排序和匹配时，语言使用者就会认为音节、单词和结构等单元将会出现。因此，语法可视为人们语言经验的认知组织。语言学家特别感兴趣的是，在语言经验的组织中有多少概括和抽象。范例表达与结构或生成理论的更抽象的表达在各个层面（语音、形态句法、语义和语用）上形成了对比，因为一般原理可预测的变化和属性保留在范例模型中。

2.2.2　形符频率和类符频率

语言表征的范例模型，就其本质而言，提供了语言体验中特定形式的出现频率的自然记录和说明。这里的一个重要区别是形符频率和类符频率，这两种频率在语言结构的能产性中起着不同的作用（Bybee & Thompson，2000）。形符频率是指特定形式在输入中出现的频率，如过去时态的所有实例；类符频率是指在感兴趣的结构中或内部使用中不同项目的数量，"无论是用于屈折的词级结构还是用于指定词之间关系的句法结构"（Ellis，2002：166）。类符频率的一个例子是通过将-ow 改为-ew 来创建过去时的动词的数量，如 throw-threw、blow-blew、grow-grew。

Bybee（1985）提出通过重复来强化表征，使其更容易获得。该建议主要适用于形符频率，即特定字符串在文本或语料库中出现的次数。因此，每次使用一串字符，例如一种结构，如 go and wash your hands，它的重复部分就会得到加强。但结构也有示意槽（schematic slot），如 GO and VERB。这些示意槽将由不同的范例来表示，如 go and do your homework，这就构成了类别。这些类别的类符频率可能有所不同，也就是说，在 VERB 插槽中出现的项目数（如 wash、do 等）可能有所不同。所有这些都使得结构的频率分布非常复杂（Bybee，2013）。

形符频率有助于学习者通过重复进行学习。一个特定的形符被学习者体验的频率越高，它就越容易被提取和使用（Bybee & Hopper，2001）。因为易于被提取和使用，形符频率可以成为一种保守的力量，保护高频结构免受类比泛化的影响。与高类符频率的影响相反，高形符频率促进了不规则形式和习语的巩固或保护。不规则形式之所以能够存在，是因为它们的出现频率很高，这意味着它们经常被遇到和处理（不规则形式与高频项目非常相似，如 behold、forsake）。类符频率可以引导学习者在类型中创建不同类别的构式（MacWhinney，1978；Bybee & Hopper，2001），根据 Bybee 和 Thompson（2000）的观点，原因有三：第一，在构式中的某个位置听到的词条越多，该构式与特定词条关联的可能性就越小，在该位置出现的词条上形成一般类别的可能性也就越大；第二，构式类别涵盖的项目越多，其属性就越普遍，扩展到新项目的可能性就越大；第三，高类符频率确保了构式的频繁使用，从而加强了它的代表性，使它更容易与新项目一起使用。

通常，类符频率对能产性有积极影响：结构的类符频率越高，就越有可能出现在新项目中。一个结构中类符的数量越多，基于类型的类比可能性就越大，从而创建该结构的新实例的概率就越大。有学者发现，影响高类符频率的结构的能产性的因素有以下几个。首先，具有非常高形符频率的项目可能会形成一个自治块，这反而不容易激活构建的示例集群。Baayen（1993）指出，处理构式的低频实例需要解析或激活结构的表征，这又反过来会加强构式本身。处理构式的高频实例可以在未激活构式图式的情况下发生，因此高频的范例项目的激活与提取不会进一步加强构式图式。换言之，处理高频的范例项目不会有助于构式的能产性的提升：它们不会强化授权新项目所必需的抽象模式。其次，结构中示意槽的某些属性（形式或语义）可能会限制构式的能产性。高度图式化的插槽属性广泛，能允准许多项目，而图式化较低的插槽往往更具限制性。尽管最能产的构式既有抽象的图式结构，又有大量高频的类符频率（例如，带有后缀-ed 的英语规则动词形式），但图式性和能产性在某种程度上是相互独立的。Barðdal（2008）指出，低图式性（即语义连贯性强）也有助于构式的能产性。

由于类符频率与构式的能产性直接相关，因此将类符频率包括在构式的心理表征中至关重要（Bybee，2013）。只有在观察到实例之间的共性时，类符频率才开始提高。因此，通过类符频率充分解释的效果可能表明语言抽象过程的存在。

2.2.3 构式语法

构式语法并非替代范例理论。承上文所言，范例理论并不是语言学理论，而是一种将语言经验视为任何其他经验的记忆表征模型。不同的是，构式语法是一种语言学理论，将语法（形态语素、单词和习语等）看作形式和意义的组合，即构式。构式语法和范例理论并不是互相排斥的，而是互补的研究语言的方法。

只要某种语言模式的形式或功能的某些方面不能严格地从其组成部分或已被认定存在的其他构式中被预测出来，它就会被认为是一种构式。此外，即使某些模式是完全可预测的，只要它们发生的频率足够高，它们也会被存储为构式（Goldberg，2006）。

构式主义方法认为，语言使用者对语言的知识是系统的形式-功能配对集合，是通过接触周围环境中的语言而学习得来的。然而，构式主义者未声称使用者不会对这些形式进行概括，或者这些概括只是表观现象而已。如果使用者不必对每个单词进行概括，我们就会发现某些语言中单词的分布远不如现实中那么系统化。我们对语言构式的知识，就像我们对知识的其他方面一样，形成了一个整合的、有动机的网络，而不是任意约定的描述的集合（Goldberg，2006）。

构式网络包含了使用者对其语言的所有知识。构式的大小和复杂程度可以从单词（如 book）到像"the Xer，the Yer"或"the more you read, the less you know"这样的完备的抽象构式。这些构式本身在构式网络中充当节点，代表着使用者的详细知识。Hopper（1987）指出，将构式视为节点会创建静态的表征，与活跃的处理脱离开来。尽管构式语法的支持者坚称他们没有打算创建静态表征（Bybee，2013），但他们并没有清楚地说明构式节点之间的联系具有什么特征（Hilpert & Diessel，2017）。

构式主义者认为，使用者所做的概括是一种自然表示为继承层次结构的概括（Goldberg，2006）。继承层次结构确保新元素可以继承旧元素的属性。例如，对于一个构式"the Xer，the Yer"，使用者遇到的任何新实例，如"the more, the merrier"，都可以与现有实例一起归类，并继承该类别其他实例共享的所有信息。概括可以出现在不同的抽象级别上，高层次的概括（也称为"规则"）和特定于项的知识（通常称为"列表"）都可能被记录和保留在记忆中。Langacker（1987）非常清楚地指出了这一点。如果可以建立一个包含它们的一般性陈述或规则，那么假设语法中应该删除特定的陈述或列表可能会简化描述并提高经济性。然而，简化并不等于心理现实：没有证据支持这样的假设，即语言现象的最简单描述是使用者所偏爱的描述。在分类领域他也提出了类似的建议。最初对高层次抽象的兴趣被替换为对实例的关注，最终两个极端汇聚到了一种以实例为基础的知识与对该知识的概括相结合的方法中（Goldberg，2006；Divjak &

Arppe，2013；桂诗春，2007）。

　　说话者很快就能通过少量语言输入学习并初步建构构式规则，尤其是当输入偏向具体实例时（Goldberg，2006）。高频实例能够提高成年人和 6 岁儿童在语言概括方面的准确性。也就是说，在保持总体类符和形符频率不变的情况下，当某个类符占据所有形符的比例很大时，学习者更容易进行概括。一个实例的高频使用作为一种概括的锚点（anchor），从而促进类符层级的抽象与泛化。在一种模式中非常频繁地使用一个实例有助于学习该模式的语义。除了频率之外，还有其他机制会影响泛化。语义关联性就是其中之一。在一项关于西班牙语"变化"类动词的研究中，Bybee 和 Eddington（2006）要求说话者判断从语料库中提取的句子的可接受性，发现语法或可接受性判断在很大程度上取决于熟悉程度，即说话人对语言的经验。与低频或不类似常用结构的语言单元相比，高频或类似高频序列的语言单元更容易被接受。

　　但是，语言学习者如何学习什么不应该说呢？语言发展中的一个经典问题是：当成年人很少纠正孩子的语法错误时，孩子是如何构建语法范畴和规则的呢？这是一个与我们早先提到的"刺激贫乏论"息息相关的问题，而在语言发展过程中，语言学习者接收到的输入中貌似缺乏负面证据的问题一直是语言学界争论的焦点。为了解释语言学习者如何避免过度概括，基于语用的语言学家提出了两种竞争机制，即固化和统计优选。虽然这两种机制都假设语言学习者利用成年人语言产出中的一致性空缺来推断未被证实的模式，但每种机制都强调输入的不同方面。固化强调频率效应，接触更多数据会导致更强的约束力，而统计优选则考虑话语语境，即在一个期望出现的某种形式的语境中没有观察到该形式会导致更强的约束力（Boyd，2014）。

2.3　构式分布规律

　　Zipf（1935）研究的一个主要结果是，出现频率很高的单词只有几个，而出现频率很低的单词有很多，尤其是许多单词在整个文本中只出现了一次。因此，在使用的语言中，使用频率较高的单词较少，但使用频率较低的单词数量较多，大量的名词只使用过一次，这一观察结果引发了关于这种新的、高度扭曲和不对称的频率分布性质的问题。根据排名，Zipf 设计了一个函数来体现所有长度的文本的这种关系，并且之后他的公式被多次调整，以便更好地概括单词频率和排序之间的函数关系。

2.3.1　Zipf 第一定律和第二定律

在任何文本中，最高频的单词出现的频率大约是第二高频的单词的两倍，是第三高频的单词的三倍，以此类推（Baroni，2008）。Zipf 制定了第一条定律，捕捉单词的出现频率与其排名之间的关系。该关系可以表示为单词等级的对数和单词频率的对数之间的反比关系。图 2.1（b）显示，当所有单词的频率都以对数标度绘制时，它们在频率表中的排名成反比。换句话说，频率是秩的非线性递减函数。Zipf 对词语使用的研究颇具价值。

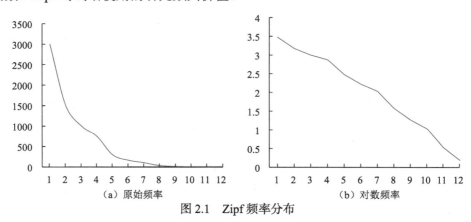

（a）原始频率　　　　　　　　（b）对数频率

图 2.1　Zipf 频率分布

Zipf 证实了这种缩放定律适用于各种语言样本。后来的研究也支持这种定律在语言中是普遍存在的：语言事件都遵循齐普夫定律，如单词（Evert，2005）、语法结构和成语短语（Ellis & O'Donnell，2012）等。这种无标度定律[①]遍布于语言结构和语言使用中。不仅如此，这种幂律行为还适用于各种物理、生物、技术、社会、认知和心理系统的结构、网络和动态过程，如地震的大小、陨石坑的大小、城市的人口、科学论文的引用数量、网站的点击数量、感知心理物理学、记忆和分类等（Newman，2005）。Zipf 第一定律是一种普遍存在的现象。

Zipf 第二定律描述了一个单词的出现频率和以该频率出现的不同单词的数量之间的关系：高频率的单词很少，多数单词是很少被使用的。早期词表的创造者之前就注意到了这一点，他们倾向于重视语言的重复性：我们所说或所写的大部

---

　　① 无标度定律（scale-free law）是复杂网络理论中的一个重要概念，描述了许多真实世界网络中节点度数（连接数）的分布模式。具体来说，无标度网络的特点是大部分节点的度数较低，但也存在少数节点拥有极高的度数。换句话说，网络中的连接不是均匀分布的，而是呈现出一种幂律分布（power law distribution）的特性。这种结构使得无标度网络在一些节点被随机移除或攻击时，相比于随机网络更具鲁棒性，也更易于发生"小世界现象"（即任意两个节点之间的平均路径较短）。这个概念最初由巴拉巴西和阿尔伯特在 1999 年提出，他们研究了许多实际网络，如社交网络、互联网、蛋白质相互作用网络等，发现这些网络的节点度数分布都符合幂律分布，从而提出了无标度网络的概念。

分内容都是用有限的单词实现的。最低频率词类的丰富性对词频数据的统计分析和自然语言处理（natural language processing，NLP）应用程序具有重要影响（Baayen，2001；Evert，2005）。

　　Zipf 观察到的分布曲线显示了各种主题、作者和语言的统一规律（Zipf，1935），他提出了公式 $ab^2 = k$（其中 a 表示给定出现的单词数量，b 表示单词出现的频率）来描述拉丁语、英语和汉语中除最常用单词外的所有单词的单词分布。数学家 Benoit B. Mandelbrot 通过添加第二个自由参数来推广 Zipf 公式，以提高模型在极端情况下的准确性。在极端情况下，频率似乎比齐普夫定律预测的下降更快（Baayen，2001）。Montemurro（2001）指出，Zipf-Mandelbrot 定律放大了语料库中包含的单词总数的一小部分的统计行为，即在 100—2000 的秩变量的中低范围内。后来，研究表明，随着样本量的增加，出现了新的、可靠的统计规律。在具有高度同质性的大型文本样本中，无论文本长度如何，幂律在等级 3000—4000 范围内都不再适用。然而，在一个包含个人社会集体使用语言的大型语料库（约 1.8 亿单词）中，5000—10 000 级的单词遵守了第二次幂律。①Ferrer i Cancho 和 Solé（2001）的研究发现，语言中的词汇使用频率呈现出两种不同的规律。首先，有一部分高频词汇，如日常对话中常用的基础词，这些构成了核心词典[英国国家语料库（British National Corpus，BNC）中为 5000—6000 个]，频繁出现在所有交流中；其次，还有一些低频词汇，它们通常出现在特定领域或专业场合，比如医学或法律专有名词。虽然这些词的使用频率较低，但它们在特定情境中非常关键。总的来说，语言中的词汇分布并不均匀，而是根据使用频率分为常见词和专业词两类。

2.3.2　Zipf 认知经济原则

　　对齐普夫定律的修正并没有改变 Zipf 从人类思维的普遍特性出发思考词频分布，并寻求"最少努力"的原则来解释单词使用的一致性和多样性之间的平衡。他提出，无论是说话者还是听话者，都不想为了达成理解而付出任何额外的努力。演讲者通过频繁地使用几个单词来尽量减少其认知努力，而听众通过大量不同的单词来尽量减少感知混乱（Baroni，2008）。Zipf 为他的经济原则（Principle of Economy）提出了更多证据，他试图制定第三条定律来捕捉单词的频率与其含义的数量之间的关系：频率较高的单词往往比频率较低的单词具有更多的词汇含义。准确地说，一个单词的含义数量与单词频率的平方根成正比。Zipf 认为，如果频率和多样性这两种力量处于平衡状态，这就是我们所期望的。Zipf（1935）还提出了一个缩写定律：单词的长度往往与其相对频率成反比。

---

① Montemurro（2001）未报告其他区间范围的研究结果。

　　结合三个维度，Zipf（1935）探索了高频、有限变化和长度之间的关系，发现使用更频繁的单词更容易被缩短，而这种缩写似乎是有意的，因为它减少了工作量。Urrutibétheity（1972）根据西班牙语数据证明，使用频率较高的词汇往往具有以下特点：功能性强、形式简短、历史较久，并且更可能属于语言的核心词汇。这一研究在心理语言学和基于用法的历史语言学中得到了进一步的发展。Zipf发现并推广的分布已被广泛应用。基于用法的语言学认为，尽管学习者有特殊的经验，但强大的语言学习是由语言形式和功能上的齐普夫定律的存在和趋同所支持的。Goldberg、Casenhiser 和 Sethuraman（2004）的研究表明，当类型分布更为倾斜时，被试学习结构的能力更好。Goldberg（2006）认为，自然语言结构中的Zipf 类符–形符频率分布可能通过提供一个非常高频的范例来优化学习，该范例在意义上也是原型。Ellis 和 Ferreira-Junior（2009）测试了这一假设，将英语作为二语。使用来自欧洲科学基金会语料库的数据，他们发现动词论证结构的类型表征分布如输入中的动词定位词、动词宾语定位词和双及物动词遵循齐普夫定律。学习者首先将最常用的、原型的和通用的范例放入目标构式。因此，学习是由示例在结构中的频率和频率分布以及它们的意义与结构原型的匹配所驱动的。

2.3.3　齐普夫定律的促学机制

　　齐普夫定律在语言学习中起着重要作用，它的存在可以促进语言学习过程中的信息处理和记忆，增强语言学习的效率和准确度。齐普夫定律是指一些语言结构和词汇的使用频率呈现出一定的规律性，即使用频率较高的结构和词汇数量较少，而使用频率较低的结构和词汇则数量较多。在语言学习中，齐普夫定律的促学机理主要有以下几个方面。

　　第一，频率和重复的使用使得高频次的结构和词汇更易掌握。在语言学习过程中，人们更容易掌握使用频率较高的结构和词汇。因为高频次的结构和词汇在语言中出现的语境也更为多样，更容易被学习者注意到和记忆（Goldberg，2006）。齐普夫定律的促学机理还与认知负荷有关。在齐普夫定律中，高频次的结构和词汇的使用频率较高，因此人们在阅读和理解文本时可以付出更少的认知负荷来理解这些单词和结构，而低频次的结构和词汇的使用频率较低，需要付出更多的认知负荷来理解它们。因此，齐普夫定律的存在可以降低语言学习者的认知负荷，提高语言学习的效率和准确度。

　　第二，齐普夫定律有助于语言输入和输出的匹配。在语言学习中，学习者需要通过输入和输出来掌握语言结构和规律。由于高频次的结构和词汇在语言中的使用频率高，因此在语言输入和输出中更容易被匹配到，从而更好地帮助学习者掌握语言。例如，在法语中，单词 a 和 est 是高频次的词汇，它们在法语中的使用频率非常高，几乎在每个句子中都会出现。因此，当学习者在进行法语听力和口语练习时，这些高频次的词汇更容易被匹配到，学习者也更容易理解和掌握这些词汇的用法。

第三，齐普夫定律的特点之一是熵（entropy）值较低，因为分布中出现最频繁的元素降低了它们的不确定性，提高了分布的可预测性（Gries & Ellis，2015）。在 Goldberg、Casenhiser 和 Sethuraman（2004）的学习实验中，被试听到了相同数量的新动词（类型频率：5），但是有两个不同的 16 个标记的分布，一个是均衡条件的 4-4-4-2-2（相对熵为 H_{rel} = 0.97），另一个是偏低方差的 8-2-2-2-2（H_{rel} = 0.86）。学习效果更好的是更接近齐普夫定律且熵值更低的那个分布，这进一步证明了齐普夫定律和熵的概念在心理语言学上的相关性。

2.4　构式竞争机制

统计优选是学习任意分布限制的重要因素（Boyd & Goldberg，2011；Goldberg，2011）。统计优选，即在竞争模式中反复见到一个构式，旨在建立一种仅基于输入的负面证据理论（Stefanowitsch，2008）。统计优选是一种简单但强大的机制：语言使用者把输入中某种形式的存在视为反对潜在存在的同义词形式的证据。换句话说，避免过度概括的一种方法是，以更具体的知识为出发点，始终优先考虑产生更具体的知识，只要两种解决方案都能同样满足上下文的功能需求即可。

2.4.1　统计优选

统计优选在心理学中被称为"阻塞"（blocking）。根据 Kamin（1968）的研究，当一个条件刺激（如声音）与一个无条件刺激（如电击）配对时，如果在这个过程中，这个条件刺激和另一个已经与同样的无条件刺激关联的条件刺激（如一束光）一起出现，那么对第一个条件刺激的反应会变得更弱。Rescorla-Wagner 模型对这种效应进行了解释，该模型预测称：如果一个条件刺激（光）已经完全预测到无条件刺激（电击）即将到来，那么第二个条件刺激（音调）的学习将没有任何效果。"阻塞"一词由 Aronoff（1976：43）引入语言学中，被定义为"因另一形式的存在而导致某一形式未能出现"。他使用此概念来研究名词变异，如 curious-curiosity-curiousness（没有词形 cury），而 glorious-glory-gloriousness（没有词形 gloriosity）则不同。在屈折形态学方面，阻塞也是有效的（Clark，1993）。从类似 walked、crawled 和 danced 的形式中，语言使用者会推断过去时是通过给动词添加 -ed 来形成的。在输入中听到过去时动词 went 而不是 goed，将作为证据表明-ed 规则不适用于 go。

　　尽管术语"阻塞"在形态学中保留了下来，基于用法的语言学家将同样的现象重新命名为"统计优选"，并使用这种机制来解释人们如何从过度概括的论元结构中回归到正确的语言使用（Goldberg，2006）。Stefanowitsch（2011）提供了基于语料库的证据，他称之为"语境不匹配统计优选"（preemption by contextual mismatch）。为此，他基于与格交替的语料分析，即双及物动词，如"She gave the girl a toy."与介词与格"She gave a toy to the girl."指出，具有统计优选效应的不是替代形式本身，而是这些形式出现的上下文。这里的功能相似性并不等同于功能一致性。即使是近义词或同义词的构式也很少完全可互换；它们通常在信息结构的上下文偏好方面存在差异。许多语法结构都具有信息结构限制，这些限制确定了它们可能出现的语篇上下文。当语境不合适时，说话者必须使用替代结构。如果说话者没有使用符合语境要求的替代结构，那么语言学习者将把这视为那种替代结构不可用的证据。例如，如果在特定动词中使用介词替代结构，即"They donated toys to the charity shop."，即使上下文需要双及物结构，语言使用者也会得出以下结论："They donated the charity shop toys."这对于动词 donate 不是一个合适的选择。因此，某个构式在适合另一个构式的典型语境中会出现排斥另一结构的使用。然而，Stefanowitsch（2011）报告的语料库分析结果显示，在介词与格中，交替和非交替动词的信息结构特征没有显著差异。这使得这些差异很少作为确定哪些动词交替和哪些动词不交替的信息来源。此外，个别动词在遵守它们出现的构式的信息结构限制方面似乎存在差异。最后，发现这种遵循程度与是否存在可替换的结构无关。

　　Goldberg（2011）对此提出反驳，认为这些发现并不否定统计优选作为一种保护机制的有效性，因为它考虑的是错误条件的概率。Stefanowitsch（2011）研究了在与格结构中出现某些信息结构属性的概率，值得注意的是，这不是在给定某些信息结构属性的情况下遇到与格结构的概率。Goldberg 认为，统计优选的强度可以通过一种替代结构的概率以及任何统计优选表达的频率来确定。频率在统计优选过程中的作用显著，因为统计优选是概率性的：只有在重复接触一种结构而非另一相关结构时，说话者才能在语言累积性学习过程中逐渐意识到后一种结构是不常用的。如果某种模式的出现频率不足，学习者就无法得出该模式稳定出现的结论。然而，语言使用者得出一个结构预占另一个的结论的把握程度，并不是频率的简单线性函数。两者之间的关系更适合用自然对数函数来描述，即随着遇到的实例越多，后期实例产生的影响逐渐减弱。

　　这种统计优选的概率性并不意味着它足以完全解释儿童从过度概括中回归到语言的正确使用现象：在目标结构频率低且不太可能出现的情况下，统计优选并不能为抑制过度概括提供解决方案，或者在没有与目标结构足够相关的其他结构的情况下，统计优选的作用就微乎其微（Goldberg，2006）。换句话说，低频率或新的非交替动词并不适用于统计优选提供的解释，因为统计优选需要多次听到动词。构式要么是频率太低，要么是语义比较凸显，以至于另一构式无法有效抑制它们的使用。

2.4.2　固化

在限制过度概括方面，有人认为听到足够量的构式模式作用显著（Brooks & Tomasello，1999；Theakston，2004）。从正面证据中学习动词-论元构式（verb-argument construction，VAC），学习效率可能与动词以该论元结构出现的频率不成正比。与其他构式语言学家一样，Braine 和 Brooks（1995）没有对论元结构的表征强度和使用频率之间的精确定量关系进行研究，他们仅仅指出随着年龄的增长，人们似乎在转换句子结构以满足会话需求方面变得更加灵活（例如，将特定的论元作为主语或宾语）。根据 Braine 和 Brooks（1995）的"固化假设"，考察频繁出现的构式可减轻缺乏负面证据的影响。动词在特定构式中的重复呈现（例如，"The rabbit disappeared."）会导致人们基于概率推断出该动词不能在未出现的构式中使用（例如，"*The magician disappeared the rabbit."[①]）。Stefanowitsch（2008）从负面证据的角度探讨了过度概括的问题。他提出了"负面固化"（negative entrenchment）的概念，并认为在足够复杂的频率理解的基础上，可以从语言输入的积极证据中推断出负面证据。可以在数学上区分在给定语料库中意外缺失的语言项组合和其缺失具有统计学意义的组合。如果语料库语言学家可以根据有关属性和语言元素单独出现的信息来计算共现的概率，以预测它们的共现频率，然后将预测结果与实际观察结果进行比较，那么语言学习者可能会在潜意识中做同样的事情。例如，在假设这样一个统计驱动的固化模型的情况下，负面证据的可用性是一个自然的结果：共现预期越强，其缺失就越明显。因此，给定语言范畴组合的持续不出现，将导致该特定特征组合的负面固化。这种负面固化是语言规则约束能力形成的直接负面证据（Stefanowitsch，2008：522）。

负面证据和可接受程度评分之间存在着统计学意义上的显著相关性，而且构式组合的缺失程度与不可接受程度的相关性显著，但量化统计优选的分值和可接受程度的分值之间似乎不存在统计学意义上的显著相关性。由此可见，即使在将统计优选从全是或全不是的范畴性术语中重新概括为概率性术语时，统计优选在学习语法结构的过程中也不太可能成为负面证据的来源。

固化假设的第一层含义是：当一个论元结构已经达到一个稳定的固化水平时，它将排除其他同义构式的使用。这对于解释说话者如何处理新构式或将很少使用

---

① 本书中，*表示在语法上不被人们接受的句子。

的构式作为替代方案构成了挑战，即由于它们已经被单独使用，因此在严格的固化作用下，它们不再被排除使用，但是它们的使用频率较低，因此其固化程度也很有限。Divjak（2017）对波兰成年母语者对低频 that-补语构式的可接受程度的评分结果进行了分析。这项研究覆盖的频率范围较大，动词频率从每百万词中0.393 个实例到每百万词中 1516.32 个实例不等，而 that-补语构式在大多数动词中的频率非常低（小于每百万词 0.66 个实例）。Divjak 发现，相对于出现在其他语法范畴中的同一动词，一个动词依赖或依靠语法范畴的程度可以预测该动词在该范畴中的可接受程度。该发现可以用背景频率来解释：一个动词与构式之间的关系被习得的程度取决于该动词与构式结合的频率以及它自己的出现频率。如果构式的出现频率保持恒定，那么动词在该构式中出现的频率越高，它在该构式中的预测能力就越弱。Divjak（2017）还确定了下限和上限词频阈值，其中条件概率的提高导致动词在 that-补语构式中的可接受程度也随之提高。对于大多数常见的动词（即频率位于中间四分位数的动词，频率在每百万个词中出现 10—140 次）频率越高，越容易被说话者接受和使用。然而，对于那些频率非常低的动词（即底部四分之一的动词，频率低于每百万个词中出现 6 次），说话者似乎不会单纯依赖词频来选择是否使用这些动词。相反，他们会依赖这些动词所在的构式范畴（即语言结构和形式的组合）的透明度来帮助他们理解和学习。在样本中每百万词中出现超过 188 个实例的最高频动词具有更高的抵抗力，因为它们可能已经固化。总的来说，Divjak 的研究结果支持固化假设。

固化假设的第二层含义是：相比于语义匹配的低频动词，高频动词出现过度泛化的情况更少，且主观上更不可接受。例如，"The magician vanished the rabbit."相比于"The magician disappeared the rabbit."更可接受，因为相对于更高频的动词 vanished 而言，disappeared 的可接受性更差。Theakston（2004）发现，儿童更容易过度泛化很少使用的动词（如将 giggle 用作及物动词），而不是高频动词（如将 laugh 用作及物动词）。因此，高频动词比低频动词更难被过度泛化。Ambridge（2013）也证实，儿童更容易接受低频动词在新的高频构式中的使用，而不容易接受高频动词在其他构式中的使用。对于那些被认为形成替代构式的情况，例如与格和位格构式，这种影响则不是很普遍。

2.4.3　负面固化

Stefanowitsch（2008）认为，学习者可以通过计算某个动词在某个句式中出现的预期频率来推断出间接的负面证据。计算预期频率的方法是根据该句式和该动词在整个语言中的总体频率来估算的，然后将预期频率与该动词在该句式中实际出现的频率进行比较。如果某个动词在某个句式中出现的预期频率显著高于实际出现的频率，学习者就可以推断出该动词在该句式中不常出现。如在例（1）中，他提出了一种说服人们知道在双宾结构中 say 是不可接受的方法。该理论的意义在于，学习者不仅可以通过正面的语言输入和输出来学习语言规则，还可以通过观察语言中的负面证据来学习语言规则。这种负面证据可以帮助学习者纠正错误的语言规则，从而避免负面固化现象的出现。该理论的应用也可以为语言教学提供新的思路和方法，例如通过引导学习者观察语言中的负面证据来帮助他们更好地掌握语言规则。

例（1）*Dad said Sue something nice.（cf. Dad told Sue something nice）

Stefanowitsch 观察到双宾结构在他的语料库中出现了 1824 次，动词 say 出现了 3333 次，而语料库中的总动词数是 136 551。如果 say 在各种句式中的分布是不受限制的，那么它在双宾结构中的预期出现次数将是 1824×3333/136 551 = 44.52 次。但由于在双宾结构中 say 的实际出现频率为零，学习者可以利用预期值和实际值之间的差异来推断 say 不能在双宾结构中使用。这个例子说明了负面固化理论的应用。学习者可以通过计算预期频率和实际频率之间的差异来推断出某个语言规则是否受到限制，从而纠正错误的语言规则。这种方法可以帮助学习者更好地掌握语言规则，避免在学习语言的过程中出现负面固化现象。

Bybee（1985）提出类符频率与能产性相关。与此同时，新实例与已经出现过的实例的相关性或相似性程度可能起到至少与类型频率同等重要的作用。听过多种动词使用的构式比听过一组语义或音韵学上特定的动词使用的构式更容易被扩展（Tomasello，2003）。在实际语言中，类符频率和可变性程度常常被混淆，因为当某个构式有更多已知的例子时，它的变化性也会增大。简单来说，语言中某个构式用得越多，它在不同情况下的变化就越灵活，而这些之前出现的例子让我们更加熟悉和自信地使用它们（Brooks & Tomasello，1999）。其他条件相等时，构式的类符频率越高，能产性就越高（Bybee，1985；Goldberg，1995；Tomasello，2003）。也就是说，被用于不同动词的论元构式更可能被扩展，并与其他动词一起使用。Robenalt 和 Goldberg（2016）的实验结果也印证了这一点，发现使用高频动词相对于使用低频动词更不受欢迎，但这仅适用于存在竞争替代短语的句子。

当人们没有关于一个句子惯用的表达方式达成共识时，动词频率就不是句子评分中的预测因素。换句话说，尽管说话者更喜欢熟悉的表达方式而不是新颖的表达方式，但如果没有可用的替代方式来表达所需的含义，他们会愿意创造性地使用动词。Goldberg（2006）认为，这一发现与以下假设一致：如果以动词本身的频率作为统计优选的操作化定义，那么统计优选而不是固化才是防止过度泛化的原因；也就是说，在预期 laugh 应该及物地出现的统计优选语境中，laugh 实际上以不及物动词的形式出现的情况比 giggle 在同样的语境中出现的情况更为频繁。通过反复接触一个构式而不是与之意义密切相关的其他构式，学习者可以推断出第二个构式不是常规使用的构式。早期解释低频构式学习的是分类机制，这种分类机制补充了统计优选的作用（Goldberg，2006）。Boyd 和 Goldberg（2011）通过实验检验了说话者是否能够识别出分布限制，并暂时将其推广到同一类别的其他实例中。例如，英语中的 A-形容词（a-adjectives）不能用作前置语修饰名词，因此 the asleep boy 是不合语法的。如果有一个替代构式可以具备同样的功能，比如 the boy is asleep，说话者会意识到这种限制，并学会避免使用 the asleep boy 这种表达方式。

在随后的研究中，固化和统计优选提供的可能性解释被直接对立了起来。Boyd、Ackerman 和 Kutas（2012）指出，成年学习者使用固化和统计优选来推断语法约束条件。他们基于以 36 名本科生为被试进行的一项新动词学习任务，得出了这个结论，其中固化和统计优选效应被正交化（orthogonalized）了[①]。在不及物动词组中，实验者使用一种新动词在简单的不及物动词结构中描述了每个视频片段 7 次（如"Look! The apple is yadding!"）。在混合组中，每个视频片段中的动词使用了 4 个简单的不及物动词和 3 个迂回的使役动词的混合（如"The apple is yadding!"和"The squirrel really made the apple yad!"）。在产出和判断任务中，混合组表现出比不及物动词组强的约束学习效应。这表明存在独立的统计优选效应，因为固化（以总体频率为操作化）在不同组之间是持续的。判断任务并未提供不及物动词组的约束学习证据，但与对照组相比，该组的产出数据提供了与独立巩固效应一致的学习显著证据。

关于哪种理论最能有效解释学习者如何避免过度概括错误，目前尚无定论。Ambridge 等（2018）提供了一项大型研究的证据，包括对 Ambridge、Pine 和 Rowland（2012），Ambridge（2013），Ambridge 等（2014），Ambridge 等（2015），以及 Blything、Ambridge 和 Lieven（2014）的重新分析，以及成年人的 un-前缀扩展的复制。他们重新分析采用了更适当的统计优选和固化的量化方法，依靠卡方统计量而不是仅依靠偏爱结构的发生频率，还更正了数据统计建模中的错误，并且在一个案例中使用了大型语料库来获得更可靠的频率估计。他们发现，由于共线性，统计优选和固化效应在 VAC 过度概括错误中很少是可分离的。只有在反向 un-前缀扩展错误的情况下，统计优选和固化效应才能被分离开来。所有研究的元分析表明，两种效应都存在，并且统计优选随年龄增长而提高。需要注意的是，"固化"和"统计优选"是构式竞争过程的结果。这意味着解决从错误中回归的问题并不在于专门的认知机制，而是在于一个概率性的构建竞争过程。

---

① 正交化是数据降维和降噪的一种技术，它通过保留线性不相关的结果从特征向量集中寻找更小的子集来减少数据特征的总数量。线性不相关指的是两个或多个变量间没有线性关系。也就是说，两个或多个变量之间没有一定的函数关系，其中一个变量的增加或减少不会影响另一个变量的增加或减少。

2.5　构式的联想学习

构式是在语言社区中惯例化了的形式-意义结合体。构式的学习本质上是对这些形式-意义映射的学习。近一个世纪以来，对联想学习的研究表明，许多和人类语言学习相关的规律与动物的经典条件反射和强化学习有相似特点。

2.5.1　基于概率的联想学习

经典条件反射包括一个提示[一个待条件刺激（conditioned stimulus，CS），如一个铃铛]与一个结果[一个非条件刺激（unconditioned stimulus，US），如食物]暂时配对，在几次这样的配对后，动物仅在遇到该提示时发出条件反射（conditioned response，CR，如唾液）。对这一现象的最初解释是，CS 和 US 的时间配对对于学习的发生很重要。然而，Rescorla（1968）表明，如果消除 CS 和 US 之间的偶然性，保留 CS 和 US 的时间配对，但在 US 单独出现的情况下增加额外的试验，那么动物不会对 CS 产生条件反射。这一结果是学习理论发展的一个里程碑，因为它意味着产生条件反射的是偶然事件，而不是时间配对。就好像在 Rescorla 的实验中，老鼠扮演着科学家的角色，捕捉环境中的线索，如果这些线索对预测接下来会发生的事情有价值的话。偶然性概率以及与其相关的预测值、信息增益和统计关联等因素也因此成为学习理论的核心内容。

学习线索（形式）和结果（意义）之间的关联取决于概率。在经典条件反射中，钟声与食物的连接强度决定了动物建立两者间关系的容易程度（Rescorla，1968）。在语言学习中，形式是意义的预测因素，两者的关联可靠性决定了学习者习得和加工该形义映射的难易程度（Gries & Ellis，2015；MacWhinney，1978）。关于人类对线索和结果之间匹配概率的敏感性的心理学研究（Shanks，1995）表明，当充分接触某种关联性（A-B 关系）后，人们对这种 A-B 关系的判断是基于 A 与 B 的单向概率（ΔP），借此预测两者共同出现的可能性（Allan，1980），如表 2.1 所示。

表 2.1　四种可能事件的组合列联表：目标线索和结果

线索分布	有结果	无结果
有线索	a	b
无线索	c	d

表 2.1 中 a、b、c、d 表示频率：a 是线索和结果共同出现的频率，b 是线索单独出现的频率，c 是在没有线索的情况下结果出现的频率，d 是线索和结果都不出现的频率。ΔP 是指线索出现时结果发生的概率 P（$O|C$）与线索不出现时结果发生的概率 P（$O|\neg C$）之间的差值。当线索存在和不存在时，结果发生的概率相同，意味着两个事件之间没有关联，此时 $\Delta P = 0$。当 ΔP 接近 1.0 时，说明线索出现与结果发生之间存在强烈的正相关关系，即线索出现时，结果发生的概率远高于线索不出现时结果发生的概率。换句话说，线索的存在几乎完全预测了结果的发生。学习线索是指当线索存在时，结果存在，而当线索不存在时，结果也不存在，即 a 和 d 较大，b 和 c 较小。

构式形式及其意义之间很少有一对一的映射。形式与功能或意义的联系越弱，学习就越困难（Ellis，2006）。具有多种意义的线索是指在和固定意义建立映射关系的时候，学习者会面临线索竞争，难以抉择；如果线索和结果的关联程度高，可靠性大，则在学习的过程中建立形式与意义的映射的难度较低。例如，在学习识别鸟类时，尽管眼睛和翅膀都是学习者经常遇到的特征，但翅膀在区分鸟类与其他动物时具有更高的可靠性。翅膀是学习鸟类类别的重要特征，因为它们与群体成员关系密切，更重要的是其他群体无此特征。因此，在单独考虑原始频率（表 2.1 中的 a、b、c、d）时，其信息量小于线索和意义之间的关联概率（如 ΔP 值）。

构式连接强度与大脑中的语言表征也有密切的关系。大脑中的语言表征是指人们在理解和产出语言信息时所使用的神经网络。构式连接强度可以影响大脑中语言表征的神经活动和连接强度，从而影响语言加工和表征的效率和准确性。研究表明，在大脑中，语言单元之间的连接强度会影响神经活动的传递和信息的处理。当语言单元之间的连接强度较高时，大脑中的神经网络会更快地传递信息和进行信息处理。例如，在阅读一段复杂的句子时，如果句子中的语言单元之间的连接强度较高，大脑中的神经网络可以更快地将信息进行整合和理解。另外，构式连接强度还可以影响大脑中语言表征的可塑性。通过长期的语言训练和学习，人们可以改变语言单元之间的连接强度，从而改变大脑中语言表征的神经连接。这种神经可塑性可以使人们在语言加工和表征中变得更加高效和准确。除此之外，构式连接强度还可以影响大脑中语言表征的区域和网络。在大脑中，不同的语言单元和语言结构被处理和表征的区域和网络不同。当语言单元之间的连接强度较高时，大脑中相应的语言表征网络也会发生变化，从而影响语言加工和表征的效率和准确性。因此，构式连接强度是影响大脑中语言表征的重要因素之一。

构式连接强度与语言启动也有密切的关系。语言启动是指前一语言刺激对后一语言刺激的加工和理解产生的影响。构式连接强度可以影响语言启动的效果和机制，从而影响人们在语言加工和理解中的表现和反应速度。研究表明，在语言启动过程中，构式连接强度的作用十分重要。当语言刺激之间的连接强度较大时，语言启动的效果会更加明显。这是因为高连接强度可以加强前一刺激和后一刺激之间的关联，从而使得后一刺激更容易被加工和理解。另外，构式连接强度还可以影响语言启动的机制。在语言启动过程中，前一语言刺激可以通过激活和加强与后一语言刺激相关的神经网络和语言结构，从而促进后一刺激的加工和理解。当前一刺激和后一刺激之间的连接强度较高时，这种激活和加强的效果也会更加明显。除此之外，构式连接强度还可以影响语言启动的持续时间和衰减速度。当前一语言刺激和后一语言刺激之间的连接强度较高时，语言启动的效果可以持续更长的时间，并且衰减速度也会更慢。这意味着人们在短时间内可以更有效地加工和理解相关的语言信息。因此，构式连接强度是影响语言启动的重要因素之一。

2.5.2　冗余性

冗余性加剧了低认知凸显性和低可靠性的影响。语法语素通常出现在冗余的语境中，在这些语境中，它们的出现对于句子的正确解释并不重要（VanPatten，1996）。时态标记通常出现在其他线索已经建立了时间参照的上下文中（如"*yesterday* Gabriel walk*ed*..." "*Last winter*, there *was* so much snow" "Kim and the kids sculpt*ed* an ice-horse"），复数标记伴随着量词或数字（如 3 kids）等。它们是否出现往往不会导致交际的中断，这些语法语素作为提示线索，对结果（Rescorla-Wagner 方程中的 b 项）的心理重要性不高，因为在日常交际中基本变体（basic variety）就能满足交际功能（Simon，1957）。就语言构式和二语初学者与母语说话者之间的难度距离而言，在形态结构方面这种差距最大。母语形态的使用频率之高，意味着母语的自动性程度达到了最高；形态特征的突出性和可靠性的缺乏使得二语学习者很难根据其相关的意义和功能来做出感知并分析。

2.5.3　贝叶斯统计学习

贝叶斯统计学习理论认为，学习者使用背景知识，从有限、不完整的语言数据中找到优化统计信息的规律，进而在后续的学习过程中做出推理（Perfors et al.，2011；桂诗春，2004）。根据 Tenenbaum 等（2011），语言学家将贝叶斯的推理引入语言学习研究中，目的是回答学习者已有的语言知识如何引导并影响语言学习过程中学习者对语言知识的理解和习得，因为研究发现已有的语言知识会促进或抑制新知识的习得。然而，这种已有的语言知识在何时会产生促进或抑制作用值得研究。

贝叶斯规则基于可能与假设相关的先验知识为假设分配概率，可用来解决先验概率、分类实时预测和推荐系统等问题（Perfors et al.，2011）。假设一个孩子看到桌子、盘子和苹果这三个物体时，听到了一个新单词 FEP。孩子通过之前的经验知道，苹果和桌子、盘子不同，苹果是可以吃的，而且当父母把食物放在桌子上时，父母也会叫孩子过来。所以，孩子可以根据这些信息推测，FEP 很可能指的是苹果。这种推理过程类似于贝叶斯规则，它是一种根据已有的知识来更新和推测新信息的方式，这种归纳推理在许多认知领域中都有出现。Xu 和 Tenenbaum（2007）发现，使用贝叶斯模型可以很好地解释和预测成人和儿童学习新单词的方式。具体来讲，在推断未知单词的意思的任务中，学习者可以利用贝叶斯推断机制来计算每个未知单词的后验概率[①]，从而推断其可能的意思。具体来说，可以将一个句子看作一个向量，其中每个元素表示句子中出现的单词。我们可以使用已知的词汇和语法规则来估计每个单词的意思和在句子中的语法角色，然后使用贝叶斯定理来计算这些单词的后验概率，将概率较大的词作为未知词汇的意思。

同样，在理解句子的任务中，我们能够应用贝叶斯推断方法来计算每个句子的后验概率，以推断其可能的含义。具体而言，我们可以把句子看作一个向量，其中每个分量表示句子中出现的单词。我们可以使用我们已知的语法规则和语义知识来估计每个单词在句子中的语法角色和语义角色。然后，我们可以使用贝叶斯定理来计算这些单词的后验概率。具体来讲，我们可以使用下面的公式来计算：P（词汇|句子）$= P$（句子|词汇）$\times P$（词汇）$/P$（句子）。其中，P（句子|词汇）表示在已知词汇和语法规则的情况下句子的概率；P（词汇）表示估计出的词汇的概率；P（句子）表示句子出现的概率。这种方法可以帮助我们在学习新语言时更好地理解未知词汇的意思，并且可以更快地适应新的语境。因此，贝叶斯推理是一种在语言学习和推理中广泛应用的方法，它可以帮助我们更好地理解自然语言文本，推断未知单词的意思。

2.5.4　语境多样性

语境多样性指的是构式在不同语境中出现的频率。借助这一机制，人们能够识别语言单位之间的统计关联，并建立形义关系。这一机制在语言的学习和理解中起着关键作用。Gries 和 Ellis（2015）提出，在不同的语境中，同一个构式可能会有不同的语义和语用。通过在不同的语境中反复运用同一个构式，人们可以逐步形成构式与语境之间的关联，并掌握在各种场合下如何使用该构式。这样一来，人们就能更准确地理解和运用语言。此外，多样的语境还有助于识别和掌握一些固定表达和惯用语，从而增强语言的流畅性和自然度。在实际交流中，人们经常

---

① 后验概率是指在考虑了先验概率和观测数据后，对于某个未知变量的概率分布。换句话说，它是在已知一些先验信息和相关观测数据的情况下，对于某个未知变量的概率分布进行推断得出的概率。通常用贝叶斯定理来计算后验概率，即在给定观测数据的条件下，计算未知变量的条件概率。

使用一些固定的搭配和表达方式，如果学习者能够准确理解和使用这些固定搭配和表达方式，就可以更加自然地与他人交流。

在实际语言应用中，相同的构式可能由于语境的不同而呈现出不同的含义或产生不同的语用效果。例如，在学习英语时，学习者可能会学到 make a decision 这个构式，但在实际使用中，这个构式可能在不同的语境下表达出如"做决定"或"做出决定"等不同的意义。通过在多种语境中反复使用这一构式，学习者就能够逐步理解其在不同情况下的具体含义，并掌握如何在各种语境中运用它。因此，语境多样性在语言学习和理解中扮演着重要的角色。

单词出现的上下文越多，学习者在单词识别任务（Adelman et al.，2006）和句子阅读过程中（Pagán & Nation，2019；Plummer et al.，2014）的速度就越快，这种现象被称为语境多样性效应。然而，大量语境的有益影响不仅限于单词识别和句子阅读，这种现象在新构式学习中也得到了印证（Hoffman & Woollams，2015）。

研究者使用各种范式测试了语境多样性对词汇附带习得的促进作用。Hills 等（2010）对儿童语言数据交换系统（Child Language Data Exchange System，CHILDES）数据库中 12—60 个月儿童的儿向语言（child-directed speech）进行了分析，发现儿童能更快地学会出现在不同情境中的单词。Johns、Dye 和 Jones（2016）也在一项实验室条件下关于成年人单词学习的研究中发现了上下文多样性的显著作用。实验中，研究者向大学生展示了从文章、书籍和报纸中提取的小片段。关键的是，几个低频词被可发音的非单词取代，这些单词是目标刺激。其中一半的目标刺激被插入 5 个高度多样性的文本中，而另一半被插入 5 个冗余的文本中。在培训阶段，被试需要阅读课文，研究者使用 7 点量表对他们理解每段课文的程度进行评分。为测试语境多样性的效果，Jones、Dye 和 Johns（2017）使用了伪词汇决策任务，其中包含训练阶段的新词和一组非词干扰项。他们发现，当被试所学的新词来自不同的文本（高度多样性）时，他们的反应更快、更准确。

2.5.5　已有的语言知识的影响

已有的语言知识的作用可以表现为语际迁移和语内迁移。语际迁移是指在学习一门新语言时，已有的某种语言知识在一定程度上影响了对新语言的习得和使用。语内迁移则是指在学习一门语言的不同层面时，已有的某种语言知识在一定程度上影响了对该语言不同层面的认知和使用。在语言学习的不同阶段，语际迁移和语内迁移都可能发生（蔡金亭，2021）。在语言习得的初级阶段，已有的语言知识可能对新语言的习得产生影响。例如，学习英语的中国学生可能会用中文的语法规则来解释英语的语法现象，这就是语际迁移的一种表现。而在语言习得的高级阶段，已有的语言知识同样也可能对语言的使用产生影响。例如，学习英语的中国学生可能会有在使用英语时泛化英语语法规则的习惯，这是语内迁移的一种表现。比如在学习英语的过程中，学习者已有的语音知识可能会影响到其对英语语音的理解和发音，或者学习者已有的词汇知识可能会影响到其对英语词汇的理解和使用。这些都是语内迁移的表现。语际迁移和语内迁移的影响因素包括已有语言的类型、语言习得的阶段和目标语言的特点等。

语言知识迁移的发生机制是复杂的，涉及多个认知和神经机制。以下介绍几个较为重要的机制。第一，交叉激活机制。当学习一门新的语言时，学习者已有的语言知识会与新的语言知识相互作用，激活彼此对应的神经回路。这种交叉激活的机制可以促进新的语言知识的习得，并且可以使得已有的语言知识对新的语言知识的理解和使用产生影响。第二，形式相似性机制。已有的语言知识和新的语言知识之间可能存在相似的语音、词汇、语法等形式，这种形式相似性可以促进语言知识的迁移。例如，学习法语的英语母语者可能会因为法语和英语单词的相似性而更容易学习和记忆法语单词（蔡金亭、李佳，2016）。第三，知识共享机制。已有的语言知识和新的语言知识之间可能存在共享的认知和神经机制，如注意、记忆、推理等。这种知识共享机制也可以促进语言知识的迁移，影响语言的理解和产出。

从概率的视角来看，已有的语言知识可能导致学习者在二语学习时对特定构式的注意力发生偏向，在有限的认知资源下，其他类型的构式则会受到较少关注。这是因为学习者在学习新语言时，会根据已有的语言知识去寻找新语言中的规律和模式，进而构建新的语言知识。因此，学习者的注意力和关注点会倾向于那些与已有的语言知识相似或相近的语言特征或语言结构，而忽略那些与已有的语言知识不同的语言特征或语言结构。例如，母语为英语的学习者在学习汉语时，可能会因为已有的语言知识而忽略汉语中的声调，从而发音不准确。母语为日语的学习者在学习英语时，可能会因为已有的语言知识而忽略英语中的时态和语态等语法结构，在口语和写作中产生错误。

在语言学习中，已有的语言知识很容易形成遮蔽现象。遮蔽现象是指某些语言特征或语言形式因为其他更显著的语言特征或形式而被学习者忽略或误解的现象。这种现象通常发生在语言学习的早期阶段，特别是在学习者的母语和所学习的语言之间存在较大差异时更容易发生。例如，母语为汉语的学习者在学习英语时，可能会因为英语中的重音和汉语不同而忽略英语中的重音，从而在口语和听力中遇到困难。这是因为在汉语中重音并不像英语中那样重要，而且很多汉语词语的发音都是平声，所以学习者很容易忽略英语中的重音。另外，母语为日语的学习者在学习法语时，可能会因为日语中的动词时态较少而忽略法语中的动词时态，导致在口语和写作中出现错误。在日语中动词时态的变化比较少，而在法语中动词时态的变化非常多，所以学习者可能会忽略或误解法语中的动词时态的用法和意义。

2.6　本 章 小 结

　　本章讨论了语言学习研究中的一些重要概念和理论问题。首先,介绍了先天论和经验论之间的频率之争。先天论认为人类天生就具备语言能力和语言结构,而经验论则认为语言能力是通过经验学习获得的。其次,概述了基于频率和用法的语言理论,包括语言范例理论、形符频率和类符频率以及构式语法。这些理论认为,语言的结构和用法是通过频率和重复的使用而形成的,人们通过不断的语言使用来掌握语言规则和结构。最后,讨论了语言分布中的构式分布规律,包括Zipf 第一定律和第二定律、Zipf 认知经济原则,以及齐普夫定律的促学机理。这些规律的发现为我们更好地理解语言结构和语言学习提供了理论基础。

　　在探讨构式之间的竞争机制时,本章涉及了统计优选和固化等话题。统计优选是指人们在使用语言时更倾向于使用频率较高的结构和词汇,而固化则是指一些语言结构和词汇由于长期的使用而变得固定不变,难以改变。这些竞争机制的存在为我们理解语言使用提供了更深入的认识。

　　本章还探讨了语言构式的联想学习。联想学习是指人们在学习语言时借助已有的语言知识和语境信息,通过概率计算和贝叶斯统计学习等方法来预测和推断语言结构和用法。联想学习取决于概率、冗余性、语境多样性以及已有的语言知识的影响。这些因素在语言学习和使用中都发挥着重要作用,对于我们理解人类的语言能力和语言行为具有重要意义。我们将在下一章梳理概率机制对语言习得的影响等相关研究。

第 3 章　概率机制对语言习得的影响

基于用法的语言学理论认为，语言学习始于简单结构的累积，然后到复杂结构的掌握，最后到抽象构式图式的形成（Goldberg，2019）。这类似于人类普遍认知范畴的形成过程：从垂直范畴，即具体构式例子的累积，到拓展的垂直范畴，即构式低域模块的建立，再到水平范畴，即抽象构式图式的形成（Ellis et al.，2013）。流畅、地道的语言使用是基于概率的（Tomasello，2003）。研究表明，固化、统计优选、语境多样性、n-gram 连接强度、学习者已有的语言知识等概率机制在构式发展中的作用不同。本章主要梳理国内外相关代表性成果。

3.1　固化的范例加快垂直范畴的建立

在语言学习中，固化是指语言学习者通过反复使用和体验语言结构，逐渐将这些结构固化在自己的语言知识中。这个过程可以帮助语言学习者更加深入地理解语言结构和规则，并且加强这些结构在语言学习者的语言知识中的印象和稳定性。当语言结构被固化后，语言学习者就可以更加流畅和自然地使用这些结构。固化可以帮助语言学习者建立起自己的语言系统，并且在学习新的语言知识时，这个系统可以为学习者提供帮助和支持。另外，固化也可以帮助语言学习者更快地理解和识别那些与他们已有的语言知识相似的语言结构，并且更快地学习和掌握新的语言知识。然而，固化也可能导致语言学习者在使用语言时出现错误和不规范的语言表达。

在语言输入与输出的过程中，某构式的重复使用会增强累积性判断的概率，这体现了人类普遍的认知倾向——贝叶斯概率模型，即事件发生的概率可以通过其已发生的频率来推测（Chater & Vitanyi，2007）。固化则有助于人们通过积累重复使用的范例，从而加快构式垂直范畴的构建（Ambridge et al.，2018）。此类研究集中考察齐普夫定律对构式垂直范畴建立的影响。音素、单词、程式语、开放性语法结构等均遵循此分布（Ellis et al.，2013；Zipf，1935）。儿童依赖重复出现的范例形成构式范畴（Goldberg，2006，2019；Tomasello，2003）。然而，相关二语学习研究仅涉及英语论元结构和时体的发展（Ellis & Ferreira-Junior，

2009；Wulff et al.，2009）。

第一，Zipf 频率的语言输入加速了构式范例的固化，固化的范例可有效帮助学习者建立构式的垂直范畴。齐普夫定律是一种在自然语言中普遍存在的分布规律，它指出在大量的文本中，出现频率最高的词汇的数量往往远超其他词汇。这种分布规律也适用于构式的出现频率，即在大量的语料库中，出现频率最高的构式的数量往往远超其他构式。这种现象被称为"构式频率效应"。构式频率效应对于构式垂直范畴的建立具有重要影响。由于出现频率最高的构式的数量远远超过其他构式，因此这些高频构式往往会成为学习者的固化点，帮助他们建立垂直的构式范畴。同时，由于这些高频构式的使用频率较高，学习者在学习和使用语言时也更容易接触到这些构式，从而加速他们的学习进程。

通过分析 CHILDES 语料库，Goldberg 等（2004）发现，在第一语言发展过程中，特定动词在 VAC 中比其他动词更频繁地出现。例如，在使动-移动构式中，put 在儿童语言中出现的频率为 31%，与母亲语言中 38% 的使用频率相似。在不及物运动构式中，儿童语言中 go 的使用频率为 51%，与母亲语言中 39% 的使用频率相似。在双及物构式中，由 give 填充的构式范例在五个孩子的语言中的频率变化为从 29% 到 53%，说明孩子们在学习语言时，会受到母亲语言中某些词汇使用频率的影响。学习者语言中重复出现典型的动词如 put、go 和 give 可以减少语言输入的变异性，Goldberg 等认为这种基于 Zipf 频率的语言输入可帮助学习者建立构式的垂直范畴，从而有效地加速 VAC 学习的过程。

母语研究表明，构式在使用中呈偏态分布，人们先依赖重复出现的范例形成固化点，进而建立垂直的构式范畴（Goldberg，2006；Tatsumi et al.，2018）。这些范例可以是具体的语言形式，如词汇、短语和句子，也可以是抽象的语言结构和规则，如句式等。构式是指一种具有固定结构和语义功能的语言表达方式，可以看作是一种语言模式或语言框架。Goldberg（2006，2019）发现，人们在学习和使用英语动词短语时，往往会依赖于重复出现的动词短语构式范例来构建和使用这些构式。例如，在学习和使用"动词+名词"这种短语构式时，人们可能会依赖于重复出现的范例，如 eat breakfast、read a book 等，这些范例可以成为人们的固化点，进而帮助他们建立垂直的"动词+名词"构式范畴。Tatsumi（2018）也发现，日语学习者在学习"N の"和"N である"这两种不同的名词修饰语言时，"N の"表示属格，用来表示某个名词所属的关系，如"私の本"（我的书），而"N である"则表示等同关系，用来表示某个名词与另一个名词等同，如"猫である動物"（猫是动物）。由于"N の"构式在日语中的出现频率较高，尤其是在日常生活交流中，学习者可能更容易接触到这种构式，并且更容易把它们固化为垂直的"N の"构式范畴。

为测试 Zipf 频率的影响，Goldberg 及其同事教授儿童（Casenhiser & Goldberg，

2005）和成年人（Goldberg et al.，2004；Goldberg，Casenhiser & White，2007）学习具有不同意义的人造 SOV 结构（如 the king the ball *moopo*-ed）。在学习过程中，儿童和成年人学习了相同数量的目标构式。具体来讲，在儿童组的 Zipf 频率输入中，一个新动词占了一半的实例，而在平衡组的频率输入中，新动词均匀分布。结果表明，儿童组在将 SOV 推广到新构式方面比平衡组表现更好。在成人组的 Zipf 频率输入中，测试有两个条件：顺序 Zipf 频率与随机 Zipf 频率。在顺序 Zipf 频率条件下，被试首先听到同一个新动词的 8 个实例，然后听到包括该动词在内的其他 4 个新动词各自的 2 个实例。而在随机 Zipf 频率条件下，被试听到的则是随机各呈现 2 次的 4 个动词的 8 个实例。研究发现，顺序 Zipf 频率（即按一定顺序呈现同一词语的多次使用）比随机 Zipf 频率（随机分布词汇的多次使用）更有效，成年人更容易将顺序呈现的新实例用到新的语境中。Maguire 等（2008）的研究也支持了这一点，他们发现 Zipf 频率输入可以加速新动词的习得。Wulff 等（2009）也提供了证据，即如果最常使用的动词反复出现在给定的时态–语态结构中，那么这种重复出现有助于被试学习该时态–语态结构，因为这些常见动词的反复出现可以作为学习的例子。

　　在二语学习中，Ellis 和 Ferreira-Junior（2009）分析了在英国将英语作为二语进行学习的 7 名意大利籍和印度籍学习者的数据，发现他们所产生的使动–移动构式、不及物运动构式、及物构式中的动词也符合齐普夫定律。他们遵循英语母语者产生的频率分布规律，展示了齐普夫定律在二语学习中的普遍意义。近年来，国内一些学者也考察了 Zipf 频率分布对构式学习初期的促学效果。例如，张晓鹏和马武林（2014）以新造移动构式为材料，考察了 Zipf 频率分布对中国学生习得英语抽象构式的促学作用，他们发现，中国学生和英语本族语儿童习得英语抽象构式的过程类似。在英语抽象构式的习得初期阶段，Zipf 频率下的语言输入比均等频率下的语言输入更能显著促进抽象构式的习得；二语水平对习得新构式的影响显著，但在学习抽象构式的过程中，中低和中高水平的学习者都明显依赖 Zipf 频率的语言输入。该结果被张晓鹏（2015）证实，他发现在英语 VAC 的习得初期，典型范例重复接触的"学伴"方式比等视相异范例"学伴"方式更能显著促进被试对目标构式的习得，说明在习得目标构式的过程中，被试都明显依赖典型范例来建构 VAC 的表征网络。董晓丽和张晓鹏（2017）考察了偏态分布和等频分布的语言输入对两类英语构式的促学作用。他们发现，偏态分布的语言输入比等频分布的语言输入更能显著促进前置定语过去分词的学习；基于两类分布的语言输入对英语宾语关系从句的促学效果一样。两项研究结果表明，偏态分布和等频分布的语言输入的促学效果因构式类别不同而不同。麦春萍和张晓鹏（2018）分析了齐普夫定律对复杂度不同的英语条件句-I 和英语条件句-II 的促学作用。两组被试分别接受齐普夫定律和等频分布的英语条件句-I 的学习和测试，另外两组被试分别接受齐普夫定律和等频分布的英语条件句-Ⅱ的学习和测试。结果显示，学完英语条件句-Ⅰ的被试在接受基于两类分布的英语条件句-Ⅱ的学习和测试中，齐普夫定律比等频分布更能促进英语条件句-Ⅱ产出性知识的习得，说明齐普夫定律能显著促进英语条件句构式的习得，抑制已学构式的纵向迁移。Zhang 和 Dong（2019）也发现了类似的结果。他们考察了二语学习中输入频率和结构干扰之间的相互作用。其中，研究一考察了 Zipf 频率和平衡频率对中国英语学习者学习英语主语关系从句的影响；研究二测试了 Zipf 频率和平衡频率对中国英语学习者学习英语宾语关系从句的影响。被试学习了关系从句，并在前测、后测和延迟后测中完成了图片描述任务。研究者发现，对于那些之前没有接触过英语主语关系从句的学习者而言，使用英语宾语关系从句时，Zipf 频率和平衡频率的学习效果之间不存在显著差异。然而，对于那些已经接触过英语主语关系从句的学习者而言，在描述图片时，Zipf 频率相比平衡频率能够更有效地减少主语关系从句的干扰，帮助学习者更好地使用宾语关系从句。

第二，范例的固化程度与学习者规避构式泛化错误关系密切。在语言学习中，学习者通常会出现过度泛化错误。过度泛化错误是指学习者在学习语言时，基于自己已有的语言知识，过度推广某个语言规则，从而在语言表达中出现错误。例如，学习者可能会错误地使用 goed 代替 went，这是因为学习者过度泛化了英语中一般过去时动词在词尾变化的规律。这种错误通常是语言学习者在学习过程中无意形成的，并且在语言表达中非常常见。理论上讲，固化在学习者规避过度泛化错误中发挥着重要作用。当学习者在学习语言时，他们会通过不断地反复练习和使用某个语言规则，逐渐将这个规则固化在自己的语言知识中，从而可以更快地识别和纠正那些与自己已有的语言知识不符的语言表达。因此，固化可以帮助学习者规避那些过度泛化的错误，并且在语言表达中更加准确和自然地使用语言。

在基于用法的语言学研究中，当用于解释儿童如何克服过度泛化错误时，固化假设预测对动词的过度概括会被任何已知该动词的用法概率性地阻断（Braine & Brooks，1995）。例如，fall 的反复使用（如"I'm gonna make this fall on her.""It fell on her."等）会让学习者逐渐形成概率推断，像"*I'm gonna fall this on her."这样的未知用法是不可接受的。基于已知用法的这种推断在一定程度上符合贝叶斯理论和词汇分布学说。贝叶斯理论中的构建学习是形式和语义之间的概率关联过程（Perfors，Tenenbaum & Regier，2011）。例如，如果一个形式在结构 A 中反复出现，但在结构 B 中不存在，那么在结构 B 中使用这个形式通常被视为不符合语法。理论上，当目标结构中的相关形式在日常交流中频繁出现时，固化的影响会变得突出，帮助语言使用者迅速建立这种形式在其他结构中使用较少的概率推断。

正如固化假设预测的那样，实证证据表明，第一语言使用者涉及特定 VAC（使动-移动构式、与格构式、双及物构式等）的过度概括错误会随着目标动词的总频率的提高而减少（Ambridge et al.，2008，2011，2012，2015；Brooks et al.，1999；Wonnacott，Newport & Tanenhaus，2008）。Ambridge（2013）发现，动词使用频率（固化）可以防止英语母语者产出错误的 un-[VERB]构式，尽管这种构式相对于其他动词论元结构（如与格、双宾语和位置构式）来说较少见。具体来说，学习者使用非 un-[VERB]构式的频率与 un-[VERB]构式的使用频率之间呈负相关关系。也就是说，非 un-[VERB]构式的使用频率越高，un-[VERB]构式的使用频率就越低。这种负相关现象可以被视为动词固化效应的结果。

如果二语学习像母语发展一样是统计学习的过程，那么固化应该是制约二语学习者学习避免不合语法结构的关键因素。现有的实证研究结果也基本证实了固化是二语学习者规避构式泛化错误的重要概率机制。例如，张晓鹏和董晓丽（2017）研究了中国学习者对英语名词可数性的习得，发现可数名词和不可数名词的使用频率与被试将这些名词泛化为不可数用法或可数用法的频率之间存在显著的负相关关系。这表明，名词的使用频率对于学习者对该名词在不同用法中的习得产生了抑制作用，这一发现支持了固化假设。Zhang 和 Mai（2018）探讨了固化在中国英语学习者判断名词转动词（nouns to verbs，DV）接受性知识过程中的作用。他们评估了中国英语学习者（大四英语专业学生和英语教师）对移位类动词（如"Lucy *watered* the rose."）和处所类动词（如"Lisa *boxed* the apples."）DV 的可接受性。基于语料库和学习者内省频率的结果显示，大四学生对所有 DV 的可接受性判断受到 DV 名词形式频率的显著性负面影响，这表明固化抑制了二语学习者接受英语 DV 用法。此外，基于语料库和学习者内省频率得出的 DV 频率是有显著影响的因素，这有助于所有参与者接受英语 DV，这表明 DV 的使用频率越高，二语学习者越有可能将其判断为可接受。张晓鹏和文句（2018）复制并拓展了 Zhang 和 Mai（2018）的研究，考察了固化和名词语义对中国学生学习英语 DV 的影响。他们对英语专业大一和大三的学生进行了 35 个英语位移性 DV 的可接受性判断测试。结果显示，两组被试对目标构式的判断结果与其名词形式的使用频率呈显著负相关关系，说明固化在两组学生学习 DV 的过程中可能有抑制作用。此外，名词语义仅对大三学生学习 DV 有显著抑制作用。

3.2　统计优选有助于垂直范畴的巩固

统计优选指同义构式因使用频率不同而出现的相互阻断现象：若在某语境下预期听到构式 X，实际却反复听到在语义和语用方面均相似的构式 Y，人们推知在该语境下构式 X 可能是错误的，而构式 Y 是更优选择（Goldberg，2006；梁君英，2007）。统计优选有助于已建立的垂直范畴的巩固，避免过度概括。与固化类似，统计优选也是一种基于概率的解释。统计优选假设预测，构式的竞争替代形式的出现频率越高，学习者对该构式的过度概括错误的产生就越不可能，学习者对这种过度概括的语言使用的可接受性也越低。

统计优选最初被认为是涉及派生形态特征的词汇学习过程的突出抑制因素之一，其中正确的语言形式逐渐阻止了不合语法的用法（Clark & Clark，1979），例如，pyjamas 阻止*sleepers。近年来，统计优选的概念被扩展到解释儿童在英语动词论元学习过程中克服过度概括的错误现象（Ambridge et al.，2008，2009，2012），例如，"I'm gonna make this fall on her."阻止"*I'm gonna fall this on her."。Boyd 和 Goldberg（2011）发现，当母语者使用关系从句（如 the boy that is asleep）来阻止过度概括的 A-形容词错误时，统计优选发挥了重要作用（如*the asleep boy）。

Clark 和 Clark（1979）的统计优选原则指出，如果一个潜在的创新用法与一个成熟的用法完全同义，那么创新用法通常会被成熟的用法预先占据，因此被认为是不合语法的。当一个成熟的形式和一个新的创造或特定的不良形式使用是完全同义的时，统计优选是有效的。例如，当儿童避免时态/语态错误时，hit 会取代*hitted。大量研究显示，儿童使用此机制规避否定前缀、关系从句、A-形容词、直接和间接使移等构式的泛化（Ambridge et al.，2018；Blything et al.，2014；Boyd & Goldberg，2011）。

目前，二语统计优选的研究仍处于起步阶段。至今，只有 Ambridge 和 Brandt（2013）、Robenalt 和 Goldberg（2016）、张晓鹏和董晓丽（2017）、孙妙和杨连瑞（2018），以及张晓燕和王敏（2019）等学者对英语的论元结构、名词的可数性、短语动词、un-[VERB]构式以及定语分词的优选进行了相关研究。Ambridge 和 Brandt（2013）考察了以德语为母语的英语二语学习者对方位词的使用。他们通过与 Ambridge 等（2012）对英语母语者的测试结果进行对比，发现二语学习者在可接受度评分方面总体上与母语者的判断相似。然而，二语学习者在理解加工过程中可能没有产生预期，并将预期的表达与新表达进行比较。也就是说，他们没有表现出自发地使用间接证据来进行判断，这表明他们缺乏统计优选的前提。实验中，二语学习者对包含英语方位词常规使用和非常规使用的句子的可接受度进行打分，如对句子"She filled the cup with water."和"She filled water into the cup."进行评分。Robenalt 和 Goldberg（2016）对来自不同国家的英语二语学习者进行了研究，拓展了他们 2015 年的研究成果。通过比较，他们发现二语学习者在与母语者区别同类句子（例如"*She explained someone the story."与"She explained the story to someone."；"The sleepy/*asleep fox moved to the star."）的能力上没有显著差异，也没有表现出相同的频率效应。这表明二语学习者缺乏发生统计优选的必要前提，即缺乏产生预期的能力，即使有预期，统计优选的效果也与母语者存在很大的差距。但是，研究还发现，具有较强口语能力的二语学习者的表现与母语者几乎相同。这意味着，二语学习者可以具备与母语者相同的产出预期的能力，并发生统计优选过程，这种能力可以逐渐在二语学习的过程中获得。

张晓鹏和董晓丽（2017）的研究通过可接受度判断任务，探讨了中国的二语学习者在英语名词可数性转换习得过程中受到的多个因素的影响。研究结果表明，无论是从可数名词转为不可数名词，还是反向转换，随着语言输入量的增加，统计优选现象都会逐渐抑制这些转换用法的习得。此外，在英语学习的中高级阶段，语义统计优选现象与其他两个因素共同作用，进一步抑制了名词可数性转换的习得。Zhang 和 Mai（2018）研究了固化和统计优选对中国的二语学习者接受英语 DV 的抑制效应。他们基于语料库分析和内省频率的研究结果发现，教师对所有 DV 的可接受性判断显著受到替代动词频率的负面影响。这表明，统计优选在限制二语学习者接受英语 DV 方面发挥了重要作用。

孙妙和杨连瑞（2018）结合预期力不足假说探索了中国英语学习者和英语母语者的统计优选效应。研究对象包括英语专业研究生、英语专业本科生和高中生。研究发现，高中生和本科生存在预期力不足现象，这影响了统计优选的发生；而研究生具有较强的预期力，能够利用统计优选过程，其整体表现与英语母语者相似。张晓燕和王敏（2019）使用"前测-干预-后测"的研究设计，考察了统计优选对英语前置定语过去分词构式过度泛化的抑制作用，以及语境对统计优选抑制效果的影响。未掌握英语前置定语过去分词构式的非英语专业学生被随机分为统计优选语境组、伪统计优选语境组和对照组。研究采用句子翻译和可接受性判断任务测量英语前置定语过去分词知识的发展。研究结果显示，统计优选语境和伪统计优选语境均能显著抑制构式过度泛化，但统计优选语境的抑制效果显著大于伪统计优选语境。研究证实了统计优选对构式过度泛化的抑制作用受语境影响的假设。

综上所述，统计优选可以巩固构式的垂直范畴，避免过度概括。学习者通常会利用已有的语言知识来预测和判断新出现的语言结构是否正确以及适用。当他们在某个特定语境中期待听到某种构式，却频繁接触到在语义和语用上都相似的另一构式时，他们往往会推测自己最初的预期可能是错误的，而认为另一构式是更为恰当的选择。这一过程使学习者能够更快地掌握语言中最基本和常用的结构。统计优选也可以避免过度概括。当学习者在学习过程中遇到新的语言结构时，如果只是简单地将其归类到已有的语言结构中，就可能会出现过度概括的问题。这样会导致学习者在实际交流中出现语言错误。而学习者可以通过统计优选来准确判断语言结构是否符合语言规范，从而避免过度概括的问题。因此，统计优选对于构式垂直范畴的巩固有重要作用。

3.3　语境多样性加快水平范畴的形成与语言加工的速度

语境多样性有助于加快水平范畴的形成。语境多样性是指在不同语境中同一个构式出现的频率和方式。人们通过此机制识别语言单位之间的统计关联，建立形义映射（Gries & Ellis，2015）。学习者接触到的范例数量越多，尤其是在不同的语境下，建立起范例之间的联系的速度也就越快，从而促进了构式层级的形成（Onnis & Thiessen，2013；王初明，2015）。在实际语言应用中，相同的构式在不同的语境中可能会传达不同的意思或产生不同的语用效果。因此，语境多样性在语言学习和理解中起着至关重要的作用。通过在多种语境下反复使用同一个构式，学习者能够逐步建立构式与具体语境之间的联系，并掌握如何在不同的语境中应用这一构式（王初明，2007）。这样，学习者能够更准确地理解和运用语言。此外，语境多样性还帮助学习者识别和理解固定搭配、习惯用语等语言单位，从而提升语言的流畅性和自然度。

大量的母语习得研究表明，儿童在不同语境中接触到的丰富范例对其母语结构水平范畴的形成具有重要影响（Goldberg，2019；Wonnacott et al.，2008）。换句话说，儿童的语言结构水平范畴的建立受到多样语境中出现的丰富语言范例的显著影响。Goldberg（2019）认为，儿童通过大量接触各种语言范例和构式来进行语言学习。这些语言范例和构式被储存在语言内部的结构层次中，这些结构层次有助于儿童理解和运用语言。因此，接触到丰富的语言范例和构式可以帮助儿童逐步建立语言结构范畴，从而更有效地掌握母语。Wonnacott 等（2008）的研究也支持这一结论。他们发现，在语言学习过程中，儿童接触到的不同语言范例越多，越容易建立语言结构范畴，并能够在不同语境下灵活运用语言。例如，不同的动词可能会有不同的语义特征和论元结构。例如，在"John eats an apple."和"John gives Mary an apple."这两个句子中，eat 和 give 这两个动词都有不同的论元结构。通过接触不同的动词和语境，儿童可以逐渐理解不同动词的论元结构，并在使用语言时更准确地选择和使用动词。此外，不同的语境和场景也会影响动词的论元结构。例如，在句子"John gives Mary an apple."中，动词 give 的论元结构明确地展示了主语 John、受事 an apple 和间接宾语 Mary 之间的关系。这里，主语是动作的发起者，受事则是动作所影响的对象，而间接宾语则表示动作的接受者或受益者。这种结构帮助儿童理解在不同时态和语境下动作是如何发生的，以及涉及的各个角色之间的相互关系。当句子变为"John gives an apple to Mary."后，尽管语义上没有变化，但通过使用介词短语 to Mary，儿童能够看到不同的句法结构如何表达相同的意义。这种灵活性不仅丰富了他们的语言理解，也激发了他们的语言创造力。因此，接触多样的语言范例和构式对儿童的语言学习尤为重要。这样的接触不仅帮助他们提升母语能力，还为他们将来学习其他语言打下了坚实基础。

也有部分学者考察不同语境条件对词汇附带习得效果的影响。例如，Rosa 等（2017）研究了在自然背景下，8 岁和 9 岁小学生学习新词时语境多样性的作用。具体来讲，他们测试了这些小学生在课堂上阅读课文时对单词的附带学习。一半的新词出现在与三个不同主题均相关的三篇文章中，即西班牙语、自然科学和数学（高度多样性）；另一半新词出现在仅涉及其中一个主题（低多样性）的三篇文章中。通过两项记忆任务（自由回忆和识别）、一项单词-图片匹配任务和一项带有多项选择答案的句子完成任务来评估词汇附带学习的效果。在后一项任务中，被试需要从三个在拼写或语音上与目标相似的干扰因素中选择目标刺激。Rosa 等（2017）发现，在所有任务中，当在语义不同的文本中呈现新单词时，学习效果更好。Joseph 和 Nation（2018）对 10 岁和 11 岁的儿童进行了眼动实验，分析了语境多样性与阅读理解技能之间的关系。他们使用低频动词作为目标词，将其嵌入10 个语义冗余的句子（低语境多样性）和 10 个语义多样的句子（高语境多样性）。例如，在低语境多样性条件下，积累的目标词嵌入了与法律相关的句子中；相反，在高语境多样性的情况下，目标词被嵌入了不同语义领域的句子中。为了评估儿童的学习情况，研究者测量了眼动状态在测试前阶段和三个离线测试后阶段的变化情况。离线后测包括一项拼写任务和两项其他任务，其中一项是测试拼写形式的习得性任务，另一项是测量意义学习的任务。此外，被试的理解能力通过两个标准化测试来衡量。Joseph 和 Nation（2018）的研究结果表明，在上述所有指标上，新单词的拼写和语义附带学习效果都有显著提高。他们认为，要揭示语境多样性的影响，可能需要 10 次以上的学习输入才能观察到效果。另一种解释是，缺乏显著效果可能与语境多样性被操作的方式有关，因为他们使用的是简短的句子而不是全文。当使用全文时，Rosa 等（2017）发现仅接触新词三次后，学习者的语境多样性就产生了显著的影响。

目前，少量二语学习研究亦表明，在不同语境中出现的动词更有助于论元结构的发展（Year & Gordon，2009；McDonough et al.，2014；王启，2019）。Year 和 Gordon（2009）调查了不同语境中具有高频率的典型双宾语动词（give）对韩国儿童英语双宾语结构习得的促进程度。六个班的被试在不同语境条件下接收偏态频率或平衡频率的输入。在偏态频率组中，输入偏向于单一语境中的 give 范例；在平衡频率组中，不同的双宾语动词在不同语境中出现且均匀分布。该实验发现，偏态输入对构式学习的促进效果很小，构式学习更适合使用在不同语境中分布更平衡的动词集。该结论也被 McDonough 等（2014）所证实。他们发现，当构式范例出现在不同语境中作为学习材料时，二语学习者在后测中更容易将其推广到新的构式测试材料中，这说明语境多样性可加速构式水平范畴的拓展。Frances、Martin 和 Duñabeitia（2020）探讨了语境多样性对母语和外语词汇学习的影响，重点关注一个单词在不同文本中出现的频率。实验中，被试阅读了几篇用新创作的假词替代高频词的文章。尽管被试接触这些新词的总次数保持一致，但是词汇在 1、2、4 或 8 篇不同文本中出现的情况各不相同。同时，被试的语言背景也不同，有些人阅读西班牙语（母语）文本，而另一些人则阅读英语（外语）文本。研究结果表明，语境多样性提高了被试对单词的记忆和识别能力，并且在不影响理解的情况下，有助于将单词与其含义有效匹配。

综上所述，学习者在多样化语境中接触的范例数量越多，越容易建立起这些范例之间的网络关系，这将加速构式水平范畴的形成，使他们能够在不同语境中正确地运用这些构式。范例之间的网络关系是指在学习过程中，学习者通过接触不同的语言范例，逐步建立起词语与构式之间的关联，从而形成一个包含共享相似结构和功能的构式的水平范畴。因此，对于语言学习者来说，接触不同语境中的范例是非常重要的，通过不断地积累和学习，他们可以逐渐建立起构式之间的联系，提高语言学习的效率和水平。

语境多样性有助于加快语言加工的速度。心理语言学研究领域也逐渐更加重视语境多样性对语言加工的影响，发现语境多样性是显著预测语言加工速度的重要因素。例如，Ambridge 等（2006）使用规范化的、基于语料库的语境多样性预测语言加工的速度，当考虑到语境多样性的影响时，被试在词汇命名和词汇判断任务中的词频效应就变得不显著了。这些结果反映了记忆过程中语境多样化的重要性。Schmid（2010）指出，频率与话语中最近提到的情况（recency of mention）都是词汇获取及检索容易程度和速度的主要决定因素。因为分散度（语境多样性）是认知相关概念的重要维度：在给定的刺激数或一定量的训练次数下，如果将刺激或训练试验分散到几个会话中，学习效果总是比将其集中在一个会话中要更好。这个发现在人类认知的许多领域中都非常显著（Ambridge et al.，2006）。同样，Adelman 等（2006）指出，重复接触特定词汇项目的数量对该项目后续检索的影响取决于接触时间和环境上的分离程度。

语料库语言学家将这种"接触时间和环境上的分离程度"等效于分散度。更具体地说，一些研究提供了支持分散度在词汇判断任务中的作用的证据。分散度比单词出现频率更好、更独特地预测了单词命名和词汇判断时间。他们将该结果与 Anderson 对记忆的理性分析联系起来。Anderson 的理性分析记忆理论认为，人类记忆是由优化信息存储和检索的有理原则产生的。根据这个理论，人类大脑使用贝叶斯推理来对事件的可能性进行概率判断，并根据新信息更新这些判断。这个过程可以让大脑通过优先考虑最相关和最有用的记忆来高效地存储和检索信息。更多关于分散度重要性的证据来自 Baayen（2010），他将 BNC 中词汇出现的范围作为预测因子纳入一个多因素模型中，发现当将频率仅仅视为重复计数器而不是其他一些认知机制时，其效应实际上是表象，这可以在某种程度上通过分散度解释。Gries（2010）发现词汇判断时间与变异系数（variation coefficient，vc）和语境多样化指标（DP/DP$_{norm}$）高度相关。

　　Gries（2010）比较了不同分散度指标在与心理语言学（反应时间）数据结合研究时的统计和预测行为。为此，他计算了原始频率、所有分散度指标和所有调整频率与实验获取的心理语言学词汇判断任务的反应时间之间的相关性。他从 BNC 的口语库中提取了所有出现 10 次及以上的词汇类型，约 17 500 种，计算了 Gries（2008）记录的所有 29 个分散度指标和调整频率，然后对分散度指标和调整频率进行了分层聚类分析和主成分分析。分层聚类分析和主成分分析产出了如下类别。语境多样化指标类别 1，包括 Rosengren's S、范围（range）、Distributional Consistency；语境多样化指标类别 2，包括 Juilland's D、Carroll's D_2、基于卡方值 D_3、DP、DP$_{norm}$、vc 和逆文档频率（inverse document frequency，IDF）；频率类别 3，包括形符频率、maxmin 测量值[max（v_{1-n}）和 min（v_{1-n}）之间的差异]和 SD。Gries（2010）考察了分散度测量和调整频率与几个心理语言学研究的响应时间潜伏期的相关关系，即将 Spieler 和 Balota（1997）以及 Balota 和 Spieler（1998）得出的年轻说话者和老年说话者的数据与 Baayen（2008）的数据进行相关分析。结果表明，某些语境多样化指标与反应时间显著相关，这显示语境多样性是显著预测语言加工速度的重要因素。

3.4　n-gram 连接强度反映语言使用的地道性

　　根据基于用法的语言习得观，语言具有公式化的性质，大部分语言信息以多词单位（multiword units，MWUs）[①]或块的形式存储（Ellis，2012）。基于语料库的调查表明，母语者之间的大部分交流都是基于公式化的（Erman & Warren，2000）。学习者获得的搭配知识是进行成功交际的关键因素（Siyanova-Chanturia & Martinez，2015）。语料库语言学采用不同的方法来操作公式化的语言单位。其中根据单词之间连接强度界定公式化语言的方法近年来备受关注。连接强度指线索与结果共现的可能性。共现频率高的 n-gram 规约化程度高，被整体存储的概率也较大。使用规约化程度高的 n-gram 可提高语言使用的地道性（Siyanova-

---

　　① 多词单位指的是两个或更多单词组成的具有特定意义的单元，通常在特定语境下使用。这些单元包括成语、搭配、动词短语和复合词等。

Chanturia & Martinez，2015）。构式的关联度越大，启动效应越显著（王初明，2015）。连接强度还涉及语言习得中搭配知识的重要性。学习者对于高连接强度的 *n*-gram 的掌握可以提高他们的语言流畅性和准确性，使得他们的语言使用更加自然，更符合目标语言的习惯表达方式。在语言教学中，教师可以通过教授高频的、高连接强度的 *n*-gram 来帮助学习者掌握地道的语言表达方式，促进学习者在目标语言中的交际能力的提高。因此，连接强度是语言习得和教学中一个非常重要的概念。连接强度还与语言的可理解性和流畅性密切相关。当学习者在交流中能够准确地使用高连接强度的 *n*-gram 时，他们的语言表达会更加清晰，同时也更容易被理解。此外，高连接强度的 *n*-gram 也可以在语言流畅性方面起到重要作用。学习者在使用高连接强度的 *n*-gram 时，由于这些词组已经被整体存储在他们的语言系统中，因此可以更快地访问这些词组，从而使他们的语言表达更加流畅。

衡量有意义的 *n*-gram 连接强度的指标是 MI 值，它考虑了单个词语的频率。MI 值越高，表示关联性更强。与 *T* 分数不同，MI 值可以检测到低频词汇之间的关联。研究发现，低水平的书面作文常包含 *T* 分数较高的搭配；而高水平的写作者则使用产生较高 MI 值的搭配。还有研究发现，某些搭配测量指标（如 MI 值）与二语写作的整体质量之间存在虽然弱但显著的相关性。例如，Kyle 和 Crossley（2016）发现，在托福写作考试中，两者的相关系数 *r* 为 0.10—0.20。在欧洲语言共同参考框架写作考试中，Garner、Crossley 和 Kyle（2019）发现两者的相关系数 *r* 为 0.20—0.30。这些结果表明，搭配使用的质量和数量可以对二语写作的表现产生影响。

Boers 等（2006）分析了比利时 17 名英语外语学习者的口语样本（复述和叙述），发现 MWUs 频率和感知流畅性得分之间存在中等且显著的相关性（$r = 0.393$，$p < 0.05$）。Wood（2009，2010）采用了包括语速（即每分钟平均音节数）和平均连续长度（即样本中每个连续段的音节或单词总数，其中"连续段"是指两个停顿之间的语言片段）等指标来评估二语产出流畅性，发现在一系列速度流畅性指标（如语速、平均连续长度）得到显著改善的同时，言语中使用 MWUs 的数量也显著增加。Crossley 和同事进行的三项研究（Garner & Crossley，2018；Kim et al.，2018；Kyle & Crossley，2015）揭示了口语熟练度和 *n*-gram 序列使用之间的关系。他们采用基于语料库的量度方法，以比例、频率和连接强度（如 *T* 分数、MI 值）来识别经常出现的二词和三词序列（bigrams 和 trigrams），研究了二语学习者使用目标 *n*-gram 序列的程度。Kyle 和 Crossley（2015）发现，学习者的整体口语熟练度得分与一系列 *n*-gram 频率和比例得分呈显著正相关关系，表明口语熟练的学习者会频繁地使用母语中的多词序列。Kim 等（2018）以及 Garner 和 Crossley（2018）进行的两项纵向研究证实，二语学习者在口语中使用的常见的二词和三词序列的比例逐渐提高，这些多词序列在本族语参考语料库中也经常出现。随着时间的推

移，二语学习者会使用更多高频二元组。然而，随着熟练度的提高，二语学习者的 n-gram 连接强度得分（T 分数和 MI 值）变化不够显著。同样，Eguchi 和 Kyle（2020）发现在美国外语教学委员会（American Council on the Teaching of Foreign Languages，ACTFL）口语能力评估中搭配的作用甚是重要（$r = 0.49$）。Tavakoli 和 Uchihara（2020）还发现了多词序列使用与口语流畅性指数之间的关联证据。

上述回顾发现，二语学习者在写作和口语表达中，如果使用更常见的词汇组合，就会被评为产出的语言更为地道（Kyle & Crossley，2015）。尽管二语学习者的公式化序列最初可能包括更多高频搭配，但在二语学习后期，这些学习者很可能会越来越多地使用低频搭配（Garner & Crossley，2018；Kim et al.，2018）。

3.5 学习者已有的语言知识带来的习得性注意

学习者已有的语言知识的作用表现为语际迁移和语内迁移。两类迁移可发生在语言学习的不同阶段（俞理明，2004）和不同语言层面（Jarvis & Pavlenko，2007）。

目前学者们对语际正负迁移关注较多，对语内正负迁移的研究也在逐渐增多。譬如，Morris 等（2000）为考察语内知识迁移，提出了 wh-问句学习的连接主义模型，发现了"构式同盟"效应（construction-conspiracy effect）：当该模型学习了语法/语义相关的结构时，可以将该模型专门推广到未经过训练的 wh-实例上。Abbot-Smith 和 Behrens（2006）观察到了这种同盟的积极影响和消极影响。通过分析 2—5 岁的德国男孩所说的话语，他们研究了德语被动结构和将来时态结构的习得，这两个结构都包含一个带有助动词 sein（是）或 werden（成为）的动词。结果表明，男孩先习得了 sein-被动结构会加速对于助动词 sein 的习得，而对于werden-被动结构的习得会抑制 werden 连系动词结构的学习过程，这是由于相同结构的干扰。这种从连系动词 sein 或 werden-被动结构中获得的积极影响和消极影响证实了"构式同盟"效应。换言之，构式干扰可能对语言学习产生积极的和消极的影响，取决于结构的性质和它们之间的关系，以及学习者区分它们的能力。根据 Morris 等（2000）的观点，当两个结构共享重要元素或类似功能时，构式习得会出现加速效应，当两个构式形式相同但意义不同时，构式习得会出现延迟效应。

从概率的角度来看，已有的知识可能使学习者在二语学习过程中产生注意偏向，从而忽视某些特定的构式。值得一提的是，Ellis（2006）、Ellis 和 Sagarra（2011）从习得性注意的角度解释了学习者已有的语言知识的作用。具体来讲，学习者的学习经历会导致注意力偏差。Ellis（2006）将二语学习者习得屈折语法的困难归因于"学习注意力"的效应，即所谓的"阻塞"。所有语言都有表达时间的词汇和短语。因此，任何掌握第一语言的人都会意识到，语言中有一些高频且可靠的词汇线索，用来表示时间参照，例如德语中的 gestern、法语中的 hier、西班牙语中的 ayer 和英语中的 yesterday。这些词汇因为其高频率、明确的解释和显著性，会在二语学习中"阻塞"学习者习得冗余的动词时态形态。例如，"Yesterday I walked."中时态的-ed 已经通过 yesterday 这一时间词语得到了明确表达，因此不需要额外的时态标记。虽然语法功能词在输入中很常见，但由于它们的低显著性、冗余性、形式功能映射的低连续性，以及成年学习者的学习注意偏差，学习者的习得难度很大。为了证实此假设，Ellis 和 Sagarra（2010，2011）进行了一系列实验。在他们的实验中，被试分为三组：副词预训练组、动词预训练组和对照组。在第一阶段，副词预训练组的被试学习了两个副词及其拉丁语时间参考 hodie（今天）和heri（昨天）。动词预训练组的被试学习了动词在不同时态下的参照时间。例如，cogito 表示现在，cogitavisti 表示过去。对照组则不用接受这种预训练。在第二阶段，所有被试都接触了包含副词和动词时态标记的句子（如 heri cogitavi、hodie cogitas、cras cogitabis），并学习了这些句子指代过去、现在和未来的用法。在第三阶段，所有副词和动词时态标记的组合都被单独呈现，被试需要判断每个句子是指过去、现在还是未来。该实验的设计是基于如下逻辑：在第二阶段，每个话语都包含两个时间参考标记，即副词和动词屈折变化。如果被试同等关注这两个线索，那么在第三阶段的判断中应该同样受到它们的影响。然而，如果他们更关注副词或动词屈折变化线索，那么他们在第三阶段的判断会更偏向于他们关注的那个线索。对照组接受同时具有两种线索的话语，并从它们的组合中学习两种线索。在多元回归分析中，因变量是第三阶段每个字符串的平均反应时间，而自变量是副词和动词屈折变化线索所传达的信息。标准化 β 系数表明，对照组的反应时间由副词和动词屈折变化线索的影响决定。具体来说，副词对反应时间的影响较大，系数为 0.93，而动词屈折变化的影响较小，系数为 0.17。副词线索远远超过动词屈折变化线索的可学习性。这是两个因素导致的：一是副词线索更显著，二是对副词线索的学习注意力阻碍了动词形态的习得。另外两组以非常不同的方式对线索做出反应，副词预训练组遵循副词线索，副词组反应时间主要受到副词线索的影响，标准化 β 系数为 0.99，表明副词对反应时间的影响非常强，几乎完全决定了反应时间，而动词线索对反应时间的影响则几乎为零（系数为–0.01），这意味着动词屈折变化几乎不会影响副词组的反应时间；动词预训练组则更倾向于依赖动词线索。在这一组别中，副词的影响较小（系数为 0.60），而动词的影响较大（系数为 0.76）。这表明，经过动词预训练的参与者更加注重动词线索的时间参考信息，因此动词对反应时间的影响较为显著。

Ellis 和 Sagarra（2010）以及 Ellis 和 Sagarra（2011）还考察了长期的语言迁

移效应，即学习者第一语言的性质（+/-动词时态形态）会影响对拉丁语中词素和词汇线索时间参考线索的习得。汉语母语者（没有时态形态）比西班牙语或俄语母语者（形态丰富）更难从相同语言体验中获得屈折变化线索，其中副词和动词线索同样可用，学习时态形态的标准化 β 系数为：中国人（-0.02）< 英国人（0.17）< 俄罗斯人（0.22）< 西班牙人（0.41）。这些发现表明，长期的语言注意力和处理偏见会影响到后续的线索学习，这是来自先前第一语言使用的影响。上述研究显示，学习者已有的语言知识在构式范畴的建立中起着重要的作用。

3.6　简　　评

在构式学习的不同阶段，五类概率机制发挥着不同作用。第一，固化机制帮助学习者积累反复使用的范例，从而加速构式垂直范畴的形成。这方面的研究主要关注齐普夫定律对构式垂直范畴构建的影响，发现音素、单词、程式语和开放性语法结构等均遵循该分布。母语研究表明，构式的使用呈现出偏态分布，学习者首先依赖于反复出现的例子，逐渐形成固化点，进而建立垂直的构式范畴。然而，与之相关的二语学习研究目前仅涉及英语论元结构和时体的发展。第二，统计优选机制能够加速垂直范畴的扩展，并避免过度概括。大量研究表明，儿童使用此机制来规避语言过度泛化的问题。然而，针对二语统计优选的研究仍处于较初级的阶段，目前仅有 Ambridge 和 Brandt（2013）、Robenalt 和 Goldberg（2016）、孙妙和杨连瑞（2018）、张晓燕和王敏（2019）等对英语论元结构和定语分词的优选进行了探讨；张晓鹏和董晓丽（2017）对名词可数性特征优选进行了研究。第三，大量母语习得研究表明，母语构式水平范畴的形成与不同语境中频繁出现的范例密切相关。目前，语境多样性对二语发展的作用研究大多停留在理论探讨阶段，除 Year 和 Gordon（2009）、McDonough 等（2014）、王启（2019）外，实证研究报道实属少见。第四，使用规约化程度高的 n-gram 连接强度可提高语言使用的地道性。构式关联度越强，启动效应越显著。目前对连接强度影响二语搭配加工的研究较多（Gyllstad & Wolter，2016；王启，2015），但对其如何影响其他构式加工与发展的研究鲜有报道。第五，从概率上讲，学习者已有的语言知识会导致学习者在二语学习过程中的注意偏向而忽略某类构式，尤其是冗余性比较强的功能语类，但探究习得性注意对语言学习过程的影响效应的研究尚处于起步阶段。

基于用法的语言习得观对概率机制与二语构式发展和加工的关系大多还停留在理论层面的讨论，实证研究较少，构式种类庞杂，现有二语研究仅涉及词素、搭配、论元结构等，对其他构式的习得和加工与上述概率机制的关系亟须系统考察；此外，目前对概率机制的研究大多采用静态视角，较少关注其在构式发展不同阶段的动态变化。新构式的学习与其他变量相互作用，融入动态语言系统，进而影响语言的使用。因此，我们急需深入研究概率机制在不同阶段如何影响各种构式的发展，以及它如何与其他因素（如学习环境）相互作用，从而影响构式的动态发展。同时，我们也需要探讨如何调控概率机制，以提高二语构式学习的效率。

3.7　本章小结

本章系统梳理了五种概率机制与语言（母语和二语）发展和加工的关系。第一部分概述了固化机制的认知机理和相关典型实证研究，初步发现固化机制有助于构式垂直范畴的形成。第二部分讨论了构式之间的竞争关系，梳理了统计优选相关理论和实证研究，初步发现统计优选有助于构式垂直范畴的巩固，可以帮助语言学习者规避泛化错误。第三部分综述了语境多样性的促学机制和相关语言加工的心理语言学研究成果。第四部分主要涉及构式连接强度与语言使用地道性之间的关系，主要梳理了连接强度的量化方法以及连接强度与语言产出之间的关系。第五部分简要讨论了学习者已有的语言知识的潜在作用，主要梳理了习得知识带来的认知偏向或注意偏向对二语学习产生的影响。第六部分指出了目前二语概率机制研究存在的不足之处，以及需要突破的研究方向。我们将在第 4 章中系统梳理概率性学习机制的语料库量化方法。

第4章 概率性学习机制的语料库量化方法

二语研究长期以来一直与实验方法联系在一起。然而，在过去的三十年里，语料库研究越来越受到学者们的关注，作为解决二语学习中心理语言学问题的有效补充甚至替代经验方法，包括语言加工、句子复杂性、流畅性、词汇多样性、词汇习得、语际迁移、语言习得中的词汇知识。尽管语料库应用在二语心理语言学中出现的时间较晚，因此通常缺乏现有实验研究的方法论的复杂性（Gries，2014b），但语料库正在逐渐为该领域最先进的前沿研究方法提供支持。在语料库语言学和二语心理语言学中，二语学习的操作化方式有所不同：心理语言学研究通常侧重于对较小的书面语言样本的理解（而不是产出），并使用准确性和反应时间作为因变量，而语料库研究通常利用书面产出数据。此外，许多基于语料库的分析侧重于给定形式或含义的条件出现概率（如从语料库的上下文信息中预测的概率）。

语料库语言学对二语学习的贡献在认知语言学框架中最为显著，包括建构主义、基于用法和基于范例的语言习得和使用模型。Lakoff（1991）的认知承诺假设认为，语言和语言组织反映了认知的一般原则：语言习得、表征和处理在很大程度上可以参照领域中一般的认知机制来解释；语言使用涉及最终形成语言系统的认知事件（Kemmer & Barlow，1999）；说话者对词汇项的知识与其在语法语境中的使用相关（Goldberg，2006）。语料库数据已被公认为相关语言数据的来源，因此，定量和统计工具现在被视为中心方法（Gries，2014a）。

心理语言学和认知语言学与频率的概念有着内在的联系：使用频率和重复在语言的各个层面都是核心，对二语学习很重要。在心理语言学中，表征频率在实验研究中作为控制变量和预测因子发挥着重要作用，使用频率与表达作为一个单元（即具有既定认知程序的语言结构）的固化密切相关。Ellis 等（2016：45）指出，"我们经历某件事的次数越多，我们对它的记忆就越强，对其的通达就越流畅"。输入中频繁出现的构式比罕见构式更容易处理。通过经验，学习者的感知系统根据其在输入中出现的概率调整为预期结构。从形式到意义的映射强度也是如此。

二语学习和加工涉及概率和统计知识（Ellis，2002，2006）。语料库为研究者提供了学习者语言中的多种频率数据，使我们能够分析和理解二语知识是如何被习得和加工的。通过语料库，研究者可以观察到不同语言单位（如词汇、句型等）在学习者语言中的出现频率和搭配模式，从而揭示语言习得过程中潜在的统计规律。因此，基于语料库的心理语言学工作通常利用频率作为习得的一个预测因素。基于用法的语言学家认为，语言元素的分布特征能够反映它们的功能特征。换句话说，语言元素在语料中的分布方式，尤其是它们的共现频率，实际上揭示了它们在语言中所承担的功能（Gries，2017）。语言学习者通常并不会有意识地进行语言统计数据的计算，他们的关注点更多集中在交流和理解上。频率调整是由学习者的语言系统在日常使用过程中自动完成的。这些统计信息并非显性地存储在他们的意识中，而是通过隐式学习的方式影响他们的语言处理和使用。

　　基于用法的语言习得理论假设学习、记忆和感知都受到使用频率、新近性（recency）和上下文的影响（Ellis et al.，2016）。关于线索与结果偶然性联想学习的实证研究表明，诸如固化、统计优选、新近性、连接强度、语境多样性或离散程度、原型性、凸显性和惊奇度、习得性注意等一般学习机制在二语学习过程中发挥着关键作用。虽然这些概念已成为基于用法的语言习得研究的中心，但语料库语言学家在过去十年中积极开发了统计方法来操作这些概念。表 4.1 列出了这些认知机制及其相关的语料库方法，读者也可具体参考 Ellis 等（2016）以及 Wulff 和 Gries（2019）的研究。下文将讨论如何在二语研究中对这些概念进行量化和统计操作。

表 4.1　概率性学习机制关键术语、构念描述以及语料库量化方法

术语	简单描述	语料库量化方法
固化	将语言构式确立为一种认知程序的认知过程	语言构式出现的形符频率和类符频率、形式和其他意义的连接强度
统计优选	表达同义关系的不同构式之间的竞争概率	同义构式使用的形符频率和类符频率、形式和其他意义的连接强度
新近性	倾向于记住最后呈现的信息	离散程度、检索行、结构启动
连接强度	提示线索与结果共现的概率	搭配、类联接[①]、搭配构式（collostruction）
语境多样性、离散程度	出现在不同文本和语境中的概率	频率、分布范围、分散度
原型性、凸显性	表达式在范畴中心/代表性程度；与其他范畴成员的区别程度	频率、连接强度、语境独特性
惊奇度	在特定语境下语言选择的意外程度	频率、连接强度
习得性注意	刺激 A 与结果 X 建立关联后使得刺激 B 与结果 X 建立关联更为费力	语言形式的冗余度、形式和功能连接强度

---

　　① 类联接（colligation，又译作"类联结"和"类连接"）即语法层面的搭配关系。该术语由 Firth（1957）提出，他将"I watched him"中的"第一人称代词+动词过去时+第三人称代词"语法类别共现关系称为类联接。

4.1　固化的测量

频率和固化之间存在强相关性（Gries，2014），因为使用频率被认为是促进固化的主要因素。每次使用一种结构都对其巩固程度产生积极影响，而长时间不使用则会产生负面影响。通过反复使用，新结构逐渐变得固化，直到成为一个相对固定的单元。因此，语言单元的固化程度取决于它们出现的形符频率和类符频率（Langacker，1987）。语料库中语言元素出现的频率为我们提供了一个理解语言学习者如何获取和处理这些元素的途径（Gries & Ellis，2015）。随着语言元素的反复出现，说话者对这些元素的心理表征会不断得到更新（Gries，2022）。重要的是，固化触发了不同抽象层次的语言元素的习得。具体来讲，这与形符频率（即元素被观察的次数）和类符频率（即在某个位置中观察到的不同元素的数量，如介词与格结构中不同动词的数量）紧密相关。形符频率导致实例的固化，而类符频率导致更抽象模式的形成和固化。这种区别甚是关键：第一，范例记忆及其关联的丰富性；第二，更抽象的连接主义学习机制（Ellis，2002）。

在二语学习中，形符频率和固化同样相关：首先，在输入中，语言元素的形符频率与习得年龄（Casenhiser & Goldberg，2005）、词汇获取速度、词汇常规化（Aslin & Newport，2012）和词汇类别形成有关。通常具有较高频率的样本会被更准确地分类为更典型的样本（Ellis et al.，2016）。

形符频率可以是绝对频率或相对频率。绝对频率指的是观察到一个元素的次数（通常归一化为每百万词中的出现次数，以比较不同规模的语料库的结果并提供无语境固化的信息，即独立于其出现的语境的语言元素的频率信息）。相对频率则提供了有关无语境固化的信息（即给定其语言或其他语境的元素的频率/概率信息）。

基于用法的语言学家认为语境与所有语言过程都是相关的，所以他们主要关注相对频率。Adelman 等（2006）和 Baayen（2010）等学者质疑频率的普遍重要性，特别是重复的频率，并强调了需要用其他在心理语言学中没有得到足够讨论的预测因素来补充绝对频率，如连接强度等（Baayen，2010；Gries，2022；张晓鹏、文句，2018）量化固化程度。

事实上，在人类学习的一般领域，人们早就认识到固化虽然对原始频率很敏感，但它实际上是基于偶然性概率的。举个简单的例子，学习者正在探索语言形式 A 与意义 A 之间的关系。学习效果并非由某一刺激的原始频率所预测，而是受到偶然性的影响，如表 4.2 所示。假设时间被划分为若干个离散的区间，其中每次接触代表一次学习。在每个时间区间内，刺激（形式 A 或意义 A）可能会出现，也可能不会出现。

表 4.2 固化体现形式和意义之间的映射概率强度

项目	意义 A 出现	意义 A 不出现
形式 A 出现	8	2
形式 A 不出现	3	7

在这种情况下，什么可以预测学习？预测学习的并不是形式 A 与意义 A 共现的原始频率（8 次），也不是形式 A 出现的比例（80%），而是形式 A 所表达的意义 A 的概率。学习者需要掌握形式 A 与意义 A 之间的关系，也就是说，当形式 A 出现时，73%的意义 A 是由形式 A 来表达的；而在形式 A 未出现的情况下，27%的意义 A 会通过其他形式来表示（表 4.2）。这样，学习者才能建立两者之间的联系。研究者建议在考虑原始频率的时候，固化的量化还需要考虑概率指标，如 Z 值、MI 值、Dice 系数、T 分数和 Log-Likelihood 等来量化构式形式和意义之间的固化关系（Ambridge et al.，2018）。

4.2 统计优选的测量

统计优选指同义构式因使用频率不同而出现的相互阻断现象。在语言学习中，学习者会根据语言中出现频率较高的规则和模式来预测和统计优选新出现的语言结构。因此，当学习者在某个特定语境中期待听到某种构式，却反复听到在语义和语用上相似的另一构式时，他们可能会意识到最初期待的构式可能存在错误，而另一构式则是更佳选择。这种相互阻断现象体现了学习者对语言中出现频率较高的构式和句型的优先选择。这样的统计优选过程可以帮助学习者更快掌握语言中最基本和最常用的结构，从而提高他们在实际交流中的流畅性。

以上描述的预测和推知的过程就是统计优选。统计优选是一种基于先前学习的知识和经验来进行预测和判断的学习策略。学习者在学习过程中会不断地接收到新的语言输入，包括口语和书面语，以及不同领域和不同场合下的语言使用。在接触到新的语言输入时，学习者会将其与之前学习的语言知识进行比较和匹配，以预测和判断新的语言结构的正确性和适用性。这种比较和匹配的过程就是统计优选，此机制在语言学习中非常重要。

目前，研究者主要使用同义构式的形符频率和类符频率来量化语言习得中的统计优选效应。例如，Ambridge（2013）、Zhang（2017）使用 unsqueeze 的同义词 release 和 loosen 的绝对形符频率量化其对 unsqueeze 的统计优选效应。Zhang

和 Mai（2019）、张晓鹏和文句（2018）也分别使用短语动词化和动词名词化的同义构式的形符频率来量化目标构式的统计优选效应。

　　事实上，统计优选和固化一样，由于学习者主要依赖之前学习的知识和经验来进行预测和判断，这种基于同义构式使用频率的推动同样也是建立在概率基础之上的。换言之，学习者可能需要建立相同意义和不同形式之间的概率关系，进而推断不同场合下何种形式比较适合。例如，学习者正在探讨语言形式 A 与其所对应的意义 A 和 B 之间的关系。在这一过程中，学习成果的预测并非基于任何表达意义 A 和 B 的原始频率，而主要依赖于偶然性，这一点可以通过 2×2 矩阵（表4.3）加以说明。为便于分析，我们假设将时间划分为若干个离散的区间，在每个区间内，每次接触均被视为一次学习经历。在这些区间内，每个刺激（形式 A 及其所对应的意义 A 或 B）可能同时出现，也可能在不同时间内出现，从而影响学习者对语言结构的认知和理解。

表 4.3　统计优选体现形式和不同意义之间的映射概率强度

项目	意义 A 出现	意义 B 出现
形式 A 出现	8	2
形式 A 不出现	3	7

　　在这种情况下，什么可以准确量化意义 A 和意义 B 表述形式 A 的关系呢？不是形式 A+意义 A（8）或形式 A+意义 B（2）共现的原始频率，也不是形式 A 表达意义 A 的比例（73%）和形式 A 表达意义 B 的比例（22%），而是意义 A 和意义 B 被形式 A 所表达的偶然概率。学习者需要理解形式 A 与意义 A 和意义 B 之间的对应关系。具体来说，当形式 A 出现时，80%的情况下它对应的是意义 A，而 20%的情况下则对应意义 B。相反，当形式 A 缺失时，27%的情况下意义 A 会通过其他形式进行表达，而 78%的情况下意义 B 同样会由其他形式来表示（表4.3）。这种关系的掌握对于学习者构建语言理解和使用的框架至关重要。只有形成此种列联概率，学习者才能建立不同意义之间的竞争关系，在语言产出中选择恰当的构式。为此，研究者建议在考虑同义构式原始频率的时候，对统计优选的量化还需要考虑其他概率指标，如独立性卡方检验值、Dice 系数、MI 值、Log-Likelihood 等，以量化同义构式形式和不同意义之间的匹配关系（Ambridge et al.，2018）。

4.3　新近性的测量

　　在语料库中，可以通过词汇共现的语言环境来探索新近性，这使得语言学家能将不同语言选择的频率与语境信息相关联。词汇共现是将搜索词的语言实例显示在中心列中，以及它们之前和之后的语境（根据单词数量、字符数量、语调单元等定义）。在语料库语言学方法中，词汇共现提供了语言选择的所有语境（Gries，2014），可以确定最近发生了什么以及它如何与当前研究的语言选择相关联。此外，词汇共现索引行的价值在于记忆是依赖于语境的，学习者在特定语境中学习的信息当恢复该语境时更容易记住。依赖于语境的记忆对偶然的、语境中的信息较为敏感，可以识别许多不同类型的语境相似性，并且可以在没有意识的情况下影响学习者的表现。

　　近期，语言学习研究尝试探索如何有效地利用索引行来分析语言环境（图4.1）。研究着重于通过标注语言环境中的多种预测因子来构建索引行，以便更准确地捕捉语言学习中的潜在规律。通过一系列多因素/变量统计技术，研究人员能够评估语言和认知预测因素与学习者中介语各个方面之间的关系，并对给定形式出现的概率进行建模。这种综合标注和统计分析有助于更深入地理解心理语言学的核心概念，以及如何在词汇/意义固化、形式与功能元素的关联/偶然性及分类等方面促进二语学习（Gries，2014）。由于其丰富的上下文信息，索引行信息有助于探索新近性，新近性可以通过（结构性）启动（从统计学角度来看，这将表现为知识的自相关，这是一种短期效应）和离散程度（这是一种长期近因，指元素在文本、说话人、语域/体裁等之间的分布）来表现。相关研究见 McDonough 和 Trofimovich（2009）、Gries 和 Wulff（2005）。

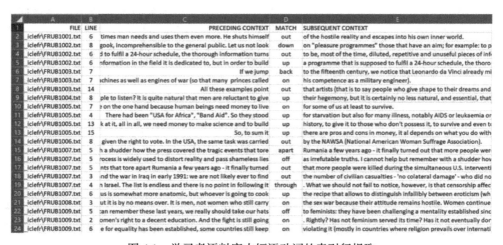

图 4.1　学习者语料库中短语动词的索引行提取

　　启动是指 X 的出现提高了 X 在其（基于频率的）基线之外出现的概率。启动发生在所有语言水平和非语言水平（如概念表征）层面上，受内隐学习和模式提取机制的驱动（Rowland et al.，2012）。尽管语言习得研究人员可以通过实验设计来控制启动，然而更全面的启动研究大多出现在观察数据中（Gries & Kootstra，2017）。

离散程度与一般学习过程有关，并且常用于词汇判断任务中的词汇和反应率/反应时间（Gries，2019）以及单词（在构式槽位）在整个语料库中的（均匀）分布。例如，语言使用者更可能体验到在时间/地点上广泛/均匀分布的结构。当这种情况发生时，语境的离散程度表明一种结构是广泛的、常规化的，时间的离散程度分摊了新近性（Gries，2019）。研究发现（Baayen，2010；Gries，2019），离散程度可能在解释其对二语学习效果的影响方面优于频率，因为更多均匀分布的样本可以被认为是更常规化的语言分布。因此，这种常规化的语言有助于更好地促进二语的习得。一般来说，在心理语言学中，离散程度是一个需要考虑的核心因素，因为它影响语料库中每一种构式出现的频率。

在计算方面，按照 Gries（2008）、Egbert 等（2020）的建议，研究者最好根据语料库中有意义的部分（如文件/文本、子语域、语域/体裁、语言生成模式）来计算离散程度。通常，研究者会通过构式在语料库中的出现范围（如分布或频率）来量化这种离散程度。范围是指一个单词在语料库中出现的文档范围，与频率相比，它考察了一个构式在语料库中的分布情况。它可以帮助解决频率可能受到构式在语料库中的分布模式影响的问题。例如，如果一个构式只在一小部分文档中出现，那么它的构式范围就比较窄，而如果在大部分文档中出现，它的构式范围就比较宽。构式范围的计算需要确定语料库中文档的总数以及每个单词出现在哪些文档中。Callies（2013）发现，文件/说话人之间数据的离散程度能解释说话者的语言产出差异。

在基于语料库的二语学习研究中，忽略语言使用的新近性会导致对语料库中可能有效或无效的部分概括，进而破坏分析所得的所有结论。因此，除了考虑频率以外，构式使用的范围也是评估学习者的语言使用新近性的重要指标。

4.4　连接强度的测量

语言形式之间和/或它们与功能之间的连接强度在语言习得的不同阶段和各个层面发挥着重要作用。根据 Siyanova-Chanturia 和 Pellicer-Sanchez（2018）以及 Wray（2002）的研究，公式化的语言单位在心理上具有现实性。Durrant（2014）认为，公式化的语言知识是学习者语言发展的一个重要方面。Ellis（2006：7）指出，"语言学习是一个统计过程，要求学习者在结构及其功能之间获得似然加权关联"，通过跟踪语言理解和产出的大量同现信息，获得可靠映射形式和功能的能力

（Gries & Ellis，2015）。因此，偶然性助推联想学习（Ellis，2016），例如，搭配和短语知识是获得母语流畅性和母语惯用性的关键因素（Pawley & Syder，1983）。

迄今为止，许多基于语料库的偶然性研究都是基于语言共现，如连词和搭配（即词汇语法共现，参见 Gries & Durrant，2020）。具体而言，偶然性有助于探索假设关系，即如果上下文是这样的，会发生什么？基于语料库的语言偶然性研究假设以下两点：第一，"人类学习与规范统计偶然性度量完全对应"（Ellis，2006：7）；第二，在语料库数据中发现的语言元素之间的统计关联反映了语言学习者的心理关联。学者们已经开发了许多连接强度的量化指标，包括条件概率、$\log P_{\text{Fisher-Yates exact}}$[①]、$t$ 值、z 值、odds ratio（胜算比）、MI 值等，但目前对于如何最佳测量关联对称性、度量类型和频率信息方面的偶然性概率尚无共识。然而，不同的多连接强度量化指标为搭配学习提供了不同的和互补的视角（Gries & Durrant，2020）。

基于语料库的二语学习研究者大多考察形式-功能映射强度、语境和语言形式的映射强度等方面，广泛采用搭配关联度分析、VAC 关联度分析、搭配构式分析（collostructional analysis，CA）（Gries & Stefanowitsch，2004）。这些方法用于量化以下方面：第一，单词之间、单词与其他构式之间的吸引/排斥的程度；第二，哪些单词被一个或多个构式吸引/排斥；第三，识别一个构式中两个空位中的偏好共现概率。

4.4.1　词汇搭配强度

形式功能映射强度指的是两个或多个变量之间的关联或依赖程度。在语言学习和处理的环境中，该映射是形式（如单词或构式）与特定功能或意义之间可靠关联的程度（Shanks，1995）。心理学研究长期以来认为，虽然形式的频率很重要，但映射强度也至关重要。具有多种解释的提示是模糊的，而具有高映射强度的提示-结果关联是可靠且容易处理的。例如，在学习鸟类类别时，尽管眼睛和翅膀在示例中同样频繁地出现，但是翅膀是区分鸟类和其他动物的独特特征。翅膀是学习鸟类类别的重要特征，是因为它与鸟类的类别成员资格有着强烈的关联，而与其他范畴的关联性很弱。因此，原始出现频率的重要性不如提示和解释之间的映射强度重要。形式功能映射的可靠性是所有联想学习的驱动力，其研究领域已被称为"偶然性学习"。这对形式功能映射的理性学习至关重要（Xu & Tenenbaum，2007）。

量化语言映射强度在语料库语言学中有着悠久的传统。几乎所有语料库语言学研究的最基本假设是，分布上的相似性反映了意义或功能的相似性，其中共现

---

① 指的是 Fisher-Yates 精确方法计算的对数概率。

是语料库研究中最常见的一种。因此，在过去的几十年中，已开发出了测量映射强度的指标，即连接强度量化指标。绝大多数度量都是基于表 4.4 中所示的 2×2 列联表。表中量化了两个元素 x 和 y，分别列在行和列中，表中的四个单元格列出了相关语料库中的同现频率，中心频率是 a，它是 x 和 y 的同现频率。

表 4.4　连接强度的形符频率示意性共现量化列联表

元素	元素 y	其他元素	总和
元素 x	a	b	$a \mid b$
其他元素	c	d	$c+d$
总和	$a+c$	$b+d$	$a+b+c+d = N$

大多数连接强度量化指标要求计算 x 和 y 共同出现的预期频率 a、b、c 和 d，其频率与边际总和（$a+b$ 和 $a+c$）以及语料库大小 N 的预期频率相同。尽管语料库语言学研究者和计量语言学家已开发了数十个量化搭配连接强度的指标，但迄今为止，研究中仅使用了有限的几个指标，T 分数和 MI 值在语言习得和语料库研究文献中占主导地位（Granger & Bestgen，2014）。到目前为止，语言学习研究中的统计连接强度在很大程度上被认为是有效的。然而，González-Fernández 和 Schmitt（2015）指出，目前尚不清楚这些指标（MI 值、T 分数）中的哪一种最适合用于研究。因此，我们将讨论三种具体的连接强度指标，即 T 分数、MI 值和对数 Dice[①]，并考虑它们在突出语言程式化特性的不同方面的能力。选择 T 分数和 MI 值是因为它们在最近基于语料库的研究中发挥了突出作用；对数 Dice 作为 MI 值的替代指标被引入。为了正确使用每个连接强度指标，我们需要了解连接强度指标背后的数学推理和对应的操作标准。

1. T 分数

T 分数被标记为"搭配的确定性"（Hunston，2002）和"共现强度"（Wolter & Gyllstad，2011）。Evert（2005）指出，尽管 T 分数最初是作为 t 检验的推导结果而设计的，但 T 分数并没有非常透明的数学基础，因此不可能准确确定拒绝零假设的区域（即统计上有效的节点），并解释得分除了作为某些共现关系之外的其他方面。T 分数是通过调整原始频率，减去随机共现频率后，再将结果除以原

---

① 对数 Dice（Log Dice）是一种用于计算词组相关性的统计指标。它是 Dice 系数的对数转换，通过将 Dice 系数取对数来缩小分数的范围。Dice 系数是一种用于衡量两个集合相似性的指标，它基于两个集合共同包含的元素数量来计算相似性。在文本分析中，Dice 系数用于衡量两个词语在文本中的相关性。Dice 系数的计算公式如下：$\text{Dice}(x, y) = (2 \times |x \cap y| / (|x| + |y|))$。其中，$x$ 和 y 是两个词组，$|x|$ 和 $|y|$ 分别表示它们的长度，$|x \cap y|$ 表示它们的交集中元素的数量。

始频率的平方根来计算的，如式（4-1）所示。其中，O_{11} 表示观察到的搭配频率，N 为整个语料库中的形符总数，R_1 是语料库内节点的出现频率，而 C_1 则指代整个语料库的搭配频率。在预期频率较小（接近 0）的情况下，T 分数的值将近似等于观测频率的平方根，见式（4-2）。

$$T 分数 = \frac{O_{11} - \dfrac{R_1 \times C_1}{N}}{\sqrt{O_{11}}} \tag{4-1}$$

$$\frac{O_{11} - 0}{\sqrt{O_{11}}} = \frac{\sqrt{O_{11}} \times \sqrt{O_{11}}}{\sqrt{O_{11}}} = \sqrt{O_{11}} \tag{4-2}$$

除了随机共现基线的问题性假设之外，T 分数的主要问题与其不在标准化比例上运算有关，这不能用于直接比较不同语料库中的搭配（Hunston，2002），也不能为结果设置可靠的节点值。需要注意的是测量指标的不同标准化水平。首先，最基本的层次计算数据不涉及标准化。例如，原始频率计数或 T 分数直接取决于语料库的大小，也就是说，它们在不同的尺度上运行，因此在不同大小的语料库之间是不可比较的。其次，更高级的层次涉及标准化，这意味着将值调整到一个通用的尺度，以便不同语料库的值可以直接比较。例如，每百万词的百分比或相对频率在标准化尺度上运行。最后，最复杂的层次是基于缩放值[①]，涉及将值转换为具有给定值范围的缩放，如相关系数在 -1—1 范围内。

正如学者们观察到的那样（Durrant & Schmitt，2009；Hunston，2002），T 分数突出了单词的频繁组合。研究人员还强调了 T 分数和原始频率之间的密切联系，指出 T 分数排名"与基于原始频率的排名非常相似"（Durrant & Schmitt，2009：167）。例如，对于 BNC 中前 100 个按照 T 分数排序的二元组合，T 分数与其频率密切相关（$r = 0.7$）；然而，在前 10 000 个二元组合中，相关性要弱得多（$r = 0.2$）（Siyanova & Schmitt，2008）。因此，虽然所有由 T 分数识别出来的搭配都是频繁的，但并不是所有频繁的词组都具有高的 T 分数。

2. MI 值

MI 值在基于语料库的语言学习研究中越来越受欢迎，通常被描述为与单词组合的紧密性（González-Fernández & Schmitt，2015）、连贯性（Ellis et al.，2008）

[①] 缩放值（scaling of values）是指将原始数据转换为具有特定范围的比例尺的过程。这种转换可以使得数据更易于处理和比较。常见的缩放方法包括标准化（将数据转换为均值为 0、标准差为 1 的分布）、归一化（将数据缩放到 0—1 范围）、对数转换（将数据转换为对数）等。缩放后的数据可以更好地用于统计分析、机器学习和数据可视化等领域。

和适当性（Siyanova & Schmitt，2008）相关的强度量化手段（Hunston，2002）。也有人观察到它倾向于量化低频搭配（Bestgen & Granger，2014），并将其与 T 分数作为高频搭配的度量进行了对比。MI 值使用对数标度来表示组合中两个单词的搭配频率和随机同现频率之间的比率。随机同现类似于语料库是一个盒子，我们将所有单词都写在单独的小卡片上，放进盒子里，然后彻底摇晃这个盒子。然而，这种语言中单词随机出现的模型是不是识别搭配的可靠基线值得怀疑。就量表而言，MI 值是一个标准化的分数，在语言语料库中具有可比性（Hunston，2002）。学者们常将较大的数值解释为更强、更紧密或更连贯的单词组合的量化特征，因为 MI 值不是作为单词组合的连贯性或语义统一性的（可靠）尺度来构建的。MI 值"与频率的联系不如其他关联指标那么紧密"（Siyanova & Schmitt，2008：435）。相反，MI 值与频率呈负相关关系，因为它倾向于凸显低频次的词组，这些词组在语料库中的证据较少。这是因为 MI 值是根据某个词组的联合概率和各个词的概率计算得出的，低频次的词组会有更高的联合概率，而高频次的词组则会有更高的单个词的概率，从而导致 MI 值较低。因此，MI 值更适用于识别那些在语料库中较少出现但具有强烈关联性的词组。

MI 值的低频偏差在 MI2（搭配频率为平方）中是固定的，MI2 是 MI 的变体，MI2 不会对低频项进行"惩罚"，而是通过平方搭配频率来计算连接强度。但是，MI2 在语言学习研究中还没有受到任何关注。总的来说，MI 值支持名词（如专有名词）、术语、专门或技术性的低频组合，从而突出了在语言中分布不均匀的搭配。MI 值的计算如式（4-3）所示。

$$\text{MI值} = \log_2 \frac{O_{11}}{(R_1 \times C_1)/N} = \log_2 \frac{O_{11} \times N}{R_1 \times C_1} \qquad （4\text{-}3）$$

式中，O_{11} 代表语料库中的搭配频率，N 代表语料库中形符的总数量，R_1 代表整个语料中节点词的频率，C_1 代表语料库中所有搭配的频率。

3. 对数 Dice

对数 Dice 是一种尚未在语言学习研究中探索的度量指标。对数 Dice 采用两种比例的调和平均值，表示两个单词相对于语料库中这些单词的频率共同出现的趋势（Evert，2008）。对数 Dice 是一种标准化度量，其最大值固定为 14，这使得对数 Dice 可在不同的语料库中直接比较，并在一定程度上优于 MI 值和 MI2 值，后两者都没有固定的最大值。因此，使用对数 Dice，我们可以比使用 MI 值或 MI2 值更清楚地看到特定组合的值与理论最大值之间的距离，这标志着完全排他性的组合。对数 Dice 系数是一种衡量词语搭配强度的度量方法，它与 MI 值（尤其是 MI2 值）非常相似。与 MI 值不同的是，对数 Dice 系数更强调排他性（即词语之间的独特关联），但不一定关注那些出现频率非常低的组合。在英语中，对数 Dice 值较高（超过 13）的组合通常指的是一些在语料库中频繁出现且具有明显独特搭配关系的词组，如 coca cola，这些词组具有较强的排他性，即它们经常一起出现，并且在特定语境中通常不会与其他词语搭配。与 MI 值和 MI2 值类似，对数 Dice 系数也可以用来衡量词语之间的搭配强度，并且广泛应用于术语提取。但与 MI 值、MI2 值和 T 分数不同，对数 Dice 不调用"摇箱"语言随机分布模型[①]，因为它的公式中没有包含预期频率。更重要的是，如果语言学习研究中的结构要求在搭配中突出词语之间的排他性，并有明确的分界且没有低频偏差，那么对数 Dice 比 MI 值更可取。对数 Dice 的计算如式（4-4）所示。

$$对数Dice = 14 + \log_2 \frac{2 \times O_{11}}{R_1 + C_1} \tag{4-4}$$

式中，数值 14 定义了从中减去某个数字的分数的理论最大值；二进制对数将总是负数或零，因为（$2 \times O_{11}$）/（$R_1 + C_1$）的比率将小于或等于 1。（$2 \times O_{11}$）/（$R_1 + C_1$）表示（O_{11}/R_1）和（O_{11}/C_1）的比例的调和平均值。

　　上述三种方法代表了衡量词汇连接强度的关键原则。需要注意的是，词汇连接强度提供了一种与原始频率排序不同的搭配排序系统。它通过调整频率（如 T 分数）、突出罕见词组的排他性（如 MI 值），以及对排他性进行进一步量化（如 MI2 值和对数 Dice）来对词汇搭配进行优先排序。

4.4.2　方向性连接强度

　　上述讨论的指标从双向性角度量化了搭配的连接强度，认为它们量化了两个元素的相互关联。然而，语料库语言学新近研究发现，搭配具有方向性，即搭配中的组成部分并不以相等的力量相互吸引（即吸引力通常是不对称的）；换句话说，搭配中的每个单词都涉及不同程度的概率，它会与另一个单词一起出现。因此，我们能够根据搭配中的一个单词来预测另一个单词，但反过来就不一定成立。例如，虽然英语中的 decorations 可能会让人想起 Christmas（在 BNC 中，有 11% 的 decorations 实例是由 Christmas 引导的），但如果我们展示 Christmas，它就不会像前者那样强烈地引导人们想起 decorations（只有 0.5% 的 Christmas 实例后面是 decorations）（Gablasova，Brezina & McEnery 2017）。这种现象在类连接中更

---

　　① "Shake-the-box"（摇箱）和随机分布模型是指一种基于随机性的自然语言处理方法，旨在通过随机性和多样性来产生更具创造力和多样化的文本。这种方法的核心思想是，通过对大量的语言数据进行随机重新排列和重组，可以产生新的文本组合，其中一些可能是有意义的、有创意的，而其他的则可能是无意义的、荒谬的。这种方法的实现通常涉及一些技术手段，如随机生成、概率模型、神经网络等。例如，可以使用随机生成的单词、短语或句子来构建新的语言组合，或者使用概率模型来预测下一个单词或短语的可能性，从而产生新的文本组合。

为突出，如例（2a）的类连接中两个单词的组合，其中第一个单词比第二个单词更能预测整个类连接，反之亦然；例（2b）的类连接说明，第二个单词比第一个单词更能预测整个类连接。

例（2）　a.upside down，according to

　　　　　b.of course，for example，at least

这种方向性实际上就是搭配中词汇之间的过渡概率不同。过渡概率是指给定一个上下文（即单词周围的语言环境）作为提示时目标单词出现的条件概率。如果考虑目标单词之前的 n 个单词，这个指标被称为前向过渡概率。为了更有效地反映方向性统计关联，学者们使用 ΔP 考虑单词在缺少提示的情况下出现的条件概率（Ellis，2006；Gries，2013）。ΔP 已被广泛认为是一种有效的统计方法，用于量化语言联想中的共现现象（Ellis & Ogden，2015；Gablasova，Brezina & McEnery，2017；Gries，2013）。ΔP 在建模从提示到结果的方向性联想学习时具有更大的优势（Ellis & Ferreira-Junior，2009）。它不仅考虑了结果在提示给定的情况下出现的条件概率，还考虑了可能干扰联想学习的条件概率，即在提示缺失的情况下结果出现的概率。ΔP 的计算公式如下：

$$\Delta P = P（O|C）-P（O|\neg C）= O_{11}/R_1 - O_{21}/R_2 \qquad （4\text{-}5）$$

式中，$P（O|C）$ 是在给定提示（C）的情况下结果（O）出现的条件概率，而 $P（O|\neg C）$ 是在提示缺失的情况下结果出现的条件概率。ΔP 是一种可以直接从如表 4.5 的表格中简单计算出来的度量，即简单的比例差异。该度量区分了传统度量形符为相互关联的两个词单元的方向关联。

表 4.5　方向性连接强度 ΔP 计算

提示线索	（有）结果	（无）结果	总数
（有）线索	O_{11}	O_{12}	R_1
（无）线索	O_{21}	O_{22}	R_2
总数	C_1	C_2	N

ΔP 的优点之一是可以避免偶然性的影响。它考虑了两个单词在各自出现的上下文中的条件概率，而不仅仅是它们的共现频率，所以可以有效地避免一些偶然的共现。此外，ΔP 指标还可以通过对比不同单词之间的值来评估它们的搭配强度，因此可以用于识别搭配强度最高的词组或短语。

4.4.3　语境和语言形式的映射强度

联想学习使语言使用者能够"在时间中找到结构"，从而进行预测。语言处理系统可以轻松地为使用者提供很多信息，如他们很可能听到的下一个单词、这些单词最可能的意义、他们最可能说的语言构式、他们很可能听到的音节、他们很可能读到的字形、最相关的意义，以及所有语言表达层面即将出现的内容。他们的无意识语言表征系统不断进行适应性的调整，以预测正在进行的话语语境中最可能相关的语言构式，从而最优地为他们的理解和产出做好准备。对认知这一研究领域进行理性分析的原则可以概括为：人类心理的运作可以通过理解机制的运作来揭示其如何适应环境，并且这种适应过程是最优化的。也就是说，认知机制的行为尽可能高效，旨在解决特定问题空间中的挑战和提示-结果映射的任务。此观点由 Anderson（1990）提出，强调认知机制在面对特定情境时，通过高效的资源利用和策略选择，最大限度地达到目标。在这一框架下，认知过程被看作通过优化算法和策略来应对外界刺激和内在需求的过程。这些因素是语言处理的核心，涉及语义建构、句法分析、文本阅读等（Demberg & Keller 2008）。

　　基于用法的语言习得观认为，人类语言习得与其他类符的经验性学习没有什么区别（Bybee，2006；Tomasello，2003），即重复的语言使用与人类认知能力相结合（意图阅读和模式发现）是学习者将语言输入中的分布概率内化并发现语言规律（Tomasello，2003）的过程，涉及形式-功能映射发生概率的联想学习（Ellis，2006）。从 20 世纪 90 年代开始，学者们开始在第一语言习得中对基于用法的语言习得理论进行实证检验（Goldberg，Casenhiser & Sethuraman，2004；Tomasello & Brooks，1999）。21 世纪初，基于用法的语言习得理论也开始在二语学习领域获得认同（Ellis，2002）。基于用法的语言学理论认为，所有的构式（如单词、短语和句法模式等）都是形式-功能的配对。大多数构式研究的单位都是 VAC，它由一个动词格和其所包含的论元组成，如双及物结构包括主语、动词、间接宾语和直接宾语。

　　母语习得研究表明，VAC 的学习与其频率之间呈现函数关系（Goldberg et al.，2004；Ninio，1999）。语言学习者通常先使用典型的具有"突破"功能的动词（pathbreaking verbs），然后在该动词的辅助下再学习其他可以进入该 VAC 构式的动词。低变异量、高频率的构式体验使语言学习者能够概括句法框架（从而克服"刺激贫乏"问题[①]）。二语学习研究表明，输入频率是语言学习的重要组成部分（Ellis & Ferreira-Junior，2009），从语言知识具体范例的积累（如"She kicked

---

① 语言学习中的"刺激贫乏"（poverty of stimulus）是指儿童在语言学习过程中所接收到的语言输入是有限的，但他们能够学习和掌握的语言系统却是无限的。这个概念由语言学家 Chomsky 提出，他认为语言学习并不是靠简单的模仿和归纳推理就能完成的，而是需要儿童天生具备的语言能力的支持。这些能力包括对语言结构的先天认知、语言生成的能力以及对语言规则的感知能力等。由于儿童在语言学习过程中接收到的语言输入是有限的，因此"刺激贫乏"成为了解释儿童如何能够掌握复杂的语言系统的一个理论模型。

him the ball."）发展到图式结构（即 NP_S-V-NP_indirect object）都离不开频率
（Eskildsen，2009）。

　　有研究显示，母语和二语参考语料库频率和 VAC 知识之间存在密切的联系
（Römer，O'Donnell & Ellis，2015）。例如，Römer 等（2014）发现，在学习者语
料库数据以及从高级英语二语学习者收集的调查数据中，各种主语-动词-介词短
语（如 S-V-"across"）的 VAC 中使用的动词频率存在相似性。Römer 等（2015）
比较了以德语为母语的高级英语学习者、英语母语者（通过填空练习）在主语-
动词-介词短语结构中产生的动词及其在 BNC 语料库中的相对频率。尽管研究结
果因结构类符而异，但英语母语者和以德语为母语的高级英语学习者为每个 VAC
产生的动词通常彼此之间以及与语料库频率之间高度相关。

　　研究者计算以 VAC 构式为中心的句法复杂度指数来反映基于用法的语言习
得观（Ellis，2002；Goldberg，1995；Langacker，1987）。对于所有的 VAC 构式
量化指标，研究者使用大型参考语料库，如当代美国英语语料库（Corpus of
Contemporary American English，COCA）（Davies，2010），来拟合语言使用的
实际数据。COCA 是一个大型语料库（约 4.5 亿字），分为五个语域（学术、小
说、杂志、报纸和口语）。动词词目频率、VAC 构式频率和动词-VAC 组合频率
可以从 COCA 中提取。这些频率还用于创建量化衡量 VAC 构式与主要动词词目
之间的连接强度的指数（Gries & Ellis，2015）。

　　（1）动词-VAC 构式频率指标，主要计算学习者语言中主要动词词目、VAC
构式和动词-VAC 组合的平均频率。这些频率数据基于 COCA 语料库，涵盖了包
括文本中形符和类符的平均频率（原始和对数转换）以及这些分数的标准偏差。
具体来说，该指标会提供参考语料库中出现的主要动词词目、VAC 构式和动
词-VAC 组合在学习者产出语言中的百分比，以此来衡量其使用频率。

　　（2）动词-VAC 构式连接强度指标。衡量动词词目和 VAC 构式在语料库中同
时出现的频率，以计算它们之间的条件概率，从而揭示它们的连接强度。这种连
接强度被认为是理解语言学习中频率的一个补充因素，因为它可以解释动词和
构式各自的相对频率。学者们常用三种方法来衡量这种关联：动词-VAC 忠实度
（衡量动词与 VAC 构式的配对频率）（Gries，Hampe & Schönefeld，2005）、动
词-VAC 过渡概率（计算动词在 VAC 构式中的过渡使用概率）（Ellis &
Ferreira-Junior，2009），以及搭配构式连接强度（衡量动词与构式的搭配强度）
（Stefanowitsch & Gries，2003）。这三个量化标准可计算类符和形符的连接强度
均值，也可计算形符的文本内标准偏差分数。表 4.6 提供了用于计算这三种连接
强度指标的示例。

表 4.6　动词与 VAC 构式连接强度

连接强度	指标描述
动词-VAC 忠实度（Faith）	Faith 均值：动词作为提升线索；VAC 构式作为结果
	Faith 均值：VAC 构式作为提升线索；动词作为结果
	Faith 均值：动词作为提升线索；VAC 构式作为结果（类符）
	Faith 均值：VAC 构式作为提升线索；动词作为结果（类符）
动词-VAC 过渡概率（ΔP）	ΔP 均值：动词作为提升线索；VAC 构式作为结果
	ΔP 均值：VAC 构式作为提升线索；动词作为结果
	ΔP 均值：动词作为提升线索；VAC 构式作为结果（类符）
	ΔP 均值：VAC 构式作为提升线索；动词作为结果（类符）
搭配构式连接强度	Fisher-Yates 精确检验 p 值
	近似搭配词连接强度（Approximate$_{\text{collexeme strength}}$）均值

1）动词-VAC 忠实度（Faith）。忠实度是一种计算特定动词与特定 VAC 之间的条件概率的方法。它有助于研究者理解动词与 VAC 之间的关系。具体来说，我们计算给定动词 V 的特定 VAC 出现的概率[即 $P(\text{VAC}|\text{V})$，表 4.7 中的 $a/(a+b)$]。在使用忠实度方法时，研究者需要统计特定动词 V 在特定 VAC 中的出现频次，并计算该 VAC 在所有动词中的出现比例，从而得出该 VAC 被特定动词使用的概率。该值越高，说明该动词与该 VAC 的联系越紧密。以动词 eat 为例，我们可以使用忠实度法计算它与不同 VAC 之间的条件概率。比如，我们可以计算 eat 与 food 之间的条件概率，即 $P(\text{food}|\text{eat})$，这个概率可以反映出在语料库中出现 food 这个论元时，动词 eat 出现的频率；同样也可以计算 eat 与 person 之间的条件概率，即 $P(\text{person}|\text{eat})$，这个概率可以反映出在语料库中，出现 person 这个论元时，动词 eat 出现的频率。通过计算不同 VAC 与动词之间的条件概率，我们可以了解不同论元与动词之间的联系，从而更好地理解动词和论元的使用情况。再如，给定主动词 have（表 4.7），N_{subj}-V-D_{obj}（主语-动词-直接宾语）结构成为结果的条件概率为 212 970/（212 970+991 685）= 0.177，表示 SVO（主语-动词-宾语）出现的概率为 17.7%（Gries，Hampe & Schönefeld，2005）。

表 4.7　样例动词 have 和构式 VAC（N_{subj}-V-D_{obj}）的连接强度

动词 VAC 构式	构式 VAC（N_{subj}-V-D_{obj}）	构式（非 N_{subj}-V-D_{obj}）	总数
动词 V（have）	a（212 970）	b（991 685）	$a+b=$ V 的频率（1 204 655）
动词 V（非 have）	c（1 733 964）	d（30 909 494）	$c+d=$ 非 V + C 的组合（32 643 458）
总数	构式 C：$a+c$（1 946 934）的频率	$b+d$（31 901 179）	$(a+b)+(c+d)=N$（VAC 形符总频率）=（33 848 113）

资料来源：（Gries，Hampe & Schönefeld，2005）

具体来说，研究者使用了基于类符和形符的平均忠实度得分以及标准偏差的指标。这些指标可以反映出文本中 VAC 和动词之间的紧密程度。通过分析这些指标，研究者可以了解目标文本中句法复杂性和高级性的水平，从而更好地评估文本质量和作者的能力。

2）动词–VAC 过渡概率（ΔP）。ΔP 是忠实度法的改进，它在计算 VAC 和动词之间的关系时，考虑了动词的贡献。通过计算 ΔP 值，研究者可以了解特定动词与特定 VAC 之间的联系对于该 VAC 的出现概率有多大的影响。具体讲，ΔP 计算在给定提示（如特定动词）的情况下特定结果（如 VAC）发生的概率与没有提示的情况下该结果发生的概率之间的差异。ΔP 可以使用 VAC 和动词作为提示来计算。为了计算 VAC 作为结果、动词作为提示的 ΔP 值，我们可使用以下公式：$\Delta P = P$（VAC|提示）$- P$（VAC|无提示）。其中，P（VAC|提示）即$[a/（a+b）]$ 表示在给定提示的情况下，特定 VAC 发生的概率；P（VAC|无提示）即$[c/（c+d）]$ 表示在没有提示的情况下，特定 VAC 发生的概率。通过计算这两个概率之差，我们可以了解提示对特定 VAC 的发生概率的影响，从而更好地理解语言使用中的语义和语用方面。如果 ΔP 值为正，则表明该动词对该 VAC 的出现概率产生了积极影响；如果 ΔP 值为负，则说明该动词对该 VAC 的出现概率产生了消极影响。例如，在计算提示词 have 的 SVO 结果时，ΔP 值的计算公式为：$[212\,970/（212\,970+991\,685）]-[1\,733\,964/（1\,733\,964+30\,909\,494）] = 0.177-0.053 = 0.124$（表 4.7）。结果 SVO 出现的概率（0.177）大于其他动词提示下出现的概率（0.053），导致 ΔP 值为正（0.124）。在语言学研究中，ΔP 方法可以帮助研究者更好地了解动词与 VAC 之间的联系，从而更好地理解语言的结构和规律。

3）搭配构式连接强度。近十年来，搭配构式连接强度（搭配和构式的结合强度）分析方法非常流行。这种方法是基于用法的语言学和语料库语言学的最新成果，即词汇项和语法模式之间没有真正的定性差异，并由此得出结论，即它们之间可以进行简单替换。Stefanowitsch 和 Gries（2003）发现，最容易被结构吸引的动词恰恰是那些传达（通常是多义）结构中心意义的动词。例如，例（3）和例（4）中的动词分别是对双及物结构"V NP$_{REC}$-NP$_{PAT}$"和使动结构"V NP$_{PAT}$"变为 V-ing 吸引最强烈的动词。

例（3）give、tell、send、offer、show……

例（4）trick、fool、coerce、force……

根据最吸引它们的单词来比较两个或多个结构（Gries & Stefanowitsch，2004），对于研究语言学中的许多句法变化都很有用，如与格变化（"John gave Mary the book." vs. "John gave the book to Mary."）、小品词放置（"John picked up the book." vs. "John picked the book up."）、时态标记词（will vs. going-to）等。

搭配构式连接强度与 ΔP 不同，它不是一个方向性的指标，而是通过计算两个语料库项目共同出现的联合概率来进行分析。通过使用 Fisher-Yates 精确检验，研究者可以计算出搭配构式连接强度，该值反映了动词与构式之间的联系强度。搭配构式连接强度有助于研究者更好地理解动词和构式之间的语法关系，从而揭示它们在语言使用中的配合模式。通过计算吸引动词-VAC 组合与排斥动词-VAC 组合的比值，研究者可以更好地了解动词和构式之间的联系性质。搭配构式连接强度的计算公式分为两个部分：首先，需要计算出两个语料库项目的共现频率（a、b、c 和 d）和所有更极端分布的概率之和；然后，可以使用这些值来计算搭配构式连接强度。具体而言，

$$\text{Fisher-Yates 精确检验} = (a+c) \times (b+d) / (a+b+c+d) \qquad (4\text{-}6)$$

式中，a 表示动词和构式同时出现的频率，b 表示动词出现但构式未出现的频率，c 表示构式出现但动词未出现的频率，d 表示动词和构式均未出现的频率。然后，使用 Fisher-Yates 精确检验来计算 p 值。搭配构式连接强度的计算公式为：搭配构式连接强度 $= -\log 10 (p)$。

此外，Gries 等（2005）使用了 p 值的负十进制对数来排列动词和构式之间的连接强度，他们用了计算搭配构式连接强度的变体计算方法，使用大频率值（如 COCA 中的频率值）计算更加容易：$\text{Approximate}_{\text{collexeme strength}} = ([a/(a+b)] - [c/(c+d)]) \times (a+b)$。这与原始方法几乎完全相关。例如，动词 have 作为提示线索的 SVO 结果的搭配构式连接强度值为：搭配构式连接强度 $= ([212\,970/(212\,970+991\,685)] - [1\,733\,964/(1\,733\,964+30\,909\,494)]) \times (212\,970+991\,685) = 149\,377.22$（表 4.7）。

搭配构式连接强度的一个重要优点是，它可以用于分析大规模的语料库，从而得到更加准确的结论。与其他方法相比，搭配构式连接强度的计算速度较快，因此可以在短时间内处理大量的数据。此外，搭配构式连接强度还可以用于比较不同语言之间动词和构式的连接强度，从而更好地了解语言之间的差异和共性。总之，搭配构式连接强度可以有效地捕捉动词和构式之间的连接强度，有助于更好地评估文本质量和作者的能力，在语言学和语料库研究中得到了广泛的应用。

需要指出的是，尽管有许多研究使用连接强度来量化语言映射强度，但以下问题需要注意。几乎所有的连接强度既不包括计算中的 x 和 y 的类符频率，也不包括类符形符分布，因为类符频率只是在两个形符频率 b 和 c 中合并，在这两种情况下，假设构式 A、B 用 5 种不同的动词类符，出现 1229 次，其中动词 h 出现 500 次（图 4.2）。所有现有的连接强度都会为构式 A、B 和动词 h 的关联赋予相同的值，然而问题是，另一个动词 i 可能比动词 h 更强烈地被构式 A 吸引。因此，Daudaravičius 和 Marcinkevičienė（2004）很早就指出，量化连接强度需要一个衡

量标准至少考虑到词汇引力数 G①，因为它们涉及相同的类符频率（5）和相同的形符频率（1229），但在熵上却有所不同：构式 A 中词汇的熵值为 0.663，构式 B 中词汇的熵值为 0.931（有关熵值的计算，详见下文 4.7 小节）。

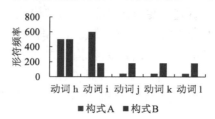

图 4.2　数据集中构式 A 和 B 的形符频率分布假设

4.5　原型的测量

词汇共现和偶然性分析也可以用于研究原型性和显著性这两个相互关联的概念。根据有影响力的加权属性方法，原型是一个抽象的实体，而不是具体的实例，它结合了类别中最显著的属性，这些属性是该类别的高线索有效性属性；属性 A（如飞行）对于 X（如麻雀）在类别 C（如鸟类）方面的线索有效性是 X 是类别 C 成员的条件概率，假设 X 表现出 A，即 p（C|A）（参见 Taylor，2011；Ellis et al.，2016）。使用词汇共现和偶然性分析，我们可以研究哪些属性对于特定类别最具显著性，以及它们如何促进原型性。通过研究某些属性使用的语言环境，研究人员可以确定哪些属性与类别最频繁地相关联，以及哪些属性最能预测类别成员的身份，然后可以使用这些信息更好地了解学习者如何获得新的类别以及他们如何基于显著属性形成原型。

原型，或者更精确地说——接近抽象原型的实体，展示出各种效应，其中许多效应可以通过语料库进行测量，例如更早被获得、更频繁出现（即它们通常出现更频繁且与特定上下文更相关）、更快被识别、比较边缘的类别成员更容易引起概括、在感知上更显著等（Taylor，2011）。但是，语料库不仅可以帮助识别原型的特定特征，还可以确定这些特征在多大程度上对原型做出了贡献。近年来，研究者使用语义复杂网络考察构式原型范例的分布特点。人们通常使用计量特征来描述网络的结构和特性。通过描述网络中心节点和强弱关联性的重要性来量化语言范畴范例的典型成员。常见的中心性指标包括度中心性（degree centrality）、

---

① "词汇引力数 G"是一种词汇联想度量，它是基于词汇的频率和相对频率计算的，衡量了一个词在一个特定的文本环境中的重要性。具有较高词汇引力数的词通常在特定语境中更为重要或特殊。

介数中心性（betweenness centrality）、接近中心性（closeness centrality）等。度中心性是指节点的度数在整个网络中的比例，介数中心性是指节点在网络中最短路径上的出现频率，接近中心性是指节点到其他节点的平均距离的倒数。强弱关联性指网络中的联系可以分为强联系和弱联系。强联系通常指紧密联系的节点之间的关系，而弱联系则指较为松散的节点之间的关系。这些计量特征可以帮助我们更全面地了解语言构式复杂网络的结构、特性和功能，为网络分析、建模和应用提供基础。

构式意义的分析通常取决于研究者的分类。我们可以在一定程度上量化这些分析，有学者将网络科学方法应用于这些目标构式（Römer，O'Donnell & Ellis，2014）。以 into-causative VAC（如 "He persuaded/tricked me into employing him."）为例，Wulff、Stefanowitsch 和 Gries（2006）使用搭配构式连接强度分析，对美国英语（数据来源于《洛杉矶时报》语料库）和英国英语（数据来源于《卫报》语料库）中使用这种结构的动词进行了比较。他们选取在这两个语料库中与这种结构有统计相关性的动词，并将它们按语义分组，结果显示美国英语数据的原因谓词槽位中有更多的说服类（persuasion）动词，而英国英语数据的原因谓词槽位中有更多的物理力量类（physical force）动词。

以下是他们用于识别语义类别的定性方法：首先，对搭配词目（collexeme）集合进行分类，然后检查三个分类和语义类别的一致性。研究者对未被使用的动词和类别进行重新分类，条件是尽可能用最少的语义类别捕捉到最大数量的独特搭配词目。结果得到的类别包括表示交流的动词（如 talk）、表示消极情绪的动词（如 terrify）、表示物理力量的动词（如 push）、表示刺激的动词（如 prompt）、表示威胁的动词（如 blackmail）和表示欺骗的动词（如 bamboozle）。其次，提取这些动词类型，并使用基于心理语言学理论的分布式语义数据库 WordNet 构建了一个语义网络。WordNet 将动词放置在层次网络中，组织成 559 个不同的根同义词集（如表示平移运动的 move 1、表示无位移运动的 move 2 等），然后分裂成超过 13 700 个动词的同义词集。这些动词根据关系在层次结构中链接在一起，如上位词（动词 Y 是动词 X 的上位词，如果动词 X 是 Y 的一种，即 to perceive 是 to listen 的上位词）和下位词（动词 Y 是动词 X 的下位词，如果"活动"Y 以某种方式做 X，即 to lisp 是 to talk 的下位词）。最后，开发算法来确定 WordNet 同义词集之间的语义相似度，这些算法考虑了单词的概念类别之间的距离，以及它们在 WordNet 中的层次结构（Pedersen，Patwardhan & Michelizzi，2004）。使用自然语言处理工具包中实现的 WordNet 路径相似度度量来比较出现在 into-causative VAC 中的动词类型，度量范围从 0（无相似性）到 1（同义词集中的项目）。按照度量范围构建一个语义网络，其中节点代表动词类型，网络中的实线表示动词之间的语义相似性，网络密度、平均聚类、度中心性、传递性等反映了语义网络的凝聚性。用 Louvain 算法来检测网络中代表不同语义集的范畴。

　　图 4.3 显示了使用这些方法构建的占据 into-causative VAC 的动词的语义网络，研究者使用 Louvain 算法识别出了 7 个不同颜色的社区。在这些社区中，相关的概念更加接近。网络中心的连接节点越多，如 make、stimulate 和 persuade，它们的节点越大，则反映它们的度数更高。每个节点都有度数、中心度等度量。网络中有 57 个节点，通过 130 条边连接。整个网络的凝聚性指标包括网络密度（0.081）、平均聚类（0.451）、节点的连接系数（0.068）、传递性（0.364）、度中心性（0.212）、介数中心性（0.228）和模块度分数（0.350）。这些指标综合反映了网络的整体结构及其各个社区的组织程度，最终的社区程度得分为 0.491，表示网络的社区划分较为显著。对网络中的社区进行不同的着色后发现，不同的社区成员之间表现出一定的语义联系。例如，与"欺骗"相关的动词（如 deceive、fool、delude）明显形成一个独立的社区，而与"力量"相关的动词（如 force、push、coerce、incorporate）则聚集成另一个相对独立的社区。与此同时，与"说服"相关的动词（如 convince、brainwash、coax）被分离出来，而与"说话"相关的动词（如 speak、talk）则单独浮动在空间中，显示出它们之间的明显区别。根据 Kilgarriff 词表中的数据，不同动词在语义范畴中的分布呈现出明显的差异。具体来说，动词 deceive 所在的范畴占总形符数的 44%，远高于其他动词。speak 所在

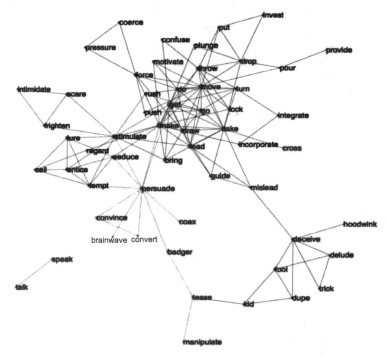

图 4.3　动词占据致使 into-causative VAC 的语义网络（引自 Gries & Ellis，2015）

的范畴占 17%，而 make 所在的范畴占 12%。另外，throw 和 stimulate 所在的范畴各占 8%，force 所在的范畴占 6%，persuade 所在的范畴占 4%。Into-causative VAC 范畴的范例典型性和核心语义特征就显而易见。按照这种网络可视化方法，Ellis 等（2016）使用语料库研究了二语 VAC 中的语义原型性，并基于从 VAC 分布中提取的动词类型频率构建基于语义的网络。数据显示，可以使用语料库中共现模式的定量测量来探究二语学习者基于语言知识的语义关系。同样，许多关于语言结构分析的研究确定了最强烈吸引特定结构的动词，因为这些动词反映了结构的原型意义（Gries & Stefanowitsch，2004）。例如，对于英语双宾结构来说，give 是其典型的动词范例。这些基于网络/图形的方法等新发展为探索构式的功能提供了新途径。

4.6　惊奇度的测量

语言学习者不会有意识地统计上述基于语料库的数据。统计数据是以隐式学习存储的（Ellis，2002）。只有当形式被注意到并得以巩固之后，该形式的强度才能在后续处理中被调整（Ellis，2006）。因此，注意力和意识在语言学习中比较重要（Schmidt，1990）。当代学习理论认为，学习是由预测误差驱动的：当我们的预测不正确时，我们从意外中学到的知识比我们的预测被证实时学到的更多（Rescorla，1968）。根据 Jágrová 等（2019）的观点，"惊奇度"从直观上看，可以衡量语言单位在特定上下文中所传达的信息量，同时也反映了处理这些信息时所需的认知努力。因此，与大多数基于用法的语言学概念一样，惊奇度暗示了一种基于语言使用的概率性理解方法。换言之，惊奇度衡量的是某个语言单位的出现是否符合预期，越是出乎意料或不常见的表达，其惊奇度就越高，需要的认知加工也就越复杂。例如，当学习者听到某个动词，并期望接下来会出现某种补语模式，但实际上并没有出现时，学习过程会增强；当预测失败时，惊奇度会在单次试验中最大限度地驱动学习。可以说，惊奇度也会放大认知凸显性，因为预期的表达在处理过程中会"更加显眼"。越来越多的证据表明，惊奇度驱动语言的加工和习得（Jaeger & Snider，2013）。惊奇度可以被看作概率的信息论解释。它的计算方式如式（4-7）所示。

$$惊奇度 = -\log_2 p \tag{4-7}$$

式中，概率 p 可以是任何复杂程度的不同类符的语言元素发生的无条件或有条件概率。最简单的可能情况是语料库中单词的无条件概率（即相对频率）。稍复杂的例子是简单的"前向过渡概率"（比如一个单词直接跟在另一个单词后面的概率）或者条件概率（比如给定一个构式的特定动词的概率）。这种情况包括一个单词在同一个句子中给出几个先前单词的条件概率，或者一个特定语法分析树[①]在一个句子中的所有先前单词的条件概率。

无论概率的确切性质如何，式（4-7）表明：惊奇度源自条件概率，这意味着惊奇度事实上也可以从表 4.4 中计算，即 $-\log_2[a/（a+b）]$ 或 $-\log_2[a/a+c]$，惊奇度因此与概率成反比，因此也与 ΔP 密切相关。在基于用法的语言学中，惊奇度在结构启动研究中得到了特别关注。Jaeger 和 Snider（2008）发现，当语言结构的惊奇度较高时，例如一个通常用于双及物结构中的动词被用在介词与格结构中，这种不符合预期的用法会导致更强的认知启动效应。

内隐的、期望驱动的、自动认知与外显的、有意识地加工的互补心理系统在这些测量上下文与惊奇度的可预测性的互补语料库统计中是平行的。无论惊奇度是如何计算的，它都为语料库语言学工具提供了有价值的补充，并且最终可以被视为凸显性概念的一种操作化方式。

惊奇度也可以用构式的熵来量化。熵是指一个文本中所使用构式的多样性和复杂性。熵值越高，表示使用的构式种类越多；熵值越低，表示使用的构式种类较少。当某些构式的出现频次较少或仅与特定语域相关时，如果它们在其他语域中被使用，或者与其他构式共现，熵值就会降低。这意味着语言结构的不确定性降低，因此它们对学习者来说可能会产生更高的惊奇度。在这种情况下，学习者在处理这些构式时，会感受到更大的认知冲击，因为它们不符合学习者预期的语言模式或用法，从而促使学习者进行更深层次的加工和理解。学者们常使用香农熵衡量文本中构式的分布情况和不平等程度。香农熵（H）的值越高，说明文本中使用的构式分布越不均匀。香农熵的计算公式如下：

$$H = -\sum_i p_i \log_2 (p_i) \tag{4-8}$$

式中，H 表示文本的香农熵值，p_i 表示构式 i 在文本中出现的概率，$\log_2$ 表示以 2 为底的对数。该公式将文本中每个构式出现的概率作为信息源，通过计算信息源的熵来衡量文本的构式多样性（朱雪龙，2001）。需要注意的是，香农熵只考虑了构式出现的概率，而没有考虑构式之间的关系和上下文环境。

举一个计算香农熵的简单例子。假设一个文本包含 10 个单词，分别为 A、B、

---

① 语法分析树（Parse Tree）是指将一个句子按照其语法结构进行分析，然后以树形结构的形式表现出来。在语法分析树中，每个节点代表一个语法规则或一个单词，而树的分支则代表了语法规则的应用。例如句子 "The cat sat on the mat." 可以用以下的语法分析树表示：[[the [cat] NP] DP [sat [on [the [mat] NP] DP] PP] VP] S]。在这个语法分析树中，S 表示整个句子，NP 表示名词短语，VP 表示动词短语，DP 表示冠词，PP 表示介词短语。

C、D、E、F、G、H、I、J。其中，单词 A 出现了 1 次，单词 B 出现了 1 次，单词 C 出现了 1 次，单词 D 出现了 1 次，单词 E 出现了 1 次，单词 F 出现了 1 次，单词 G 出现了 1 次，单词 H 出现了 1 次，单词 I 出现了 1 次，单词 J 出现了 1 次。将每个单词出现的次数除以总的单词数 10，即可得到每个单词在文本中出现的概率。例如，单词 A 在文本中出现的概率为 1/10 = 0.1，单词 B 在文本中出现的概率也为 0.1，以此类推。将每个单词出现的概率代入香农熵的公式中，可以得到：$H = -[0.1 \times \log_2 (0.1) + 0.1 \times \log_2 (0.1) + \cdots + 0.1 \times \log_2 (0.1)] \approx 3.32$。因此，该文本的香农熵值约为 3.32。由于该文本中每个单词出现的概率相等，因此香农熵值较低，表明该文本的词汇多样性较低。再假设单词 A 出现 5 次，单词 B 出现 2 次，单词 C 出现 1 次，单词 D 出现 1 次，单词 E 出现 1 次，单词 F、G、H、I、J 都没有出现，将每个单词出现的次数除以总的单词数 10，可得到单词 A 在文本中出现的概率为 5/10 = 0.5，单词 B 在文本中出现的概率为 2/10 = 0.2，以此类推。将每个词出现的概率代入式（4-8）中，可以得到：$H = -[0.5 \times \log_2 (0.5) + 0.2 \times \log_2 (0.2) + 0.1 \times \log_2 (0.1) + 0.1 \times \log_2 (0.1) + 0.1 \times \log_2 (0.1)] \approx 1.96$。因此，该文本的香农熵值约为 1.96。由于该文本中单词 A 出现的概率较高，而其他单词出现的概率较低，因此香农熵值较高，表明该文本的词汇多样性较高。

根据香农熵值，我们可以得出以下结论：该样本数据的类别分布较为均匀，惊奇度较低，不具有明显的主导类别。这对于我们了解文本数据的特征和规律以及后续的分类和预测都有重要的参考意义。

4.7　语境多样性的测量

语境多样性指的是构式在各种语境中出现的频率，这一机制在语言学习和理解中扮演着重要角色，能帮助学习者识别语言单位之间的关联信息，并建立形式与意义的对应关系。Gries 和 Ellis（2015）通过心理语言学研究强调了语境多样性在语言习得中的关键作用。在不同的语境中，相同的构式可能展现出不同的语义和用法。通过在各种语境下反复使用相同的构式，人们可以逐步建立起构式与特定语境的关联，从而掌握如何在不同情境中运用这些构式。这种过程能够使人们更精准地理解和使用语言。此外，语境多样性也有助于识别和理解固定搭配、习惯用语等语言单位，进而提升语言的流畅性和自然性。然而，如何有效地量化语境多样性仍然是近年来语言习得研究中一个备受关注的难题。

在心理语言学启动实验和词汇判断实验中，材料的设计一般遵循词汇等值标准，其中词汇的频率和长度要等值，以避免语言加工效应受到其他额外变量的影响。例如，enormous 和 staining 这两个词在布朗语料库（Brown Corpus）中都出现了 37 次，且长度相等，因此研究人员认为这两个词可以在启动实验中互为比较，用来检验启动词的启动效应。然而，选择这两个单词存在一定问题。虽然它们在同一语料库中的频率和长度相等，但它们在离散度（即语境多样性）方面可能存在差异，这可能会导致在检验研究假设、控制实验、词汇测试等方面出现问题。enormous 在语料库中出现了 37 次，在其中 35 个子库中各出现了 1 次，在另一个子库中出现了 2 次，而 staining 在语料库中出现了 37 次，在其中一个子库中就出现了 37 次。换句话说，enormous 几乎可以均匀分布，而 staining 分布极不平衡。借用 Church 和 Gale（1995）的话讲，词汇的高爆发性或高堆积度（high burstiness/bunchiness）会给语言学习、理解和加工带来不可估量的影响。离散度可以帮助我们更好地理解数据的分布情况，从而更加准确地进行统计分析和推断。下文讨论分散度（语境多样性）概念的基本方面和量化方法。

几乎所有基于数据的语料库研究都涉及元素 x 在语料库或代表语体、语言变体或其他内容的语料库部分中出现的频率，或者元素 x 与语料库（或语料库的一部分）中元素 y 的接近程度。此外，任何更高级的语料库统计方法，如连接强度测量或关键词统计，最终都是基于这些频率观察和计算的。然而，当数值变量不服从正态分布时，仅使用平均值来总结任何数值变量的分布可能会很危险，仅根据单词 x 的频率来总结其整体"行为"（或共现偏好或关键性）也同样危险，因为具有相同频率的单词可能表现出非常不同的分布行为。

研究者早就意识到了这种情况，开发了各种措施来更好地量化单词在语料库不同部分之间的分布，其中最知名的量化手段包括 Juilland's D（Juilland & Chang-Rodriguez, 1964）、Carroll's D_2（Carroll, 1970）和 Rosengren's S（Rosengren, 1971）。

为了讨论这些统计量及其他相关统计量的计算方法，我们采用了 Gries（2008，2020）的说明策略。Gries 在其研究中通过一个小型虚构语料库演示了如何计算各种语言学统计量（表 4.8）。

表 4.8　虚构语料库五个组成部分

语料库	单词								
第一部分	b	**a**	m	n	i	b	e	u	p
第二部分	b	**a**	s	**a**	t	b	e	w	q	n
第三部分	b	c	**a**	g	**a**	b	e	s	t	**a**
第四部分	b	**a**	g	h	**a**	b	e	**a**	t
第五部分	b	**a**	h	**a**	**a**	b	e	**a**	x	**a**	t

第一，单词 b 和 e 在每个语料库部分中出现的频率相等（分别在每个语料库部分出现 2 次和 1 次），这意味着它们的离散度应该反映出均匀分布；第二，单词 i、q 和 x 分别在一个语料库部分中出现：i 在第一部分中出现（该部分有 9 个元素），q 在第二部分中出现（该部分有 10 个元素），x 在第五部分中出现（该部分有 11 个元素），这意味着这些单词的分布非常聚集，但略微不同（因为它们所在的语料库部分大小不同）。下面将探讨的单词 a 在每个语料库部分中都有出现，但出现的频率不同。表中此单词用粗体标出。为了计算离散度，下文在重点关注单词 a 之前简单定义以下情形：$l = 50$（语料库中的单词总数）；$n = 5$（语料库的部分数）；$s = (0.18, 0.2, 0.2, 0.2, 0.22)$（每个语料库部分大小的百分比）；$f = 15$（语料库中单词 a 的总频率）；$v = (1, 2, 3, 4, 5)$（单词 a 在每部分出现的频率）；$p = (1/9, 2/10, 3/10, 4/10, 5/11)$（单词 a 在每部分所占的百分比）。

几种离散度的计算方式如下所示（更全面的概述见 Gries，2008，2013）。

第一，全距范围，即单词 a 在语料库中出现的部分数量，计算如下：

$$\text{全距范围} = \text{包含单词 a 的部分数量} = 5$$

第二，SD，即单词 a 在所有语料库部分中出现的频率的标准差，如式（4-9）所示。该度量指标需要取 v 中的每个值，减去 v 的平均值（f/n，即 3），将这些差值平方后相加，然后将该总和除以语料库部分的数量 n，并取该商的平方根：

$$SD_{\text{population}} = \sqrt{\frac{\sum_{i=1}^{n}\left(v_i - \dfrac{f}{n}\right)^2}{n}} \approx 1.414 \tag{4-9}$$

第三，变异系数（vc），是 SD 的"标准化版本"；标准化包括将 $SD_{\text{population}}$ 除以语料库部分中元素的平均频率 mean（v），如式（4-10）所示。

$$\text{vc}_{\text{population}} = \frac{SD_{\text{population}}(v)}{\text{mean}(v)} \approx 0.471 \text{（vc}_{\text{sample}} \text{将使用} SD_{\text{sample}}\text{）} \tag{4-10}$$

式中，population 为总体，sample 为样本。

第四，Juilland's D。研究者通过式（4-11）可以计算不同大小的语料库部分的 Juilland's D。然而为了适应语料库部分的不同大小，变异系数不是使用观察频率 v_{1-n}[即文件 1 到 5 中分别为 1、2、3、4、5，见式（4-5）]计算的，而是使用 p_{1-n} 中的百分比（即每个语料库部分中元素所占的比例，即 1/9、2/10、3/10、4/10、5/11），这就是纠正不同大小的语料库部分的方法：

$$\text{Juilland's } D = 1 - \frac{SD_{\text{population}}(p)}{\text{mean}(p)} \times \frac{1}{\sqrt{(n-1)}} \approx 0.785 \qquad （4\text{-}11）$$

第五，Carroll's D_2。Carroll's D_2 本质上是每个语料库部分中元素比例的熵的标准化版本，如式（4-12）所示（有关此指标的应用见 Gries，2013）。分子计算 p_{1-n} 中百分比的熵，将其除以 $\log_2 n$，以将其标准化为给定语料库部分数量 n 的最大可能熵。

$$\text{Carroll's } D_2 = \frac{-\sum_{i=1}^{n}\left(\frac{p_i}{\sum p} \times \log_2 \frac{p_i}{\sum p}\right)}{\log_2 n} \approx 0.938 \qquad （4\text{-}12）$$

第六，Rosengren's S。通过式（4-13），研究者可以计算不同大小的语料库部分的 Rosengren's S。将每个语料库部分的大小的百分比（在 s 中）与每个语料库部分中问题元素的频率（在 v_{1-n} 中）相乘；对于每个乘积，取平方根，将它们相加，将该总和进行平方，然后除以语料库中问题元素的总频率（f）：

$$\text{Rosengren's } S = \left(\sum_{i=1}^{n}\sqrt{s_i \cdot v_i}\right)^2 \times \frac{1}{f} \approx 0.95 \quad （\text{最小 } S = 1n） \qquad （4\text{-}13）$$

第七，离散度（DP）。Gries（2008，2010）以及 Lijffijt 和 Gries（2012）的后续研究提出了一种称为"比例偏差"的度量，它介于-1（极度均匀分布）和 1（极度不均匀分布）之间，以及 DP_{norm} 的标准化版本，介于 0 和 1 之间，如式（4-14）所示计算。离散度的计算方法是：首先计算元素在每个语料库文件中的出现频率（百分比），并与语料库部分的大小（百分比）进行比较，即计算观察到的百分比与预期百分比之间的差异。然后，求得这些差异的绝对值，并将其加总，然后乘以 0.5。标准化步骤则是将这个值除以给定语料库部分的数量后理论上的最大离散度，这一过程类似于式（4-12）中的计算方式。

$$\text{DP} = 0.5 \times \sum_{i=1}^{n}\left|\frac{v_i}{f} - s_i\right| = 0.18$$

$$\text{DP}_{\text{norm}} = \frac{\text{DP}}{1 - s_{\min}} \approx 0.22 \qquad （4\text{-}14）$$

Gries（2008）提出的离散度是一种用于衡量文本中词汇使用频率的度量方法。离散度可以帮助我们了解文本中词汇的使用频率和重要性，从而更好地理解和处理文本数据。离散度的计算方法包括以下步骤：首先，统计文本中每个词语的出现次数，并计算文本中不同词语的数量 N。然后，统计出现次数为 i 的词语数量 N_i，并计算每个出现次数对应的权重 $W_i = i^{(1-a)}$，其中 a 是控制权重分配的参数，通常取值在 0.5 到 1 之间。最后，离散度通过将所有词语的权重之和（即 $\sum N_i \times W_i$）除以不同词语的数量 N 来计算。离散度的值越大，表示文本中使用频率较高的词语对离散度的贡献越大，重要性也越高。离散度可以用于比较不同文本之间词汇使用的频率和重要性，也可以用于词语的排序和文本的关键词提取等方面。

第八，KL 散度（Kullback-Leibler divergence）。KL 散度是一种非对称度量，量化一个概率分布（如所有语料库部分中单词 a 的出现分布，即 v/f）与另一个分布（如语料库部分的大小 s）的不同。KL 散度的计算如式（4-15）所示：

$$\text{KL散度} = \sum_{i=1}^{n} \frac{v_i}{f} \times \log_2 \left(\frac{v_i}{f} \times \frac{1}{s_i} \right) \approx 0.137 \qquad （4\text{-}15）$$

KL 散度用于测量两个概率分布之间的差异。在自然语言处理中，KL 散度通常用于比较两个语言模型之间的相似性。具体而言，给定两个概率分布 P 和 Q，KL 散度衡量当 P 作为真实分布时，使用 Q 来接近 P 所需的额外信息的量。KL 散度是非对称的，也就是说，KL 散度 $D(P\|Q)$ 并不等于 $D(Q\|P)$。因此，在使用 KL 散度进行比较时，需要明确哪个分布 P 和哪个分布 Q 被视为真实分布和近似分布。KL 散度还可以通过 $D(P\|Q) = \sum_i (P_i) \times \log(P_i/Q_i)$ 计算得到。其中，P 和 Q 是两个概率分布，i 是分布中的单个事件或变量。KL 散度的值越小，表示两个分布越相似。当且仅当 P 和 Q 完全相同时，KL 散度为 0。在自然语言处理中，KL 散度通常用于比较两个语言模型之间的相似性，也可以用于评估自然语言生成系统生成的文本与真实文本之间的相似性。

表 4.9 显示了上述语料库中几个单词的相应结果。例如，单词 b 的分布非常均匀（因为它在每个文件中都出现了两次，而所有文件几乎大小相等）。特别要注意单词 i、q 和 x 的 Rosengren's S、DP 和 KL 散度值的差异：这三个单词在语料库中只出现了一次，只在一个语料库部分中出现，但不同的是语料库部分的大小，而单个实例的 i、q 或 x 出现的语料库部分越大，分布就越均匀/越符合预期。

表 4.9 上述语料库中元素的分散度（语境多样性）

指标	单词 b	单词 i	单词 q	单词 x
Range	5	1	1	1
SD	0	0.4	0.4	0.4
vc	0	2	2	2
Juilland's D	0.968	0	0	0
Carroll's D_2	0.999	0	0	0

续表

指标	单词 b	单词 i	单词 q	单词 x
Rosengren's S	0.999	0.18	0.2	0.22
DP/DP$_{norm}$	0.02/0.024	0.82/1	0.8/0.976	0.78/0.951
KL 散度	0.003	2.474	2.322	2.184

资料来源：Gries（2020：104）

4.8　习得性注意的测量

成人二语和外语学习的有限程度遵循联想学习的一般原则。成人外语学习者的工作记忆和任务时间有限，对语言有注意偏差。比如，中国的英语学习者在学习的过程中知道时间副词比模糊的动词词形语素变化更可靠，因此习惯通过词汇手段传递信息，无论这种方式多么不合语法，但基本变体都是有效的交际方式。词汇优先原则和非冗余性语法标记原则可为这种选择性注意提供有效解释（VanPatten & Williams，2014）。根据此原则，如果词汇和动词形态都编码了相同的意义，在理解过程中，二语学习者更倾向于从词汇中获取意义，而不是从动词形态中获取意义。这意味着当二语学习者在理解句子的意义时，如果需要在词汇和动词形态之间做出选择，他们更可能选择词汇。在输入中，词汇比动词形态更加显著和易于获取，这是因为词汇通常比抽象的动词形态更具体和更有指代性，后者更难以被注意和处理。因此，二语学习者更有可能依靠词汇来帮助他们理解输入的意义。

需要注意的是，有些二语学习者可能并不像其他人那样依赖于词汇。不同母语背景的二语学习者对目标语中的语法词素的敏感性不同，受母语中类似线索是否存在的影响。跨语言习得过程中的选择性注意可用传统的搭配构式连接强度进行预测：时、体、格、一致性等是否在语言中有明显的语法语素的标记。

与汉语相比，许多语言呈现出比英语更丰富的语言形态，包括数字、人称、性别，以及时态和语气的明显标记。西班牙语和俄语是两种典型的语言，其词形变化与拉丁语相似。这三种语言中动词的屈折变化通过后缀形式在数量和人称上与主语保持一致。俄语对过去时和非过去时（即现在时和将来时）进行了二元形态区分。在非过去时中，动词在人称和数量上与主语一致；在过去时中，动词在性别和数量上与主语达成一致（Comrie，1987）。西班牙语中区分未来时、现在时、完成时和未完成时。这些特征并不局限于这三种语言，例如罗曼斯语系和斯拉夫语系中的大多数语言在这些相同的特征方面都有丰富的语言形态。当然，除了对时态进行编码的动词屈折结尾外，语言还可以利用时间副词、语用学和其他机制来加强对动词领域之外的语义时态的解释。因此，西班牙语和俄语的这些方面会导致学习者产生选择性注意，即这些母语者会学习到对语言形态线索的注意偏差，并且这些偏差会转移到其外语学习中。

这给二语学习过程带来的可能结果是：第一，长期习得的注意力效应。学习者的母语越是包含丰富的语言形态，他们就越能从含有时间参照的多重线索的话语中获得有关外语时态变化的知识。第二，线索的显著性和复杂性。外语动词的屈折范式越复杂，成人学习者就越依赖于显著的和简单的时间状语线索。阻塞的程度取决于竞争线索、它们的相对显著性和学习阶段。突出的线索可以抵抗阻塞；不太突出的和复杂的线索更容易被屏蔽。

4.9　本 章 小 结

本章介绍了用于量化概率性学习机制的语料库分析方法，并探讨了学习者语料库中构式的分布模式以及使用概率等相关指标。我们基于多个因素进行分析，包括构式的固化、统计优选、语境多样性、连接强度、构式示例的典型性以及认知上的突出性。此外，本章考虑了学习者已有的语言知识引起的选择性注意等影响因素，具体的计量方法包括形符频率、类符频率、相对频率、卡方优选检验、T 分数、MI 值、对数 Dice、ΔP 值、全距范围、Juilland's D、Carroll's D_2、Rosengren's S、DP/DP$_{norm}$ 值、KL 散度、节点词距离权重、惊奇度、熵值，以及习得性注意的语言类型学分析等。对这些概率性学习机制的定量分析为我们进一步考察上述概率机制如何影响二语学习过程提供了有价值的方法论基础，这将为心理语言学和基于语料库的语言习得研究带来光明的前景。

在研究语料库时，我们需要更深入和复杂地思考，去理解并量化一些认知语言学和心理语言学中关于"频率"和"概率"的概念，也就是说，要把这些抽象的概念转化为可以实际操作和测量的形式。我们认为，二语心理语言学的方法论创新取决于二语心理语言学家和语料库语言学家之间的密切合作。目前，大多基于用法的二语学习研究中对语言学习的概率机制的分析尚停留在理论解释和描述阶段，尚未进行对心理语言预测因素的全面分析。希望在不久的将来，心理语言学家和语料库语言学家通过合作，能够更好地解释二语学习的复杂认知过程。

第5章 Zipf 频率、固化和统计优选与二语构式发展

本章主要分析 Zipf 频率、固化和统计优选与二语构式的发展。其中，研究一探讨偏态频率输入与构式复杂度对中国英语学习者在英语虚拟条件句习得过程中的影响。研究二聚焦于固化、统计优选以及语义聚类在 un-[VERB]构式发展过程中的作用，核心目的是探讨二语学习者在掌握此类构式时，是否会经历一个从"准确运用"到"过度泛化"再回归"准确使用"的 U 形发展模式，并进一步分析固化、统计优选及语义聚类如何在这一动态过程中发挥调节与限制作用。

5.1 研究一：Zipf 频率与英语虚拟条件句的习得

二语学习研究的基本目的是通过广泛研究二语学习过程中涉及的因素之间的关系，帮助教师开发有效的教学策略，最大限度提高二语学习者建立形式-意义映射的可能性。在研究过的相关变量中，有三个因素受到学界的普遍关注。第一个因素为输入的影响，即通过操作目标构式的形符频率和类符频率来加速二语发展过程（McDonough & Nekrasova-Becker，2014；Year & Gordon，2009）。例如，在偏态顺序频率的语言输入中，学习者反复接触到一个典型实例，然后再接触其他实例；在偏态随机频率的语言输入中，高频典型实例被随机分布在其他实例中；等频的语言输入使得每个实例的出现概率相等。第二个因素为构式复杂度对二语发展过程的影响（Blute & Housen，2012）。第三个因素涉及其他构式对目标构式学习的干扰（Larsen-Freeman，2013）。虽然这些因素对二语学习的影响已得到广泛研究，但较少有学者关注这些因素如何及在多大程度上影响二语发展过程。本章试图探究基于不同频率分布的语言输入、构式复杂度和二语学习者已有的相关二语构式知识如何影响二语构式的发展过程，具体考察中国英语学习者对英语现在时和过去时虚拟条件句的习得。

5.1.1 频率

语言构式在大小和抽象程度上有所不同，包括从具体语言（如词）到抽象模式（如句子框架）（Goldberg，2006）。大多数抽象构式都是分级的范畴，其中

某些示例比其他示例更具有典型性（Taylor，2011）。语言学习不仅涉及各种构式的习得，还涉及对这些结构进行概括[①]（Ellis & Cadierno，2009），发现目标构式的使用规律。在学习者大脑中，构式使用规律的形成最初是由具体示例驱动的，并逐渐在学习者进一步接触到其他实例的过程中形成（Ellis，2002；Goldberg，2006）。原则上，语言输入的统计信息，如特定结构的类符和形符频率，会影响这个过程（Bybee，2010；Ellis，2002）。实际上，已有研究发现，在等频和偏态输入中，对形符和类符频率的操纵可以在不同阶段影响构式类别的形成（Goldberg，2006；Goldberg & Casenhiser，2008；McDonough & Nekrasova-Becker，2014）。

偏态输入对语言学习产生影响是它能够通过重复一个匹配目标结构的重要实例，加速人们形成构式类别（Ninio，1999）。Goldberg（2006）的研究发现，在VAC（如不及物构式、双及物构式和使动构式）的母语习得中，某些动词（如 put、go 和 give）在儿童的语言中出现的频率远高于其他动词。这些典型动词的反复使用对 VAC 类别的形成有显著效果。Goldberg 等让儿童和成年人接触一种新的 N_1N_2V 结构（如 the rabbit the hat moopoed，表示兔子出现在帽子上），发现偏态输入比新动词均匀分布在 N_1N_2V 实例中的等频输入在儿童对目标构式的习得中更有效，可以防止 N_1N_2V 结构的过度概括。对于成年人，研究者也测试了偏态顺序输入和偏态随机输入的效果。偏态顺序输入组首先学习了一个新动词 8 次，然后学习另外 4 个新动词各 2 次，而偏态随机输入组听到的是一个新动词在其他 8 个动词的随机分布中重复播放 8 次。结果显示，偏态顺序输入组在掌握 N_1N_2V 结构方面优于偏态随机输入组。这表明，单一动词的重复强化了动词和目标结构之间的关联，使学习者能够对这种关联进行"固定"（Ellis，O'Donnell & Römer，2013），从而形成特定的目标结构模式。Wulff 等（2009）观察发现，如果一个动词在特定的时态-语态结构中最常用，则它将促进时态-语态的学习过程，因为这个动词的重复可以作为典型实例。其他研究结果还表明，儿童在使用补语（Kidd et al.，2006）和新动词（Maguire et al.，2008）时容易倾向于使用特定的高频动词。

等频输入被认为有助于学习者掌握构式的能产性，其特点是在一个结构的实例中具有相对平等的形符频率（McDonough & Nekrasova- Becker，2014）。例如，英语的过去时是基于各种各样的动词形成的，如 looked、hoped、walked 等。许多动词在日常使用中都几乎均等地带有-ed 词缀，因此当学习者接收包含不同动词的输入时，很可能会检测到-ed 后缀。在这种推理方式中，像动词的过去时或过去分词这样的结构，其意义在各种动词中都能得到允准，通过等频输入可能更容易建立词素范畴，而像 VAC 这样的从典型到不太典型的实例分级的结构可能更容易

---

① "概括"是指将学习者在学习某个特定构式时获得的知识或技能扩展到其他相关构式的过程，即学习者是否能够将所学的规则或模式应用于类似但不完全相同的语言结构中。

通过偏态输入来学习。这也得到了 Krajewski 等（2011）的支持，他们发现偏态输入对于儿童学习新的 SOV 结构更有帮助，而等频输入对于他们学习语法形态更有效。

众多研究者（McDonough & Nekrasova-Becker，2014；McDonough & Trofimovich，2013；Nakamura，2012；Year & Gordon，2009；董晓丽、张晓鹏，2017）考察了偏态输入对二语学习的影响，得出了不同的结论。Year 和 Gordon（2009）研究了韩国初中生对英语双宾语动词的习得。他们发现，等频输入中每个动词展示 8 次，持续时间更长，而偏态输入中动词 give 展示了 24 次，其他 4 个动词展示了 4 次，习得效果没有得到持续的提升。通过采用 Casenhiser 和 Goldberg（2005）的研究范式，Nakamura（2012）发现，接收偏态输入的日本本科生和研究生在产出 appearance 结构时的表现不如接收等频输入的学生，并且在理解 appearance 结构和萨摩亚语的作格结构时与接收等频输入的学生表现相同。同样，McDonough 和 Nekrasova-Becker（2014）观察到，等频输入比偏态顺序输入和偏态随机输入对于泰语母语者习得英语双宾语动词更有益，而在这个过程中偏态顺序输入和偏态随机输入之间没有显著差异。

McDonough 和 Trofimovich（2013）考察了（偏态与等频）输入频率如何与教学方法（归纳与演绎）相互作用，对泰语母语者学习世界语及物动词的影响。结果表明，只有接收了等频输入和演绎性教学的学习者才能检测到世界语及物动词的新模式。Fulga 和 McDonough（2016）部分验证了这一结果，他们测试了母语背景和视觉效果（彩色与黑白）如何与（偏态与等频）输入频率相互作用，帮助学习者检测世界语及物动词的模式。结果表明，视觉效果和输入频率都没有显著的影响，但母语背景对学习者检测新的世界语模式有显著影响。然而，张晓鹏和马武林（2014）测试了偏态输入对中国学习者学习英语 SOV 结构的影响，发现接收偏态输入的学习者在将 SOV 模式推广到新动词方面的表现优于接收等频输入的学习者。Zhang 和 Dong（2016）研究了偏态输入在二语学习者对英语前置形容词分词的习得中的影响。定时语法判断任务的结果表明，在短期内，偏态输入比等频输入更有效，可以帮助学习者拒绝不正确的前置形容词分词，而非定时可接受性判断的结果表明，偏态输入比等频输入更有效，可以帮助学习者长期拒绝不正确的前置形容词分词。

上述不同发现可能是以下因素所致。第一个因素与目标结构有关。新的 VAC（Casenhiser & Goldberg，2005；Goldberg et al.，2004，2007；Nakamura，2012；张晓鹏、马武林，2014）和世界语 VAC（Fulga & McDonough，2016；McDonough & Trofimovich，2013）是人造构式，被试不熟悉，缺乏外部有效性，而英语双宾结构（McDonough & Nekrasova-Becker，2014；Year & Gordon，2009）、时态构式（Wulff et al.，2009）、句子补语（Kidd et al.，2006）和前置形容词分词（Zhang &

Dong，2016）是真实的结构，其构成部分通常为被试所知。第二个因素是输入分布的类符和形符频率在几乎所有的范围研究中都有所不同。Year 和 Gordon（2009）发现，等频输入中每个动词的形符频率为 8，是 Casenhiser 和 Goldberg（2005）以及 Zhang 和 Dong（2016）的研究中的频率的四倍左右。Zhang 和 Dong（2016）发现，6 个语言事件的输入足以让二语学习者熟悉目标结构的例子。这种等频输入中实例的高形符频率可能会降低偏态输入的影响。此外，偏态输入中示例的形符频率也不同，在 Goldberg 等（2004）的研究中是 8，在 Year 和 Gordon（2009）的研究中是 24，在 Zhang 和 Dong（2016）的研究中是 7，在 McDonough 和 Trofimovich（2013）的研究中是 12，在 Fulga 和 McDonough（2016）的研究中是 15。第三个因素是偏态示例的典型性。从理论上讲，偏态频率不仅通过低变异输入促进语言学习，而且还通过典型实例（Ellis，O'Donnell & Römer，2013）来促进学习。Year 和 Gordon（2009）的目标是双宾结构和介词双宾结构。前者表达"使某人接收某物"的含义，而后者通过路径的手段描绘了实体的移位，因此偏态动词 give 可能对这两种类符都不是典型的。同样，对于 Nakamura（2012）的研究中的新 VAC 和萨摩亚语作格结构，以及 McDonough 和 Trofimovich（2013）、Fulga 和 McDonough（2016）的研究中的世界语及其及物动词，偏态示例的典型性仍然未知。这可能是这四项研究中偏态输入不如等频输入的潜在原因之一。第四个因素涉及学习指导和测试要求。在 McDonough 和 Trofimovich（2013）的研究中，接收等频输入的演绎组的表现优于接收偏态输入的归纳组，可能是因为演绎组中的泰语母语者被告知世界语及物动词的宾语名词是有屈折变化的；归纳组可能难以检测宾语名词的屈折变化，因为基于等频输入或明确的指导，形态语素的形式更容易检测。

　　上述争议表明，偏态输入的有效性因不同条件而异。此外，这个领域的研究大多局限于诸如萨摩亚语作格结构、英语和世界语的及物动词及形态语素等，因此需要更多的研究来考察不同频率的输入对其他构式的习得的影响，例如由 VAC 和形态语素和条件句构成的句子框架。更重要的是，二语学习者在学习过程中不可避免地会遇到多种交织在一起的结构，有些结构在形式和/或含义上相似，这可能很容易导致语内结构干扰。此外，结构的复杂程度也有所不同。这可能会与学习条件相互作用，影响二语学习结果。迄今为止，我们很少了解这两个因素如何影响不同输入的有效性。探索输入频率效应的研究应考虑这些可能影响二语学习的重要因素，这对语言教学实践具有重要价值。因此，本章基于上述研究进展，考察输入分布与结构干扰和构式复杂度如何相互作用于中国英语学习者对条件构式的习得过程中。

5.1.2　结构干扰

相似结构对语言类别形成的干扰已经得到广泛研究。下面对相关典型研究进行简单回顾。Goldberg 和 Casenhiser（2008）考察了偏态输入和等频输入对儿童学习新型 VAC 的影响。儿童接受了他们熟悉的及物结构实例和新结构实例的交替学习训练，分别接收了偏态输入和等频输入。结果表明，在要求将语义上的及物意义分配给及物结构时，两种条件下的儿童表现显著高于随机猜测，而两种条件下的儿童都无法在测试中识别新结构的形式-意义映射。偏态输入对于新结构的识别的无效影响可能归因于及物结构的潜在干扰。这也得到了 McDonough 和 Trofimovich（2013）的支持，他们发现，接受归纳性教学的泰国大学生在偏态输入中学习了世界语及物结构的 SVO 和 OVS 顺序后，无法识别新名词的 SVO/OVS 句子中的宾语。McDonough 和 Trofimovich 还将二语学习者在模式发现方面的失败归因于熟悉的 SVO 结构的影响。

这两项研究的结果表明，偏态输入并没有抑制来自熟悉结构的干扰，这与重复中心范例和较少高频类符的语言输入构成低变异输入的假设效应形成对比，低变异输入在学习过程中帮助学习者释放更多认知资源。在 Goldberg 和 Casenhiser（2008）及 McDonough 和 Trofimovich（2013）的研究中，这种无效影响的一个可能原因是，被试对于目标结构和熟悉结构是同时学习的。这使得学习任务变得更加复杂，如被试在测试中的表现出现了"地板效应"，即显著低于随机效应。目前还不清楚当类似结构分开学习时偏态输入是否会抑制结构干扰。

Morris 等（2000）提出了连接主义模型，在用于研究英语 wh-问题的学习时，他们发现了"结构共谋"效应，即当模型学习了句法/语义相关的结构后，可以专门推广到未经过训练的 wh-实例上。Ruhland 等（1995）研究了影响儿童不同结构学习曲线的正负迁移。他们认为，如果一个人对动词有限性的表征经历了突然的变化，那么学习曲线会出现突然跳跃；如果对动词有限性的习得始于从输入的概括，则学习曲线应该呈现出 S 形。他们定义了三种关系：①前置关系，即前置结构在目标结构开始发展之前应达到一个阈值；②支持性关系，即随着支持性结构的增长水平越来越高，目标结构的增长水平也会提升；③竞争关系，即如果竞争性结构的水平更高，目标结构的水平会减速。在分析了一个说荷兰语的儿童的语言产出后，他们发现话语长度和动词的有限性是决定冠词和代词习得的前置因素，因为话语长度和动词的有限性的发展呈现出 S 形曲线，而冠词和代词的发展则出现了突然跳跃。其他认知研究表明，如果两个类别共享一些元素，当人们建立了第一个类别后，他们会更快地形成第二个类别（Singley & Anderson，1989）。然而，当人们学习相似的类别时，会观察到负迁移现象。

认知心理学研究中一个广为人知的结果是，两个事物越相似，人们越难以区分它们，也越容易错误地将它们视为相同的（Goldstone & Medin，1994）。考虑到这一解释，现在时虚拟条件句和过去时虚拟条件句非常相似，学习者可能很难区分它们，如果同时或几乎同时接触二者，可能会通过交叉混淆每个结构的定义特征，这会阻碍学习过程。只有当学习者能够区分这些竞争结构的含义时，他们才会开始适当地使用它们。这个原则已经在母语 VAC 的学习中得到了证实（Ambridge et al.，2015；Tomasello，2003）。基于此，有人提出，如果学习者已经学会了一个给定含义的形式，那么他们很难使用另一个形式来表达这个含义或类似的含义（Goldberg & Boyd，2015）。

关于结构干扰，Morris 等（2000）的预测和现有认知心理学研究的发现似乎不同。前者认为，先前学习的结构与目标结构共享重要的语言元素或类似的功能，可以加快目标结构的习得，而后者预测，相似结构会阻碍目标结构的习得，因为它们表达类似的含义或者学习者最初无法区分它们的含义。然而，在二语学习中，很少有研究来验证这些预测。本章旨在研究输入操纵与结构干扰如何相互作用，影响二语学习。

5.1.3　构式复杂度

一个被广泛研究的问题是目标结构的复杂度如何影响学习结果。复杂度可以从不同的角度来定义（Blute & Housen，2012）。从语言学的角度来看，决定复杂度的因素包括形式（如元素数量、词缀和屈折等形态学成分）和功能特征（如句子、从句和短语）。在这一研究领域中，一些学者认为，显性学习在学习简单结构方面更有效，而隐性学习在学习复杂结构方面更有益（Reber，1993）；其他人则预测，在隐性教学环境下，简单结构更容易学习，而复杂结构更适合在显性教学环境下学习，因为学习者很难注意到复杂的结构，并从基于实例的输入中抽象出相关模式，而简单的结构相对容易注意到，因此更容易从基于实例的输入中有效地学习（Hulstijn & de Graaff，1994）。

有研究发现，显性归纳教学更有助于学习者建立复杂的模式（Spada & Tomita，2010）。从心理学的角度来看，复杂度可以根据构式是早期还是晚期获得，或者根据是否容易处理来推断。学习者在母语和二语发展中经历了可预测的阶段，因为学习者的处理能力限制了他们的进展，以至于他们在没有能够较早处理结构的情况下，无法进入下一个阶段（Meisel et al. 1981）。当学习者没有准备好处理复杂结构时，困难就会出现。发展准备意味着学习者在特定阶段处理语言结构的能力取决于他们能否在较早的阶段处理语言结构，也就是说，学习者可能以不同的速度学习目标构式，但他们无法跳过发展阶段，即当学习者没有准备好学习目标构式时，教学效果会降低（Pienemann，1998）。尽管"困难"和"复杂度"这两个词在文献中常可以互换使用，但 Blute 和 Housen（2012）指出，困难或复杂度反映了从语言使用者的角度来看语言特征的属性。如果一种语言结构使人感到学习困难，那么它就是复杂的，人们在处理或内化它时可能会付出更多的认知努力（Hulstijn & de Graaff，1994）。

困难和复杂度通常密切相关。形式和功能复杂的语言结构总是让人难以学习和处理。在教学上，复杂度是基于学习者是否容易学习一种语言结构来定义的。可以根据学习者出现的错误推断出复杂结构，学习者无法正确使用的语言结构被视为复杂和困难的。在 Robinson（1996）的研究中，复杂度是根据教师的内省判断来确定的。Robinson 发现，当学习者学习复杂构式时，隐性学习并不像 Reber（1989）所声称的那样有效。根据教师的判断确定的复杂结构在大多数情况下可能与基于语言学确定的复杂结构相同，因为教师通常认为那些意义抽象、形式-意义关系不透明的构式是难学和复杂的。

在本章研究中，我们认为复杂度（形式和功能）是导致语言结构难学的主要因素。基于语言学和教学的角度以及与复杂度相关的研究，实例输入的效果可能因语言复杂度而异。从心理语言学的角度来看，当学习者由于学习效果低下而没有准备好时，不同的输入分布对于学习简单的和复杂的语言结构没有影响。然而，我们不知道的是当学习者具备了习得条件时不同的输入分布如何影响简单的和复杂的语言结构的学习。

5.1.4　目标构式

本章研究选择的目标构式是现在时英语虚拟语气（如"If I found her address now, I would send her an invitation."）和过去时英语虚拟语气（如"If I had found her address yesterday, I would have sent her an invitation."）这两种语言结构。首先，这两种语言结构在基本元素上有共同之处，如上面的例子所示，并且在语义上相互关联。这使得我们有可能探究它们在顺序学习时彼此之间的干扰。其次，它们不同于表示现在/过去假设的汉语条件句。例如，例（5a）中表达的现在假设性与例（5b）中的翻译对应，例（6a）中表达的过去假设性与例（6b）中的翻译对应。显然，如果想表达现在时和过去时的虚拟意义，汉语使用相同的语言形式来实现这个目的。汉语语言从不使用时态和体态标记以及情态助动词来表示虚拟语气的意义。相反，它使用相同的动词，如"找到/发出"，以及不同的状语词组，如"现在/昨天"，来表达意图。

例（5）　a. 如果 我 现在　　<u>找到</u>　她的 地址，我 会 给 她<u>发出</u>　邀请。

　　　　　 b. If I <u>found</u> her address now, I <u>would send</u> her an invitation.

例（6）　a. 如果 我 昨天　　<u>找到</u>　她的 地址，我 会 给 她<u>发出</u>　邀请。

b. If I <u>had found</u> her address yesterday, I <u>would have sent</u> her an invitation.

这些例子说明，英语和汉语在形态句法层面上以不同的方式编码虚拟语气的意义。从二语学习的角度来看，汉语母语者应该为英语条件句建立新的形式-意义关系，而他们可能很少利用母语知识。有研究发现，由于句法和语义之间的复杂性，虚拟语气条件句对二语学习者来说很难（Izumi & Bigelow，2000）。学习虚拟语气条件句需要掌握时态-体态系统、情态助动词和否定形式。为了简单起见，本书中将现在时虚拟条件句称为 IF-Is，将过去时虚拟条件句称为 IF-IIs。典型的 IF-Is 构式由一个 if 子句和一个主句组成，主句基本上采用 S+would+V 的形式，表示一个在现在不太可能发生的事件的结果；典型的 IF-IIs 构式由一个 if 子句和一个主句组成，主句基本上采用 S+would/could+have+V-ed 的形式，表示一个过去没有发生的事件的假设结果。这两种语言结构在复杂性上有所不同，IF-IIs 在形式和意义上都比 IF-Is 更复杂。

就形式而言，虽然这两种语言结构有一些共同的元素，但 IF-IIs 需要一个附加的过去标记，这个标记由过去完成时的形态实现。O'Grady（1997：349）的累积复杂性原则认为，"除了附加成分外，如果 X 与 Y 一样，那么 X 比 Y 更具有累积复杂性"。就意义而言，IF-IIs 中编码的虚拟性是指不真实且时间上遥远的情况，比 IF-Is 中编码的虚拟性更为抽象，后者仅表示当前的不真实性。此外，根据在初步研究中获得的三位英语教师的内省判断，IF-IIs 比 IF-Is 更复杂，因为他们都认为二语学习者在使用 IF-IIs 时更容易犯错误。总之，IF-IIs 更为复杂，因此比 IF-Is 更难习得（Blute & Housen，2012）。当中国英语学习者试图区分它们时，这些语言结构便构成了一个很好的测试语言结构复杂性和干扰的测试窗口。

5.1.5　研究问题

本节研究旨在回答以下问题：不同的类符-形符频率分布（偏态顺序输入、偏态随机输入和等频输入）对学习者的 IF-Is 和 IF-IIs 的发展有何相对影响？首先学习 IF-Is 是否会改变频率分布对随后 IF-IIs 学习效果的影响？

5.1.6　实验 1

实验 1 旨在回答上述第一个问题。

1. 被试

本节研究的被试为 232 名来自中国西北地区两所中学的高一学生。这些学生都是以汉语为母语的英语学习者，已经学习了 5.5 年英语，但尚未正式接触 IF-Is

和 IF-IIs。受试者被均分为两组：一组学习 IF-Is，另一组学习 IF-IIs。每组中的被试分别被随机分配到偏态顺序频率（SFF）组、偏态随机频率（SRF）组、等频（BF）组和对照组（CG），另一组的分配情况也是如此。所有被试都学过英语的事实条件句、过去时和过去完成时，因此他们已经具备了学习 IF-Is 和 IF-IIs 的条件。牛津快速分级测试（Oxford Quick Placement Test，OQPT）第一部分得分的单因素方差分析结果显示，IF-Is 和 IF-IIs 的四个组的被试的英语水平相同[F（3，112）= 1.190，$p = 0.317$；F（3，112）= 1.833，$p = 0.145$]。他们的个人信息见表 5.1。

表 5.1　被试个人信息

组别		样本量/人	年龄/岁 （M/SD）	OQPT 成绩/分 （M/SD）
IF-Is	SFF 组	29	16.00/0.00	21.52/1.50
	SRF 组	29	15.97/0.33	20.86/2.42
	BF 组	29	15.93/0.37	20.52/2.06
	CG 组	29	16.00/0.00	21.10/2.21
IF-IIs	SFF 组	29	16.00/0.00	20.03/1.61
	SRF 组	29	15.97/0.42	21.21/2.21
	BF 组	29	15.90/0.41	20.52/2.10
	CG 组	29	16.03/0.42	20.97/2.24

2. 学习任务

被试学习的结构是 12 个形符（6 种类符）的 IF-Is/IF-IIs。实验组通过图片学习目标结构。对于每个 IF-Is/IF-IIs，我们使用两张图片。图片 A 描述了一种假设的条件，图片 B 描述了当这个条件得到满足时可能发生的事件（图 5.1）。在学习过程中，所有目标结构和匹配的图片都在幻灯片上呈现。学习任务包括三个阶段。在第一阶段，图片 A 和 if 从句（如 "If I had a lot of money now…"）出现在幻灯片上，然后被试跟着教师大声朗读。在第二阶段，图片 B 和主句（如 "I would buy an expensive car."）出现在幻灯片上，然后被试跟着教师大声朗读。在第三阶段，表达不真实性的陈述（如 "However, I have no money at all."）出现在幻灯片上，然后被试跟着教师大声朗读。IF-IIs 的学习过程相同。每个组目标结构的频率和呈现顺序列在表 5.2 中。根据 Crutchley（2013）的观点，have 和 know 这样的动词在 IF-IIs 的 if 从句中经常出现，传达 IF-IIs 的基本含义，即反事实性。它们可以被视为出现在 IF-IIs 中的原型动词。我们对 BNC 中 IF-Is 的分析也表明，

have 和 know 在 IF-Is 的 if 从句中最常用（约占 17.5%），以实现反事实性的功能。鉴于此，在 SFF 组和 SRF 组中，IF-Is/IF-IIs 的偏态实例由原型动词 have 来实现。

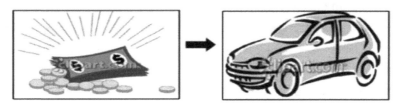

IF-Is：If I had a lot of money now, I would buy an expensive car. However, I have no money at all.

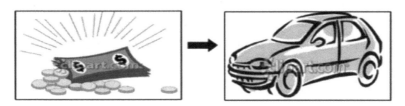

IF-IIs：If I had had a lot of money last year, I would have bought an expensive car. However, I had no money last year.

图 5.1　构式学习样例

表 5.2　构式频率和学习过程中的呈现顺序

组别	IF-Is/IF-IIs
SFF 组	按顺序呈现 7 次范例 A → 1 次范例（B→C→D→E→F）
SRF 组	随机呈现 7 次范例 A → 1 次范例（B，C，D，E，F）
BF 组	按顺序呈现 2 次范例（A→B→C→D→E→F）

3. 测试任务

使用两个难度匹配的版本的选择题和图片描述任务来评估被试对 IF-Is/IF-IIs 知识的习得。选择题包含 10 个 IF-Is/IF-IIs 目标项目和 10 个填充项目。鉴于 IF-Is/IF-IIs 由两个从句组成，为每个项目的每个从句设计一个空并保留另一个从句可能提供其他目标项目的输入（Izumi &Bigelow，2000），因此每个项目的每个从句都设计了一个空，如下所示。被试需要从选项中选择他们认为正确的答案进行填空。

IF-Is：If Sue ＿＿＿ in the countryside now, she ＿＿＿＿ a car. However, she is living in the city.

　　A. had lived；will need

B. lives；would need

C. is living；needs

D. lived；would have needed

IF-IIs：If Jane _____ harder last semester, she _____ her final history exam.

A. studied；passed

B. studies；had passed

C. had studied；would pass

D. would study；would have passed

　　图片描述任务包含 8 个目标项目（IF-Is/IF-IIs）和 4 个填充项目。针对每个项目，我们提供了两张与情境相关的图片，旨在引导被试使用特定的目标结构。图片 A 展示了 if 从句所需的信息，而图片 B 则描述了在该条件下可能发生的事件。这两张图片的顺序通过箭头标示。被试在提示（如 "If Lee…"）的引导下，需要使用与每张图片相符的动词来构造句子，如图 5.2 所示。

IF-Is：Lee is a college student NOW. However, he doesn't like studying but enjoys fantasy（幻想）. The following pictures illustrate（说明）one of Lee's fantasies and the corresponding result. Picture A shows Lee's fantasy at present, and Picture B shows the corresponding outcome.

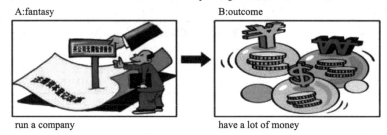

If Lee…

IF-IIs：Lee had many options after graduation in 2000. However, he decided to work for a company. The following pictures illustrate（说明）Lee's other options（选择）and their results. She did not choose these options. Picture A shows Lee's option after graduation in 2000, and Picture B shows the result of the option.

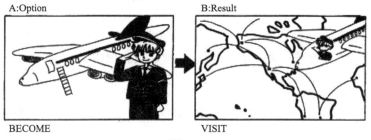

If Lee…

图 5.2　图片描述任务样例（改编自 Izumi & Bigelow，2000）

被试产出的句子应该结合两张图片的含义。对于填充项，被试需要使用指定的动词来描述图片的内容。在一个可行性测试中，14 名熟悉反事实条件句的学生完成了两个版本的选择题和图片描述任务。测试的结果表明，两个版本的难度匹配（选择题：$t = 0.221$，$p = 0.828$；图片描述任务：$t = 1.749$，$p = 0.104$），而图片描述任务中的测试项目能够成功地引导被试产出英语条件句。

4. 数据收集

构式学习和测试安排在常规课程中。在学习和测试期间，英语教师同意不教授 IF-Is/IF-IIs。第一天，实验组和对照组完成了前测。第二天，实验组在计算机上学习了 6 种图片辅助的英语 IF-Is/IF-IIs，并立即进行了后测。为了检验 IF-Is/IF-IIs 是否有长期学习效果，延迟后测在后测一周后进行。在每个测试会话中，选择题和图片描述任务被用来评估学习者对英语 IF-Is/IF-IIs 的掌握程度。对照组参加常规课程，但也需要参加所有测试。两个任务的第一个版本用于前测和延迟后测，第二个版本用于后测。在每个测试中，被试先完成图片描述任务，然后完成选择题。构式学习大约需要 20 分钟，图片制作测试需要约 30 分钟，选择题测试需要约 20 分钟。

5. 评分

由于使用了"If Lee..."作为提示来引导被试在图片描述任务中进行产出，因此我们的被试只会产出英语 if 条件句。IF-Is 和 IF-IIs 的评分程序相同。对于两个任务，if 从句和主句一起评分。当被试正确选择或产出 if 从句和主句时，给予 1 分，否则不得分。具体而言，IF-Is/IF-IIs 的两个从句的谓语部分是重点，而其他部分的错误忽略不计。也就是说，我们只关注 If+S+V-ed 和 S+would+V（IF-Is），以及 If+S+had+V-ed 和 S+would/could+have+V-ed（IF-IIs）。每组从图片描述任务中获得的所有数据均由两名研究人员进行编码。他们对两种结构进行编码的一致性很高（IF-Is 一致性系数：if 从句为 97.4%，主句为 98.3%；IF-IIs 一致性系数：if 从句为 98.3%，主句为 97.4%）。评分不一致的问题通过讨论来解决。选择题和图片描述任务中 IF-Is/IF-IIs 的最高分分别为 10 分和 8 分。

6. 结果

如图 5.3 所示，实验后所有实验组在选择题和图片描述任务中使用 IF-Is 和 IF-IIs 方面表现优于对照组，而对照组的表现比较稳定。为了测试输入对 IF-Is 和 IF-IIs 学习的影响，我们采用混合效应逻辑回归模型来拟合被试的判断和产出数据，使用统计软件包 lme4（Bates et al., 2015）在 R 环境中进行。频率类符、测试时间和结构类符被视为固定效应，并进行简单编码，而被试和 IF-Is/IF-IIs 被视为随机效应。在模型构建中采用比较拟合策略，从包括频率类符、测试时间和结构类符作为固定效应的模型开始（模型 1）；模型 2 包括三个固定效应和它们之间的三个二元交互作用；模型 3 还包含了三个固定效应的三元交互项。使用 R 中的 ANOVA 函数来估计模型拟合优度。

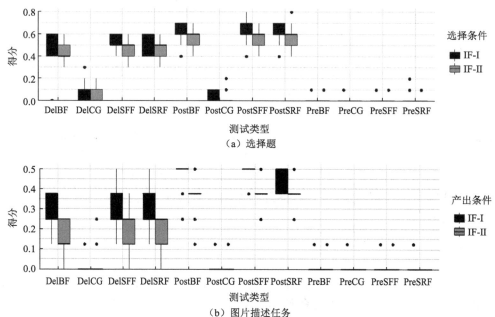

图 5.3　被试在选择题和图片描述任务中使用 IF-Is 和 IF-IIs 的情况

注：PreSRF = 前测中偏态随机输入；PreSFF = 前测中偏态顺序输入；PreBF = 前测中的等频输入；PreCG = 前测中的对照组；PostSRF = 后测中偏态随机输入；PostSFF = 后测中偏态顺序输入；PostBF = 后测中的等频输入；PostCG = 后测中的对照组；DelSRF = 延时后测中偏态随机输入；DelSFF = 延时后测中偏态顺序输入；DelBF = 延时后测中的等频输入；DelCG = 延时后测中的对照组。后文同。

（1）选择题。模型比较表明，包含频率类符、测试时间、结构类符以及三个因素之间的交互作用的模型拟合度最好。该模型显示，频率类符、测试时间、结构类符和三个因素之间所有二元交互作用的显著影响表明这些因素在被试学习 IF-Is 和 IF-IIs 方面发挥了不同的作用。鉴于这些显著的交互作用，我们建立了另一个模型来探讨频率类符和测试时间对两组被试在 IF-Is 和 IF-IIs 方面的表现的影响。结果表明，频率类符、测试时间和两者之间的交互作用显著。多重比较表明（表 5.3），四组被试在 IF-Is/IF-IIs 的前测中的得分无显著差异；与 IF-Is/IF-IIs 的前测成绩相比，SFF、SRF 和 BF 组的被试在所有训练后的测试（包括后测和延迟后测）中均实现了显著的成绩提升；而在所有训练后的测试中，SFF、SRF 和 BF

组在 IF-Is/IF-IIs 的表现之间没有显著差异。这表明，IF-Is/IF-IIs 实例是否呈现偏态并不影响被试对 IF-Is/IF-IIs 的选择。但是，在学习后的测试中，SFF、SRF 和 BF 组在学习 IF-Is 方面比在学习 IF-IIs 方面取得了更好的成绩，这表明在三种频率条件下，实验组在学习 IF-Is 方面表现比学习 IF-IIs 更好。

表 5.3　选择题组间多重比较

构式	组别	前测			后测			延时后测		
		$M(\beta)$	SE	Z	$M(\beta)$	SE	Z	$M(\beta)$	SE	Z
IF-Is	SFF-CG	−0.34	0.48	−0.70	3.78	0.33	11.45***	3.18	0.31	10.36***
	SRF-CG	−0.04	0.44	−0.10	3.70	0.33	11.20***	3.09	0.31	10.05***
	BF-CG	0.19	0.41	0.46	3.74	0.33	11.32***	3.10	0.31	10.07***
	SFF-SRF	0.23	0.68	0.34	0.04	0.17	0.26	0.08	0.17	0.49
	SFF-BF	0.23	0.68	0.34	0.04	0.17	0.26	−0.01	0.17	−0.09
	SRF-BF	<0.01	0.64	<0.01	0.09	0.17	0.51	−0.10	0.17	−0.58
IF-IIs	SFF-CG	−0.13	0.52	−0.26	3.73	0.37	10.04***	3.09	0.39	7.90***
	SRF-CG	−0.29	0.55	−0.54	3.72	0.37	10.03***	3.17	0.39	7.97***
	BF-CG	−0.15	0.56	−0.26	3.67	0.35	10.25***	3.04	0.41	7.44***
	SFF-SRF	−0.16	0.56	−0.28	0.03	0.18	0.15	0.05	0.17	0.26
	SFF-BF	<0.01	0.54	<0.01	0.03	0.21	0.14	0.07	0.16	0.42
	SRF-BF	<0.01	0.54	<0.01	0.05	0.17	0.33	0.04	0.16	0.25
IF-Is vs. IF-IIs	SFF-SFF	0.35	0.57	0.62	0.20	0.08	2.30*	0.15	0.08	1.91†
	SRF-SRF	0.18	0.65	0.28	0.21	0.08	2.33*	0.18	0.08	2.08*
	BF-BF	0.29	0.32	0.91	0.19	0.08	2.20*	0.17	0.08	2.05*
	CG-CG	0.50	0.34	1.47	0.10	0.23	0.45	0.09	0.21	0.42

*代表 $p<0.05$；**代表 $p<0.01$；***代表 $p<0.001$；† 代表边缘性显著。后文同。

（2）图片描述任务。模型中考虑了频率类符、测试时间、结构类符及其相互作用，结果显示频率类符、测试时间、结构类符之间的所有二元交互作用均显著。这表明频率类符、测试时间、结构类符在被试学习 IF-Is 及 IF-IIs 的过程中发挥了不同的作用。我们构建了另一个混合效应逻辑回归模型，以探讨频率类符和测试时间对被试学习 IF-Is 和 IF-IIs 的影响。结果显示，频率类符、测试时间及其之间的交互作用均具有显著性。如表 5.4 所示，所有组在 IF-Is/IF-IIs 的前测中得分相近；所有实验组在学习后的得分均高于前测，表明实验组在学习后的表现优于对照组。在所有的 IF-Is/IF-IIs 测试中，实验组之间没有显著差异，这意味着 SFF、SRF 和 BF 对学习者生成 IF-Is/IF-IIs 的影响并不显著。此外，在构式学习之后，所有实验组在学习 IF-Is 方面的表现均优于 IF-IIs，表明在三种情况下，被试处理 IF-IIs 相较于 IF-Is 更加困难。

表 5.4 图片描述任务组间多重比较

构式	组别	前测			后测			延时后测		
		$M(\beta)$	SE	Z	$M(\beta)$	SE	Z	$M(\beta)$	SE	Z
IF-Is	SFF-CG	<0.01	1.00	<0.01	5.33	1.01	5.26***	4.45	1.01	4.39***
	SRF-CG	−1.51	1.87	−0.81	5.32	1.01	5.25***	4.42	1.01	4.33***
	BF-CG	<0.01	1.09	<0.01	5.34	1.01	5.28***	4.43	1.01	4.35***
	SFF-BF	<0.01	1.00	<0.01	<0.01	0.19	<0.01	0.04	0.21	0.20
	SRF-BF	−1.32	1.00	−0.62	0.02	0.19	0.09	0.09	0.21	0.42
	SFF-SRF	0.69	1.23	0.56	0.01	0.19	0.08	0.04	0.21	0.21
IF-IIs	SFF-CG	0.42	0.93	0.45	4.95	1.01	4.90***	4.00	1.01	3.94***
	SRF-CG	0.40	0.93	0.42	4.93	1.01	4.88***	3.97	1.01	3.92***
	BF-CG	−0.70	1.23	−0.57	4.87	1.01	4.82***	3.93	1.01	3.87***
	SFF-BF	1.12	1.16	0.97	0.09	0.19	0.46	0.03	0.24	0.12
	SRF-BF	1.11	1.15	0.96	0.07	0.19	0.38	0.02	0.24	0.11
	SFF-SRF	<0.01	1.15	<0.01	0.02	0.19	0.10	0.02	0.24	0.10
IF-Is vs. IF-IIs	SFF-SFF	0.20	0.45	0.44	0.19	0.09	1.97*	0.24	0.11	2.10*
	SRF-SRF	0.21	0.45	0.45	0.20	0.09	1.98*	0.22	0.11	2.01*
	BF-BF	0.40	0.65	0.61	0.22	0.10	2.36*	0.28	0.11	2.53*
	CG-CG	<0.01	0.50	<0.01	<0.01	0.41	<0.01	0.15	0.39	0.38

7. 讨论

实验 1 的结果表明，SFF、SRF 和 BF 在促进 IF-Is 和 IF-IIs 学习方面的效果是一致的。此外，SFF、SRF 和 BF 组在学习 IF-Is 的表现优于学习 IF-IIs。总体而言，尽管构式复杂度对被试学习这两种条件句的整体表现有影响，但在 IF-Is 和 IF-IIs 的学习过程中，偏态输入并没有比等频输入更具优势。这一发现与 Year 和 Gordon（2009）以及 McDonough 和 Nekrasova-Becker（2014）在二语学习中的 VAC 研究结果相一致。虽然不同结构的复杂性可能会在学习者尝试学习目标结构的形式和含义时引发学习难度，但它并不会影响输入频率在 IF-Is 和 IF-IIs 习得方面的有效性。这些发现可能说明，在 IF-Is 和 IF-IIs 习得方面，偏态输入与其他频率条件相比并没有优势。然而，这项研究只测试了不同输入对 IF-Is/IF-IIs 习得的影响，没有考虑其他重要变量，如先前学习的结构。正如之前回顾的那样，来自类似已知结构的知识可能会在不同情况下影响目标结构的学习结果（Larsen-Freeman 2013）。如果二语学习者在学习 IF-IIs 之前已经接触过 IF-Is，那么在学习 IF-IIs 时，偏态输入的有效性是否与等频输入相同仍然未知。

5.1.7　实验 2

实验 2 旨在探讨已知结构（IF-Is）如何与输入频率交互作用，影响 IF-IIs 的学习效果。在实验 1 中学习了 IF-Is 的实验组和对照组在相同的输入频率干预下参加实验 2。他们在完成实验 1 的延迟后测的第二天参加了实验 2。结构的学习和测试、数据收集和评分程序与实验 1 相同。

1. 结果

在学习 IF-IIs 后，所有实验组在选择题和图片描述任务中的得分都高于对照组，而对照组在所有测试中的得分趋于稳定（图 5.4）。为了考察不同输入对 IF-IIs 学习的影响，我们建立了混合效应逻辑回归模型来拟合被试的选择和产出数据，固定效应包括频率、测试时间以及它们之间的交互项，而被试和 IF-IIs 则是随机效应。数据分析的程序与实验 1 相同。

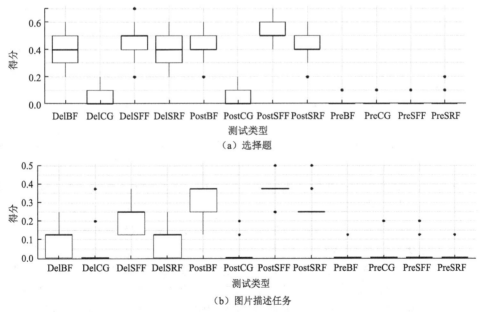

（a）选择题

（b）图片描述任务

图 5.4　被试在选择题和图片描述任务中的 IF-IIs 表现

（1）选择题。包含类符频率、测试时间及其交互作用的模型的拟合效果良好，这些因素对被试完成的选择题的正确率具有显著影响。为了更深入地探讨这种交互效应，我们采用混合效应逻辑回归模型，分析类符频率在不同测试中对被试选择 IF-IIs 的影响。表 5.5 的数据显示，所有组在前测时并未表现出显著差异；实验组在学习后与前测相比有明显的提升；在后测中，SFF 组的表现优于 SRF 组和 BF 组，而 SRF 组在所有测试中的表现与 BF 组相似。这表明，短期内，偏态的 IF-IIs 实例确实对被试对 IF-IIs 的选择产生了影响。

表 5.5　IF-IIs 组间多重比较

任务类型	组别	前测			后测			延时后测		
		$M(\beta)$	SE	Z	$M(\beta)$	SE	Z	$M(\beta)$	SE	Z
选择题	SFF-CG	< 0.01	0.54	< 0.01	3.41	0.33	10.37***	3.21	0.35	9.28***
	SRF-CG	0.38	0.51	0.75	3.04	0.33	9.13***	2.97	0.34	8.63***
	BF-CG	< 0.01	0.54	< 0.01	2.94	0.33	8.93***	2.95	0.34	8.57***
	SFF-SRF	0.362	0.52	0.70	0.43	0.17	2.59**	0.22	0.16	1.27
	SFF-BF	< 0.01	0.54	< 0.01	0.47	0.17	2.82**	0.23	0.17	1.35
	SRF-BF	0.37	0.50	0.73	0.04	0.17	0.25	0.01	0.17	0.09
图片描述任务	SFF-CG	0.36	0.44	0.81	1.92	0.30	6.46***	1.23	0.24	5.14***
	SRF-CG	< 0.01	0.60	< 0.01	1.74	0.30	5.81***	0.74	0.25	2.98**
	BF-CG	< 0.01	0.54	< 0.01	1.72	0.30	5.75***	0.76	0.25	3.03**
	SFF-SRF	0.35	0.43	0.80	0.23	0.10	2.36*	0.51	0.14	3.58***
	SFF-BF	0.34	0.43	0.79	0.24	0.10	2.37*	0.48	0.14	3.41***
	SRF-BF	< 0.01	0.50	< 0.01	0.03	0.10	0.31	0.03	0.16	0.17

（2）图片描述任务。混合效应逻辑回归模型的分析结果表明，类符频率、测试时间及其交互作用对研究结果有显著影响。根据多重比较（表 5.5）的结果，所有组在前测时得分相近；在所有训练后的测试中，SFF、SRF 和 BF 组的成绩都显著高于前测；在后测和延迟后测中，SFF 组的表现优于 SRF 组和 BF 组，而 SRF 组与 BF 组的表现则保持一致。上述研究结果显示，在短期和长期内，偏态输入在学习者的 IF-IIs 习得中触发了更大的学习效应。

（3）实验 1 和实验 2 之间的 IF-IIs 学习比较。为了测试学习者之前学习的 IF-Is 是否对 IF-IIs 的习得产生影响，研究者比较了实验 1 和实验 2 中学习者在 IF-IIs 上的学习效应的差别，并比较了实验 2 中不同组别在选择题和图片描述任务中对 IF-IIs 的 IF-Is 误用情况。这样做的理由是，相同水平的学习者在 IF-IIs 学习方面应该获得类似的学习效果。如果两个研究之间相关组别的 IF-IIs 学习效果或 IF-Is 误用存在差异，这些差异可能归因于学习者之前经历的 IF-Is 的干扰影响。在两项任务中，IF-IIs 学习效果的比较表明（表 5.6）：在前测中，所有组别在两项研究中均没有显著差异；构式学习后，实验 1 中 SRF 组和 BF 组的表现优于实验 2 中的 SRF 组和 BF 组；然而，实验 1 和实验 2 中的 SFF 组获得了类似的得分，表明与 SRF 和 BF 相比，SFF 在 IF-IIs 学习方面能够带来更大的学习效应。

表 5.6　两项研究中 IF-IIs 学习效应比较

任务类型	组别	前测			后测			延时后测		
		$M(\beta)$	SE	Z	$M(\beta)$	SE	Z	$M(\beta)$	SE	Z
选择题	SFF-SFF	< 0.01	0.27	< 0.01	0.04	0.08	0.50	0.01	0.08	0.17
	SRF-SRF	0.29	0.28	1.07	0.27	0.08	3.24**	0.20	0.08	2.55*
	BF-BF	0.04	0.31	0.14	0.26	0.08	3.14**	0.18	0.08	2.17*
	CG-CG	0.06	0.30	0.22	0.11	0.24	0.47	0.03	0.29	0.12
图片描述任务	SFF-SFF	0.15	0.39	0.38	0.01	0.10	0.10	0.04	0.12	0.36
	SRF-SRF	0.21	0.40	0.43	0.30	0.09	2.11*	0.33	0.14	2.21*
	BF-BF	0.34	0.61	0.57	0.38	0.09	2.58**	0.41	0.14	2.86**
	CG-CG	< 0.01	0.54	< 0.01	< 0.01	0.43	< 0.01	0.29	0.39	0.75

　　为了比较实验 2 中被试在 IF-IIs 的两个任务中对 IF-Is 的误用情况，我们将被试在选择题和图片描述任务中的选择分为三类：正确使用 IF-IIs、误用 IF-Is 和其他杂项错误。两个任务中 IF-Is 的误用比较也显示出了相同的模式。Kruskal-Wallis 检验显示，实验 2 中四组被试在所有测试中对 IF-Is 的误用保持稳定（选择题：$\chi^2 = 0.60$，$df = 3$，$p = 0.897$；图片描述任务：$\chi^2 = 0.73$，$df = 3$，$p = 0.864$）。Mann-Whitney U 检验显示，与 SRF 组相比（选择题：$Z_{posttest} = -4.62$，$p < 0.001$；图片描述任务：$Z_{posttest} = -5.02$，$p < 0.001$；选择题：$Z_{del.post} = -2.87$，$p = 0.004$；图片描述任务：$Z_{del.post} = -4.99$，$p < 0.001$）和 BF 组（选择题：$Z_{posttest} = -5.47$，$p < 0.001$；图片描述任务：$Z_{posttest} = -3.67$，$p < 0.001$；选择题：$Z_{del.post} = -3.77$，$p < 0.001$；图片描述任务：$Z_{del.post} = -4.92$，$p < 0.001$），SFF 组在训练后使用的 IF-Is 更少。然而，在 SFF 组的两项任务中，被试对 IF-Is 的误用没有显著差异（选择题：$Z_{posttest} = -0.10$，$p = 0.366$；图片描述任务：$Z_{posttest} = -1.15$，$p = 0.252$；选择题：$Z_{del.post} = -0.83$，$p = 0.409$；图片描述任务：$Z_{del.post} = -0.26$，$p = 0.795$）。这表明，与 SRF 和 BF 相比，SFF 能够抑制更多 IF-Is 的干扰，有助于 IF-IIs 的学习。IF-IIs 的学习效果和对 IF-Is 的误用情况分析表明，接受 SRF 和 BF 训练的学习者受到了之前学习的 IF-Is 的干

扰，间接说明 SFF 有助于抑制 IF-Is 的负面影响。

2. 讨论

实验 2 的结果表明，在 IF-IIs 的学习过程中，SFF 相对于 SRF 和 BF 具有短期和长期的优势。需要注意的是，实验 2 中的被试与实验 1 中的被试具有相同的水平，并接受了相同的输入频率处理。正如上面的分析表明，SFF 的优势可以视为输入和结构干扰之间的交互作用。之前学习的 IF-Is 对 IF-IIs 的学习产生了抑制作用，因为在本节研究中，SRF 组和 BF 组的分数在所有学习后测试中均显著低于实验 1 中学习 IF-IIs 的组别（$p < 0.05$）。此外，在后测和延迟后测中，SFF 组的被试使用的 IF-Is 比另外两种频率更少，这表明相对于 SRF 和 BF，SFF 对于学习者防止 IF-Is 的干扰更有效。

5.1.8 讨论

本节研究报告的两项实验，考察了偏态输入是否会与不同复杂度的结构相互作用，影响二语学习者对虚拟条件句的习得。结果表明：不同复杂度的结构影响了被试的 IF-Is 和 IF-IIs 的学习效果，但并不影响中国英语学习者对 IF-Is 和 IF-IIs 的习得效果；当 IF-Is 在 IF-IIs 之前习得时，SFF 对于学习者掌握 IF-IIs 的效果更为显著。比较两个研究中 IF-IIs 的习得效果发现，实验 2 中 SFF 发挥的有效作用可以解释为 SFF 有助于学习者在学习过程中防止结构干扰。

第一个研究问题考察 SFF、SRF 和 BF 在促进 IF-Is 和 IF-IIs 的习得方面的效果是否有显著不同。我们发现，在学习这两个目标结构时，SFF 没有表现出优势。第一项实验的结果在一定程度上复制了之前有关二语 VAC 学习的研究结果（Year & Gordon，2009；McDonough & Nekrasova-Becker，2014）。虽然偏态输入中高形符频率的 IF-Is/IF-IIs 实例是与两个虚拟条件句的含义相匹配的典型示例，但 IF-Is/IF-IIs 实例的突破性作用不显著。这似乎与一些现有文献的结论不符，即偏态输入中的典型动词能够帮助学习者直接理解结构的含义，从而加速 VAC 学习过程（Goldberg，2006）。在我们的研究中，典型动词没有带来益处的原因可能是被试只接触了 IF-Is/IF-IIs 实例的少数几种类符，所以无论被试接触的是偏态输入还是等频输入，他们都可以借助视觉图像记忆单个实例。这可能导致实验组的学习者能够根据他们对个别 IF-Is/IF-IIs 的准确记忆来识别或产生新的项目。在这种意义上，学习者对某些个体的准确记忆很可能会在理解和产出中被用作基准，从而减弱 SFF 的促学效应。这项研究中偏态输入没有带来益处的另一个可能原因是二语学习者采取了独特的学习方法（McDonough & Trofimovich，2013）。我们的被试是在比 Goldberg 和 Casenhiser（2008）研究中的被试更加明确的条件下学习英语的二语学习者。很可能我们的被试更容易分析目标结构的语法特征，并以更具分析性的学习方式处理 IF-Is 和 IF-IIs 实例。如果是这样，无论接触的是偏态输入还是等频输入，学习者都可以以相等的可能性找到 IF-Is 和 IF-IIs 的重要特征，即在 if 从句和主句中都使用了特殊的动词形式。此外，当学习者接触到"However, I had no money now./I had no money at that time."这样的陈述时，所有学习者都可以很容易地理解这两个条件句的虚拟含义。因此，偏态输入的有利效应被削弱了。

需要注意的是，实验组在学习 IF-Is/IF-IIs 时本身并没有显著差异；然而，他们在学习 IF-Is 方面的效果显著高于学习 IF-IIs 方面的效果。根据上文讨论的三种复杂性的观点，IF-IIs 在形式和含义上都比 IF-Is 更加复杂。实际上，对于中国的英语二语学习者来说，他们的母语中缺乏像时态和语态标记、情态助动词等语法形态，因此理解和处理英语的 IF-IIs 付出的认知努力较多，也就是说，他们在处理和内化涉及 IF-IIs 的特征时可能会花费更多的心理资源。正是这种形式和意义上的复杂性使得学习 IF-IIs 的被试在进行选择题和图片描述任务时得分较低。

接触变异性较低的输入（如 SFF）的学习者更有可能依赖于偏态的典型实例，因此得分更高。然而，在第一项研究中，这种典型效应似乎不明显。尽管 Crutchley（2013）的语料库分析表明，在 IF-IIs 的 if 从句中使用最频繁的词语是 have 和 know，虚拟条件句是复杂构式，由两个从句组成，识别典型实例时应同时考虑从句和主句。此外，have 和 know 是典型的状态动词，至少从学习者的角度来看，它们没有虚拟的含义。从语义典型性来看，三种输入分布中呈现的 IF-IIs 实例可能没有实质性的差异。因此，偏向于 have 或 know 的实例可能不像 Goldberg 等（2004）发现的 give 那样促进英语双宾语动词的学习。正如上面所讨论的，对少数个体实例的准确记忆和分析性学习方法使得偏态输入的优势不太可能出现。此外，与以往的二语研究相反，本节研究中未检测到等频输入的可靠效应。这可能是因为等频输入的有利效应是建立在更多实例的基础上的，如 Year 和 Gordon（2009）的研究中所检测到的被试学习了约 40 个实例；在 McDonough 和 Nekrasova-Becker（2014）的研究中，等频输入包含 20 个训练项目；在 McDonough 和 Trofimovich（2013）的研究中，等频输入由 24 个训练项目组成。然而，我们第一项研究中的被试只接触了 12 个 IF-Is/IF-IIs 实例。这么少的实例使得等频输入的效应不太突出。

第二个研究问题考察了在学习 IF-IIs 之前有 IF-Is 的经验是否会影响三种输入频率的有效性。答案是肯定的。我们从第二个实验中得到的结果表明，当学习者在接触 IF-Is 后短时间内学习 IF-IIs 时，SFF 可以有效地阻止构建干扰。也就是说，在 IF-Is 的延迟后测七天后，学习者学习 IF-IIs 的效果受到了 IF-Is 的干扰。延迟后测结果表明，被试并没有掌握 IF-Is，选择题和图片描述任务的准确率很低。在学习 IF-IIs 的过程中，学习者需要区分两个形式和意义上相似的虚拟条件句。相对而言，他们必须花费更多的认知资源来建立 IF-IIs 的形式-意义关系。然而，学习者的认知能力是有限的。这两个构式可能会在学习过程中竞争有限的认知资源。这将直接导致被试在第二个实验中进行选择题和图片描述任务时表现不佳。然而，结果表明，在学习后，两项实验中的 SFF 组获得了相似的分数。这可能是因为在第二项实验中接触 SFF 的学习者更有可能释放额外的认知资源，以区分 IF-IIs 实例和 IF-Is 实例，而不是那些接触 SRF 和 BF 的学习者，因为重复 IF-IIs 的形符构成了变异性较低的输入，最大化了学习者重复听到相同实例并更快地理解和记忆构式的概率，比起在早期接触平衡频率的实例时，促进了构式的语义限制（Boyd & Goldberg，2009）。

从语言处理的角度来看，SFF 有望帮助学习者在变异性较低的输入中识别和记忆 IF-Is 和 IF-IIs 的重要例证（Crossley et al.，2013）。在完成选择题和图片描述任务时，他们更有可能依赖于偏态实例作为锚点，因此与接收其他类符输入的被试相比，IF-Is 的干扰被有效减少。正如在 Zhang 和 Dong（2016）的研究中发现的，接受 SFF 而不是 SRF 和 BF 的中国英语二语学习者更有可能依靠偏态的例子来判断前置形容词分词的语法性。尽管这个问题在二语研究中被探索得较少，我们的研究结果确实支持了认知心理学的证据，即人类的学习受到前向干扰的限制，即已经学习的系统上相似的项目可能会对新学习的项目的保留和/或检索产生负面影响（Rehder，2001）。这是因为学习语言就像学习其他非语言行为一样，需要在学习者的大脑中建立语义网络。语义网络是在相同或相似类别的项目中出现的。需要注意的是，我们学习 IF-Is 和 IF-IIs 是由输入驱动的。学习者并没有明确说明两个构式之间的虚拟条件意义的差异。在短时间的学习中，通过少量具体的例子来推断微妙的语义差异对于学习者来说是困难的。正如 Clark 和 Clark（1979）的对比预测中的优先权原则所预测的那样，如果两个构式在类似的语用背景中出现，语言学习者可能认为它们的含义相同。

如果学习者将 IF-IIs 视为与 IF-Is 相同，也就是说，他们已经学会了一个给定意义的形式，那么他们很难使用另一个形式来表达这个意义或类似的意义。已经获得的形式-意义关系可能会阻止 IF-IIs 映射到其他意义上。在学习两种构式时，SFF 有可能会阻碍这种干扰，因为基于变异性较低的输入的锚定效应更有可能帮助学习者快速识别这两种构式的含义。与我们的研究不同，Goldberg 和 Casenhiser（2008）以及 McDonough 和 Trofimovich（2013）未能观察到熟悉构式的干扰，可能是因为方法上的差异。在我们的研究中，被试在不同的会话中学习 IF-IIs 和 IF-Is，而 Goldberg 和 Casenhiser（2008）以及 McDonough 和 Trofimovich（2013）混合了不同顺序的 VAC，并要求被试在同一会话中学习这些混合构式。这使得他们的学习任务比我们的更具成本和挑战性，正如在被试的识别任务中表现出的低于机会水平的表现所证明的那样。在 McDonough 和 Trofimovich（2014）的研究中，关于偏态输入相对于等频输入没有优势的另一个可能性是，接收等频输入的实验组被告知世界语及物动词的宾语名词是有词尾变化的。这个指导可能会减弱偏态输入的效果。

　　Morris 等（2000）在 wh-问句中观察到的构式共谋效应在本节研究中没有发现。可能的原因是构式共谋效应是在学习者完全掌握相关构式或建立了形式–意义关系后才会出现，并因此加速目标构式的发展。在我们的研究中，实验 2 中的被试可能没有完全掌握 IF-Is，这可能会导致他们将 IF-Is 与 IF-IIs 混淆，Sagi、Gentner 和 Lovett（2012）指出，两件事情越相似，我们就越难以区分它们。这使得我们的被试更不可能出现构式共谋效应。这种解释是否有意义需要进一步验证。

　　上述研究结果有一定的教学启示。在二语教学中，教师应特别关注具有吸引注意力特征的输入，这些特征既可以限制又可以推动二语学习（Boyd & Goldberg，2009）。以下几个方面很重要。

　　第一个方面涉及目标构式的抽象性，其中一些构式（如 IF-Is 和 IF-IIs）在意义上是抽象的、很难确定典型的示例。当涉及这些构式并且学习者没有学习类似的构式时，偏态（低变异性）输入和等频输入可能会触发相似的学习效果，因此教师不应操纵输入条件，无论是偏态的还是平衡的。但是，当同时或短时间内面对类似的构式时，教师应注意语言的影响。这一点很重要，因为二语教学的一个实际关注点是如何帮助学习者避免来自类似结构的负面影响（Larsen-Freeman，2013）。据我们所知，类似的构式经常在课堂环境中同时呈现。然而，二语教师，特别是中国的教师，在教学实践中大多忽略了这种干扰（根据研究者与 10 名高中教师的个人交流）。为了避免已学习的类似构式的潜在干扰，语言教育者需要最初提供变异性较低的输入，从而学习者在形成构式类别时可以轻松地借助高频例子作为锚定（Ellis et al.，2013）。我们的建议也与现有的研究发现相符合，变异性较低的输入在构式类别的初始归纳中具有促进作用（Casenhiser & Goldberg，2005；Maguire et al.，2008）。这也涉及教科书编写的问题，即什么样的输入分布集中或分散更有帮助，以便有效地减少二语学习者的认知负担（Madlener，2015）。教科书编写者还需要找到有效的方法，例如使用变异性较低的输入作为语言呈现顺序的操纵，以帮助学习者避免类似构式的混淆。需要记住的一点是，变异性较低的输入不是类符/形符频率较低的输入，而是特定实例重复更多的输入。

　　第二个方面与我们两项实验的设计有关，这可以作为教学干预中易于应用的方案。具体而言，通过匹配图片或其他视觉辅助工具来加强典型实例的教学，可以加速抽象构式特别是话语模式的学习，因为重复展示示例可以减少输入变异性（Ellis et al.，2013；Goldberg et al.，2004），从而帮助学习者释放更多的认知资源来应对不同的构式，这些构式在形式或功能上与其类似，比等频输入更有帮助。此外，变异性较低的输入中重复实例的形符频率也很重要。本节研究与以前的研究（Goldberg et al.，2004；Zhang & Dong，2016）结果似乎表明，这些实例的形符频率应达到一个给定的阈值，例如至少 6 次，以确保二语学习者在这个阈值内将其作为锚定获得。

第三个方面涉及构式测试的问题。教师应该积极利用不同的任务，例如句子识别、填空和图片描述，来测量在不同输入条件下二语学习者对目标构式的接受性和产出性知识。简言之，语言教育者最迫切的需求似乎集中在不同复杂度的构式之间的交互作用、来自其他构式的干扰、呈现顺序和构式的频率等变量之间的相互作用等方面，所有这些都可能共同影响二语的学习过程。

5.1.9　结论

实验发现，中国学习者在学习英语虚拟条件句的过程中，SFF、SRF 和 BF 的影响不存在显著差异。然而，当学习 IF-Is 时，SFF 比 SRF 和 BF 更有效，可以阻止 IF-Is 对学习者学习 IF-IIs 的干扰。总体而言，在考虑之前学习的结构对二语学习的干扰时，高频实例更能有效促进学习者掌握英语虚拟条件句。根据本节研究与以前的研究发现，被试接触的实例数量可能起着一定的作用。IF-Is/IF-IIs 实例的数量较少可能导致 BF 的无效性。当实例数量增加时，BF 在二语学习中的促进作用才会被观察到（McDonough & Trofimovich，2013；Year & Gordon，2009）。本节研究仅探讨了输入频率在促进英语虚拟条件句习得方面的有效性，将来需要更多的研究来考察偏态输入的促学效应是否也适用于其他二语构式的发展。

5.2　研究二：固化、统计优选和语义聚类
与 un-[VERB]构式发展

基于用法的语言习得观认为，构式习得从具体范例的积累过渡到构式低域模块，最终到抽象构式的形成（Ellis et al.，2013）。其间，学习者分析构式频率等信息，抽象出范例共享的语义特征（Kemmer & Barlow，2000）。然而，这种自下而上的学习易使学习者形成宽泛规则，诱发泛化错误（Robenalt & Goldberg，2016）。学习者随着语言水平的提高逐渐意识到此类错误并努力摆脱，语言发展历经"正确使用—过度泛化—正确使用"的 U 形过程。在日常交流中，泛化错误并不一定能得到及时纠正，因为人们的注意力多集中在语言内容而非形式上（Brown & Hanlon，1970）。在无负面证据的条件下规避泛化错误，构成了母语和二语学习中的"可学性"问题。学者们为了解释此问题，提出了不同理论。其中，固化、统计优选和语义聚类备受关注。

首先，固化指重复使用某构式导致累积性判断概率的提高，即人们倾向于拒

绝将熟悉构式拓展到新语境中去（Braine & Brooks，1995）。假设构式 A 在语境 X 而非语境 Y 中多次出现，若将构式 A 用在语境 Y 中，人们会觉得不符合语言习惯。譬如，make this fall on her、it fell on her、it will fall on her 致使人们拒绝 fall this on her（Ambridge，2013）。固化反映了人类的普遍认知偏向——贝叶斯概率模型：某事件发生的概率可通过计算它过去发生的频率来估计（Chater & Vitanyi，2007）。理论上讲，构式重复使用的频率越高，其固化效应越明显。母语习得研究表明，儿童将某动词拓展到其他论元构式中的概率与该动词重复使用的频率呈负相关关系，固化可阻止双宾、方位、与格等构式错误的泛化（Ambridge et al.，2011，2012，2015；Theakston，2004）。

其次，统计优选是指同义构式因使用频率不同而出现的相互阻断现象（Clark & Clark，1979）。譬如，儿童逐渐用高频构式 pajamas 阻断*sleepers。统计优选亦是人们普遍认知操作的结果，当两种构式表达同义关系时尤为凸显（Ambridge，2013），即如果构式 A 和构式 B 同义，而构式 A 在语境 X 中的出现频率比构式 B 高，若将构式 B 用在语境 X 中，人们则倾向于认为不符合语言习惯。Braine 和 Brooks（1995）以及 Boyd 和 Goldberg（2011）发现儿童使用此机制抑制构式泛化，如 hit 阻断 hitted，关系从句 the boy that is asleep 阻断 the asleep boy。统计优选现象还在近义构式中出现，如直接使移构式"John stood the baby up." 和间接使移构式"John made the baby stand up."。Ambridge（2013）和 Blything 等（2014）发现，母语者对泛化的 un-[VERB]构式（如*unclose）的可接受程度与其同义构式（如 open）的使用频率呈负相关关系。

最后，Pinker（1989）的语义聚类假设认为，构式范畴的建立通过狭义规则形成聚类。狭义规则对构式进行精细的语义分类，帮助学习者对相同语义特征的动词进行再范畴化，可抑制构式泛化错误。譬如，"位移方式"类动词 roll、slide、bounce 等因兼及物和不及物两种属性而构成聚类（Pinker，1989）。聚类的构式因共享特殊语义而形成具有语义理据的范畴。该假设虽得到了多数语言习得研究的支持，但不同范畴的语义理据性有强弱之别。譬如，"状态变化"类动词的过去分词均可作前置定语（Wang，1995），而一些表示"封闭性、覆盖性、状态变化、表面附着"等的动词可带前缀 un-（Whorf，1956），如 tie、do、fold、pack。虽然 squeeze 也符合此语义特征，但 unsqueeze 不被人们接受（Bowerman，1988）。据此，学者们认为人们借助语义特征抑制理据性强的构式的泛化，而对于不符合构式语义特征的范例则借助固化或统计优选来抑制（Bowerman，1988；Braine & Brooks，1995）。例如，儿童语言中的 unsqueeze 逐渐被 release 等取代。有学者认为，在语言习得初期，学习者利用固化和统计优选来抑制构式泛化，等他们逐渐归纳出构式语义共核，建立语义限制后，才可有效抑制构式泛化（Perfors et al.，2011）。

5.2.1　相关二语学习研究

在二语学习领域，探讨固化、统计优选以及构式语义抑制错误泛化的研究比较少见。以下几项研究与本节研究相关。Ambridge 和 Brandt（2013）首次考察了三类机制对德国学生英语方位构式泛化的抑制（如"*She filled water into the cup."）。他们发现，与英语母语者不同，德国学生对错误泛化所致的英语方位构式的判断与该构式中动词的固化程度无显著相关关系，与同义构式使用频率亦无显著相关关系；与英语母语者相同的是，高水平德国学生对英语方位构式的可接受性判断显著依赖动词和方位构式的语义关系，说明德国学生对此构式泛化的抑制主要依赖语义聚类特征。该效应也被 Wang（1995）在考察中国学生对前置定语分词聚类过程的研究中证实：中国学生对前置定语分词（如 a broken window、a jumping cow）的判断主要依赖相应动词的语义特征、状态变化和行为方式。Robenalt 和 Goldberg（2016）考察了不同母语背景的英语学习者对不及物动词及物用法的可接受程度，发现低水平二语学习者在判断目标构式（如"The magician disappeared/vanished the rabbit."）的过程中几乎不受同义构式的影响，而高水平二语学习者与母语者类似，在判断过程中显著受到同义构式的影响，说明统计优选作用随语言水平的提高逐渐凸显。Sagarra 和 Ellis（2013）发现，同义时间状语显著影响二语学习者对动词屈折词素的习得，支持统计优选假说。张晓鹏和董晓丽（2017）研究了中国学习者对英语名词可数性特征的习得过程。他们发现，名词的可数性使用频率显著影响了被试对该名词的不可数用法和可数用法的学习。此外，随着语言输入量的增加，可数名词和不可数名词及其转换形式之间的语义相似度逐渐抑制了学习者对不可数用法和可数用法的习得。研究结果支持固化和统计优选假设。

上述研究显示，在二语学习的不同阶段，固化、统计优选和语义聚类对学习者建立构式范畴、防止错误泛化有不同的抑制效果。然而，目前研究尚属起步阶段，研究者主要关注论元构式、动词屈折词素和名词可数性特征。英语中构式种类庞杂，亟待深入考察三类因子如何制约其他构式的发展路径。鉴于此，本节研究试图考察中国英语学习者 un-[VERB]构式的习得是否会经历"正确使用—过度泛化—正确使用"的 U 形过程，以及上述三个因素如何制约该过程。

5.2.2　un-[VERB]构式：英汉对比分析

本节研究选择 un-[VERB]为目标构式，原因有四：第一，un-是常见的英语否定前缀，表示先前动作的"相逆"面。此外，dis-、de-等前缀也有此功能，即对先前动作进行否定。un-不仅可用在动词前，还可用在名词和形容词之前，表示否定。此类多种否定形式与相同功能以及同一形式与不同功能之间的复杂映射关系是二语学习的难点，值得深入探讨其习得机理。第二，能进入 un-[VERB]构式的动词具有特殊的语义特征。Whorf（1956）的研究表明，带有前缀 un-的动词具有一系列特殊的语义特征，包括操控行为、心理活动、位置变化、旋转运动、状态转变、结果、A 对 B 的影响、A 包含 B、A 使 B 变形、A 阻止 B、A 遮盖 B、A 包围 B、A 与 B 接触、A 与 B 密切结合、A 是 B 的主要部分、A 和 B 可以分开、A 和 B 可以连接、A 与 B 之间相互关联、A 和 B 的结构组织有序，以及 A 和 B 构成一个整体等等。根据 Pinker（1989）的语义聚类假设，学习者若要习得此类构式，需形成特殊语义聚类，即建立 un-[VERB]的狭义规则，如此可确保正确使用，抑制构式泛化错误。然而，un-[VERB]所需动词的聚类要求对语义进行精细分类，这对于学习者来说不可能在短时间内完成。要考察该类构式的习得过程，就需调查学习时限跨度较长的不同水平的学习者，这正好为考察固化和统计优选在语言习得中的效用提供了平台，因为固化和统计优选受语言输入频率的驱动，其作用的发挥需较长的过程。第三，与英语不同，在表达相逆动作时，汉语利用其他新词或词组来实现，如例（7）所示。

例（7）John tied/untied his shoelace.

　　　　约翰绑好/解开了他的鞋带。

　　　　She hooked/unhooked her photo on/off the wall.

　　　　她把照片挂到墙上了/从墙上取下来了。

从词汇层面来看，英汉表达动作"逆反"义时与汉语差异较大。从语言习得角度看，中国学生在习得 un-[VERB]构式时，需建立新的构式范畴。要成功习得该构式，他们很难利用已有的母语知识，而是需要分析具体范例，归纳其共享语义特征，整合范例频率等相关信息，将适合该构式的动词进行聚类。第四，现有教材中对该构式的描述较为简单：表示"相反动作、取消"之义（张维友，2004）。这种显性规则容易诱发学生的错误泛化，如*unopen、*unremove 等。学习者如何聚类适合该构式的动词，克服泛化错误，合规使用语言，值得深入探讨。综上，此类难学且难教的构式，可为检验语言习得中的重要认知机制提供良好的窗口，对二语学习研究有一定的理论和实践意义。

5.2.3　实证研究

本节研究试图回答以下问题：中国英语学习者对 un-[VERB]构式的习得是否呈现出 U 形发展态势？如果是，他们习得 un-[VERB]构式的发展是否受到固化、统计优选和语义聚类的制约？

据上述文献，我们假设：如果固化、统计优选和语义聚类在 un-[VERB]构式习得中具有心理现实性，那么学习者产出 un-[VERB]构式的频率与动词词根的使用频率呈负相关关系，与同义动词的使用频率也呈负相关关系（Clark & Clark，1979）；学习者掌握的语义聚类特征能有效抑制此构式的泛化错误。

1. 被试

被试为某高校英语专业二年级、四年级的学生，以及来自两所高校的英语教师，每组各 20 名，共 80 名。被试参加英语水平测试，试题来自 Yang 和 Weir（1998）的研究中大学英语四级考试样卷中的词汇单选题和完形填空题，共计 50 分，因为这两部分可有效预测中国学生的整体英语水平（Yang & Weir，1998）。二年级、四年级学生和英语教师的得分分别为：26.36 分（$SD = 2.33$），34.28 分（$SD = 2.56$），46.52 分（$SD = 1.69$）。单因素方差分析显示，三组被试的语言水平差异显著，$F(2，57) = 104.202$，$p < 0.001$。Scheffe 检验表明，英语教师的成绩显著高于二年级（平均差异 $= 14.45$，$p < 0.001$）和四年级学生（平均差异 $= 10.350$，$p < 0.001$），四年级学生的成绩显著高于二年级学生（平均差异 $= 4.100$，$p = 0.001$）。

2. 测试任务

研究者从文献中随机选择了 40 个可用在 un-[VERB]构式中的动词和 30 个容易错用在 un-[VERB]构式中的动词。10 名大二学生对这些词进行知识等级判断。词汇知识等级分为 5 类：1 = 未见过该词；2 = 见过该词，但不知其义；3 = 见过该词，意思可能是……（写出同义词或对等翻译）；4 = 知道该词，意思是……（写出同义词或对等翻译）；5 = 熟悉该词且在句子中会用（用该词造句）（Wesche & Paribakht，1996）。如果被试写出的对等词未明显表述目标词的意义，或所造句子因目标词义与句子不符，则该词被排除。研究者将词汇知识等级均值低于 4 的词排除，最终选择了 19 个可带 un-前缀的动词（bandage、button、chain、do、fasten、hook、lace、leash、lock、mask、pack、reel、roll、screw、tie、veil、wrap、zip、bend）和 17 个不能带 un-前缀的动词（close、embarrass、fill、freeze、give、lift、put、loosen、open、pull、press、release、remove、sit、stand、straighten、tighten）。

每个动词配有两张图片：图片 A 描述动词的动作，图片 B 描述其逆向动作。被试按指导语对图片 B 进行描述。指导语如图 5.5 所示，图片 A 表示"John folded the napkin."，图片 B 表示对应的相反动作，可以用多个动词或动词短语进行描述，如"Then, he stretched/unfolded it/opened it up."。在正式测试中，被试依次看图片 A 和对应动词的英语描述句，然后看图片 B，要求用尽可能多的正确英语句子描述。测试在电脑上随机进行。

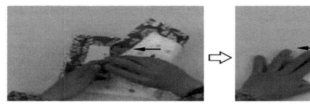

（a）John folded the napkin.　　　　　　（b）Then, he stretched/unfolded it/opened it up.

图 5.5　fold 和两个描述句

3. 预测变量

预测变量主要包含以下几个。

（1）固化：该变量用 36 个目标动词的词目频率量化，即所有屈折形式的频率之和（如 fill/fills/filled/filling）。频率来自 BNC 语料库和学习者的内省判断。因学习者对目标词的内省频率可有效拟合其二语的输入量（Alderson，2007），本节研究使用 Alderson（2007）的判断任务，收集了被试对所有目标词的内省判断频率，以期对语料库频率所得结果进行佐证。具体来讲，图片描述任务结束后，研究者在三组被试中分别随机选择 10—13 人进行词汇频率的判断。因目标词的频率分布呈偏态，研究者将其进行对数转换。

（2）统计优选：该变量用 un-[VERB]的同义构式的使用频率量化。13 位英语教师对目标构式的 3 个同义词进行判断并选择，最后选出教师共同选择或选择最多的词。同义词的频率来自 BNC 语料库和学习者的内省判断。

（3）语义聚类特征：依据 Pinker（1989）和 Whorf（1956）的语义理论，研究者选择了 20 个带有 un-前缀的语义聚类特征。13 位中国英语教师对带有 un-前缀的目标动词是否具备上述语义特征进行了判断。各动词对应的每个语义特征的得分在 0—13 分，使用主成分分析选择特征值最大的语义特征来预测目标词的使用。考虑到动词动作可逆性和 un-[VERB]的使用频率会影响被试对目标构式的使用，它们作为控制变量，排除其对上述因子的影响。

（4）动作可逆程度：该变量用目标词所指动作的可逆程度量化。13 名英语教师在 7 点量表上对目标词动作的可逆性进行判断，其中 1 = "不可逆"，7 = "完全可逆"，2—6 为递增的可逆性等级。目标词所得可逆性分值呈偏态，研究者对其进行对数转换。

（5）un-[VERB]频率：具体 un-[VERB]构式的频率即所有屈折形式的频率之和（如 unzip/unzips/unzipped/unzipping）。频率来自 BNC 语料库和学习者的内省判断。因频率分布呈偏态，研究者对其进行对数转换。

5.2.4　数据分析

记录并分析被试对 un-动词和非 un-动词对应图 B 的描述。只要被试产出的句子中有带 un-前缀的动词，标记为"UN"；如果没有，则标记为"ZERO"，句中的时态错误忽略。如图 5.6 所示，当目标词为 un-动词时，三组被试在描述图片时使用 un-[verb]构式的频率随着英语水平的提高而提高。当目标词为非 un-动词时，被试在描述图片时拒绝使用 un-[VERB]构式的频率呈明显 U 形态势，即四年级学生将 un-[VERB]构式泛化到非 un-动词的概率高于二年级学生和教师。

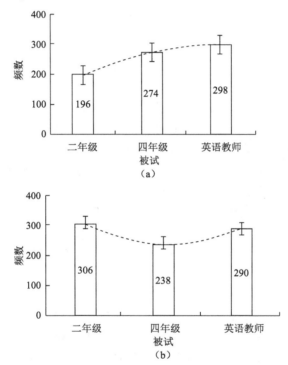

图 5.6　被试将 un-动词（a）用在 un-[VERB]中和拒绝把非 un-动词（b）用在 un-[VERB]中的频数

具体而言，被试用于描述图片的 un-动词主要分布如下。二年级：do、hook、lace、lock、mask、pack、veil、wrap 和 bend。四年级：button、do、fasten、lace、lock、mask、pack、roll、screw、tie、veil、wrap、zip。教师：button、chain、do、fasten、hook、lace、lock、mask、pack、roll、screw、tie、veil、wrap、zip、bend。被试用于描述图片的非 un-动词主要分布如下。二年级：embarrass、straighten、remove 和 tighten。四年级：close、embarrass、loosen、press、release、remove、straighten、tighten。教师：loosen、release、remove、straighten、tighten。综上，被试对 un-动词的使用随着英语水平的提高呈现线性增长态势，但对非 un-动词的

使用呈现"拒绝—逐渐接受—拒绝"的态势，综合被试对两类词的使用结果，我们发现 un-[VERB]构式的习得大体经历"正确使用—过度泛化—正确使用"的过程。

因被试的图片描述结果为二分变量，本节研究使用洛基混合效应模型（Logit Mixed-Effects Modeling）来考察固化、统计优选和语义聚类对图片描述结果的影响。各自变量之间的相关系数均低于 0.53。共线性诊断分析结果表明，各预测因子不共线。理论上讲，语义聚类可能影响 un-[VERB]的正确使用，而固化、统计优选和语义聚类则抑制 un-[VERB]的泛化，被试对两类动词的产出结果将进行单独分析。因目标构式的 BNC 频率和学习者的内省频率对被试的图片描述结果的预测趋势相同[①]，因版面所限，下文仅报告基于 BNC 频率的洛基混合效应模型结果。

1. un-动词

以语言水平、un-[VERB]频率、动作可逆性、统计优选、固化和语义聚类特征为固定变量，动词和受试为随机变量的洛基混合效应模型的分析结果显示：语言水平（$\beta = -6.767$, $Z = -2.054$, $p < 0.05$）、un-[VERB]频率（$\beta = 1.217$, $Z = 2.054$, $p < 0.05$）以及语义聚类（$\beta = 0.773$, $Z = 3.705$, $p < 0.001$）的作用均显著。此外，语言水平与统计优选的交互效应（$\beta = 0.419$, $Z = 4.759$, $p < 0.001$）、语言水平与 un-[VERB]频率的交互效应（$\beta = -1.129$, $Z = -4.752$, $p < 0.001$）以及语言水平与语义聚类的交互效应（$\beta = -1.018$, $Z = -2.715$, $p < 0.01$）也显著。这表明 un-[VERB]频率、统计优选和语义聚类对被试建立 un-[VERB]范畴的作用不同。

表 5.7　un-动词的洛基混合效应模型：二年级/四年级/英语教师

固定变量	估计量（β）	SE	Wald Z 值
截距	−7.931/−18.741/−16.760	1.545/3.365/4.832	−5.132[***]/−5.569[***]/−3.468[***]
un-[VERB]频率	0.632/1.231/1.920	0.131/0.184/0.341	4.834[***]/6.693[***]/5.632[***]
动作可逆性	0.356/0.248/−1.019	0.464/0.559/0.843	0.768/0.444/−1.208
统计优选	0.217/0.666/0.518	0.084/0.165/0.217	1.576/1.039/1.385
固化	−0.515/−0.620/−0.446	0.093/0.175/0.324	1.982[*]/2.540[**]/1.375
语义聚类特征	0.327/0.649/1.366	0.228/0.335/0.514	1.434/1.937/2.660[**]

表 5.7 为以 un-[VERB]频率、动作可逆性、统计优选、固化和语义聚类特征

---

① 因三组被试的频率判断高相关（$r > 8.06$, $p < 0.001$），洛基混合效应模型的分析结果显示，三组被试的判断频率对其图片描述中 un-动词和非 un-动词的使用结果预测趋势相同。

为固定变量，以动词和受试为随机变量的洛基混合效应模型结果。二年级：un-[VERB]频率（$\beta = 0.632$，$Z = 4.834$，$p < 0.001$）及固化（$\beta = -0.515$，$Z = 1.982$，$p < 0.05$）效应显著。四年级：与二年级被试一样，该组被试的 un-[VERB]使用显著受 un-[VERB]频率（$\beta = 1.231$，$Z = 6.693$，$p < 0.001$）和固化（$\beta = -0.620$，$Z = 2.540$，$p < 0.01$）的影响。教师：与其他两组不同，un-[VERB]的使用受 un-[VERB]频率（$\beta = 1.920$，$Z = 5.632$，$p < 0.001$）和语义聚类特征（$\beta = 1.366$，$Z = 2.660$，$p < 0.01$）的显著影响。这说明 un-[VERB]频率越高，三组被试在图片描述中更倾向使用 un-动词；对应词根频率越高，二年级和四年级被试更倾向于回避将该词根用在 un-[VERB]构式中；教师更容易将具有上述典型语义特征的动词用在 un-[VERB]构式中。

2. 非 un-动词

因非 un-动词不出现在 un-[VERB]构式里，故在混合模型中不包括 un-[VERB]频率变量。以语言水平与四个变量（动作可逆性、统计优选、固化和语义聚类特征）的交互效应为固定变量，以动词和被试为随机变量的洛基混合效应模型结果显示：语言水平（$\beta = -5.330$，$Z = -4.007$，$p < 0.001$）和固化（$\beta = 1.317$，$Z = 3.946$，$p < 0.001$）效应显著，统计优选和语言水平的交互效应（$\beta = -0.722$，$Z = -2.281$，$p < 0.05$）以及语言水平和固化的交互效应（$\beta = -0.775$，$Z = -2.495$，$p < 0.05$）显著。这表明固化、统计优选和语义聚类特征对被试习得 un-[VERB]构式的作用不同。

表 5.8　非 un-动词的洛基混合效应模型：二年级/四年级/教师

固定变量	估计量（β）	SE	Wald Z 值
截距	$-1.896/-5.343/-6.661$	$1.687/2.175/3.423$	$-1.124/-2.457^*/-1.946^*$
动作可逆性	$0.201/0.342/0.315$	$0.369/0.484/0.706$	$0.544/1.906^*/0.447$
统计优选	$-0.186/-0.191/-0.502$	$0.172/0.226/0.354$	$-1.080/-1.257/-2.419^*$
固化	$-1.679/-0.725/-1.946$	$0.287/0.399/0.606$	$-2.529^*/-1.206/-3.210^{**}$
语义聚类特征	$-0.966/-1.201/-1.785$	$0.370/0.471/0.697$	$-1.200/-1.750/-2.239^*$

在设定动作可逆性、统计优选、固化和语义聚类特征为固定变量，同时将动词和被试作为随机变量的情况下，研究者使用洛基混合效应模型对各组的产出结果进行了拟合（表 5.8）。对于二年级的学生，图 5.6(b)显示，该组被试在 un-[VERB]构式中几乎不使用非 un-动词。在所有的预测因素中，仅固化效应达到显著水平（$\beta = -1.679$，$Z = -2.529$，$p < 0.05$）。β 为负，说明目标词使用频率越高，被试就更不

容易将其用在 un-[VERB]构式中。四年级组被试容易将非 un-动词用在 un-[VERB]构式中。在所有预测因子中，只有动作可逆性（$\beta = 0.342$，$Z = 1.906$，$p < 0.05$）效应达到显著水平。β 为正，说明非 un-动词的动作可逆性程度越高，被试越容易将其使用在 un-[VERB]构式中。教师的表现与二年级被试相似，倾向于回避将此类动词用在 un-[VERB]构式中。统计优选（$\beta = -0.502$，$Z = -2.419$，$p < 0.05$）、固化（$\beta = -1.946$，$Z = -3.210$，$p < 0.01$）和语义聚类特征（$\beta = -1.785$，$Z = -2.239$，$p < 0.05$）效应显著，这表明当目标动词及其同义词的频率较高，并且包含必要的语义特征时，被试较不容易将其用于 un-[VERB]构式中。

5.2.5　讨论

本节研究考察了二语学习者 un-[VERB]构式的发展过程，以及固化、统计优选和语义聚类在该过程中的作用。对于 un-动词，随着语言水平的提高，学习者将此类动词用在 un-[VERB]构式中的频率随之提高。固化作用在二年级和四年级阶段显著，而在教师阶段不显著。语义聚类随语言输入量的增加逐渐凸显，到教师阶段达到显著水平。对于非 un-动词，固化显著地限制了二年级和四年级被试在 un-[VERB]构式中使用非 un-动词的情况。统计优选和语义聚类在教师阶段作用显著。然而，统计优选和固化作用在四年级阶段不显著。研究结果支持固化、统计优选和语义聚类假设。下文讨论三类因素的制约机制。

1. 固化

固化显著抑制儿童将构式拓展到新用法上（Ambridge et al.，2008，2012；Braine & Brooks，1995；Brooks et al.，1999）。在本节研究中，在两类不同动词的产出中，固化效应的作用不同。对于 un-动词，固化仅在二年级和四年级阶段作用明显；对于非 un-动词，固化可显著抑制二年级被试和教师将其用到 un-[VERB]构式中。换言之，固化抑制 un-[VERB]的使用。从语言表征角度看，根据 Hebian 规则，词汇在大脑词库中的表征权重不同，学习者通过学习可改变词汇表征权重。因非 un-动词词根的使用频率较高，其表征权重值也较高，该词被激活的阈值较低，在无其他变量干扰时有被优先提取的特性。相反，在二年级和四年级阶段，非 un-动词的使用频率较低，其表征权重值也较低，被激活的阈值较高，被优先提取的概率较低。从语言使用角度看，人们对某构式使用的概率依赖于其过去的使用频率。如果动词词根的使用频率高，学习者容易认为词根为常用表达方式，会提高以后使用的概率，间接说明动词词根用在 un-[VERB]构式中的概率较低，这种语言输入中动词频率的分布构成了语言习得中的间接负面证据，符合人类认知推断遵循的贝叶斯概率模型（Dowman，2000），即逐渐提高的使用频率导致动词词根的固化度逐渐增强。在语言习得初期，学习者使用语言时总是期待词根的出现，很难将其与 un-进行匹配。那为什么教师将 un-动词用在 un-[VERB]构式中描述图 B 时不受固化影响？可能的原因是，该组被试已经掌握了 un-动词的显著语义特征（$\beta = 1.366$，$Z = 2.660$，$p < 0.01$），即教师对该研究涉及的 un-动词按照语义特征形成了聚类范畴（Pinker，1989）。此外，教师将 un-动词用在 un-[VERB]构式中的频率很高，这种语义聚类和高频率的 un-[VERB]使用共同遮蔽了固化作用。

2. 统计优选

统计优选在母语词汇和论元构式习得的不同阶段所发挥的作用不同（Ambridge，2013；Ambridge et al.，2011，2012；Braine & Brooks，1995；Stefanowitsch，2011）。本节研究中二年级和四年级学生用非 un-动词描述图片时，统计优选作用不显著。该发现与 Robenalt 和 Goldberg（2016）以及 Ambridge 和 Brandt（2013）的结果一致：与母语者不同，判断目标构式的可接受性时，英语水平较低的二语学习者很少受常用同义构式的影响，如学习者对错误构式 "*She filled water into the cup." 的接受很少受 "She filled the cup with water." 的影响。Robenalt 和 Goldberg（2016）认为，低水平二语学习者很难意识到正在加工或产出的构式在语境中的适切性。譬如，他们很难意识到 learn knowledge 为错误用法。同样，他们很难意识到 unmove 的不可接受性。学习者脱离构式使用语境进行单词记忆，导致他们缺乏判断目标构式是否适合当下语境的能力。大多中国学习者为准备英语等级或水平考试（如大学英语四级和六级考试、英语专业四级和八级考试）而集中记忆大量单词（龚嵘，2007）。这种记忆方式会导致学生忽视对起到限定单词使用作用的语境标识。因此，二语学习者常产出合乎语法但语义接受程度很低的构式（Nesselhauf，2005）。

二语学习者易忽略目标构式的同义构式，而恰恰同义构式可能就是当下语境中更为适切的用法。这并不意味着学习者尚未习得同义构式。在二语知识表征中，正确的和不正确的表达法共同存在。学习者需要很长时间进行重组。统计优选效应以大量的语言输入为基础（Braine & Brooks，1995），在非浸入式语言教学环境中尤其如此。基于大量输入而形成的以隐性语言知识为基础的"语感"帮助母语者规避语言错误泛化。相反，大多二语学习者在学习起始阶段接受的是语法教学，他们倾向于使用语法条规进行判断或产出语言，显性知识要转化为隐性知识要经过大量实践（DeKeyser，2015）。因此，关注显性规则教学，忽视目标构式的使用语境会使统计优选的效应打折扣，导致目标构式泛化错误高频出现。从词汇表征角度看，中低水平学生二语词汇知识的表征很大程度上以语音和形态为基础。在词汇自由联想任务中，他们常产出语音或形态相似的词对，而产出的词义相同的词对则很少（Meara，1996；张淑静，2003）。这种知识表征能为统计优选作用在二年级和四年级阶段的不显著性提供可能的解释。教师非 un-动词的产出明显受到统计优选的制约，原因可能是：非 un-动词因不具有 un-[VERB]构式必需的语义特征，未形成语义聚类。教师对此类动词的使用主要依靠语言输入中的频率信息，即动词词根的固化和同义构式来抑制非 un-动词的错误泛化。该结果与 Robenalt 和 Goldberg（2016）的发现类似：高水平二语学习者与母语者一样，依赖常用同义构式来判断泛化用法的不可接受性。

3. 语义聚类

语义聚类显著预测教师在图片描述任务中接受 un-动词和拒绝非 un-动词的情况。语义聚类在教师建立 un-[VERB]范畴时能显著抑制泛化错误。这与已有的母语研究结果一致，即随着语言输入量的增加，儿童逐渐习得符合论元构式语义的动词，并借此将不符合语义的动词排除在外，达到准确使用语言的目的（Ambridge et al.，2008，2011，2012；Pinker，1989）。对于二年级被试来说，语义效应不显著，原因是：他们尚处在二语学习初期阶段，学习者只是积累到了具体 un-[VERB]范例，意识到带有 un-前缀的动词表示否定，建立了以具体范例为基础的简单垂直范畴。在语言产出时，他们只认为学过的 un-[VERB]构式才是正确的，因此很少将非 un-动词用在 un-[VERB]构式中。正如 Robenalt 和 Goldberg（2016）指出，低水平学习者在语言产出时较保守。四年级被试将 un-动词和非 un-动词使用在 un-[VERB]构式中的频率较高，说明他们在学到更多 un-[VERB]范例的同时将其泛化到非 un-动词上，在此阶段的学生因初步掌握了 un-[VERB]构式的广义语义规则，用动作可逆程度作为判断动词能否带有 un-前缀的标准（$\beta = 0.342$，$Z = 1.906$，$p < 0.05$），导致 un-[VERB]构式泛化。随着词汇接触量的逐渐增多，学习者分析具体构式范例时，开始关注语义聚类和对应 un-[VERB]构式义的匹配。通过分析具体 un-动词和对应事件，归纳出 un-动词的典型语义特征，然后形成动词聚类。进一步分析显示，90%的教师回避了 un-动词（zip、tie、pack、veil、wrap、chain、hook、lock、screw、button）在 un-[VERB]构式中的使用，对非 un-动词（close、fill、freeze、give、lift、open、press、pull、put、remove、sit、stand、straighten）也进行了回避。本节研究发现，Whorf（1956）的语义理论在二语 un-[VERB]构式的习得中具有心理现实性。具体到中国学习者，他们对 un-动词诸多语义特征的判断能显著预测其将动词用在 un-[VERB]构式中的情况。

4. 固化、统计优选、语义聚类作用阶段分析

上述分析显示，固化、统计优选、语义聚类在二语 un-[VERB]构式的习得中

有心理现实性。三者在不同学习阶段的抑制权重不同，都是基于学习者在语言输入过程中凭借一般认知机制对目标结构语义特征进行分析的结果，可视为抑制un-[VERB]构式泛化同一机制的不同方面（Goldberg，2006；张晓鹏、董晓丽，2017）。具体来说，由于动词词根的出现频率高于其在 un-[VERB]构式中的使用频率，因此学习者最初常接触到这些高频词根，这使得基于形符频率的固化在学习初期表现得尤为明显。而 un-[VERB]构式较晚出现在语言输入中，学习者在遇到此类表达后，才有可能分析和归纳其独特的语义特征。通过丰富的语言输入，学习者逐渐形成基于频率的语言使用倾向，并能够比较 un-[VERB]构式与同义构式在不同语境下的适用情况，此时语义和统计优选的作用开始显现（Perfors et al.，2011）。从语言发展的角度来看，随着语言输入量的增加，固化、统计优选和语义聚类在un-[VERB]构式的习得过程中变得越来越重要，固化在二年级和四年级被试使用un-动词和非 un-动词时产生了显著影响。统计优选和语义聚类在教师使用非 un-动词时共同起抑制作用。比较三组被试的图片描述任务结果不难发现，上述因素的制约规律为：固化→统计优选/语义聚类。

5.2.6　结论

本节研究发现，固化、统计优选和语义聚类在中国英语学习者习得 un-[VERB]构式的过程中有显著抑制作用，其制约作用随学习者英语接触量的增加而更为凸显。本节研究有以下不足：虽然目标词的频率是基于 BNC 语料库和学习者的内省判断，但对被试语言输入量的拟合仍不够准确，今后的研究可进行个案调查，跟踪学习者的语言产出数据，或利用大型学习者语料库拟合不同母语背景的、高水平的学习者的语言输入量，考察上述因素对其他构式习得的制约作用。虽然基于用法的语言学理论成为主流理论范式，但从语言使用的角度探讨抑制构式习得的文献尚属少见，希望本节研究可对相关研究起到抛砖引玉的作用。

5.3　本 章 小 结

本章内容为实证研究的模块一，即输入分布、固化和统计优选与构式发展的关系，共汇报了两项实证研究。研究一探讨了输入分布与构式复杂度对习得英语两类虚拟条件句的影响。我们发现，对于初级水平的中国英语学习者来说，Zipf顺序输入的促学效果更好，具体表现为能显著抑制两类虚拟条件句的语内干扰。研究二探讨了二语 un-[VERB]构式的习得是否遵循"正确使用—过度泛化—正确使用"的 U 形发展模式，并分析了固化、统计优选及语义聚类对这一过程的影响。

我们发现，在该构式的不同习得阶段，固化、统计优选和语义聚类均起到了抑制作用，其中固化和统计优选在各个层次的二语学习阶段表现出不同的影响。总体而言，两项研究的发现与基于用法的语言学的基本假设一致：学习者的语言体验与语言习得效果紧密相关。

第6章 频率、连接强度与二语构式加工

本章汇报两项研究,分析了构式频率和连接强度对中国英语学习者在线加工动名搭配和 VAC 的影响。研究一考察了词频、搭配频率、连接强度对母语和二语搭配加工的影响,结果表明:母语者和二语学习者对左右方向搭配的启动效应可以通过词频、搭配频率、连接强度 MI 值和 ΔP 指标进行有效预测。研究二深入探索了二语学习者在处理 VAC 时的即时机制、动词在语言中的出现频率、在 VAC 中的使用频率、VAC 与动词间的偶然性,以及 VAC 语义网络中动词的原型特征如何影响这一过程。实验结果显示,动词及其与 VAC 关联的频率对学习者有显著影响。这表明学习者具备丰富的隐含统计认知,能够据此调整对动词-VAC 类符-形符频率的处理。此外,词汇判断过程受语义原型性的影响,而意义判断则受到 VAC 与动词连接强度(ΔP_{cw})的显著影响。两项研究的结果与基于用法的语言习得观对语言加工的描述和解释一致。

6.1 研究一:词频、搭配频率、连接强度与搭配在线加工

搭配在语言使用中无处不在。语料库语言学家尤其是 Sinclair(1991)的成语原则认为,语言使用者可以使用许多预制短语,这些短语有助于提升语言的流畅性和惯用性。正是由于其普遍性和在语言使用中的重要作用,搭配近来在理论研究和教育层面受到广泛关注(Gablasova et al.,2017;Garner et al.,2019;Gries,2013)。研究发现,与无凝聚度或固定性的自由组合比,搭配具有加工优势(Carrol et al.,2016;Conklin & Schmitt,2012;Ellis et al.,2008)。这种加工优势与词频、搭配频率、连接强度(词汇搭配的概率)(Öksüz et al.,2021;Wolter & Yamashita,2017;Yi,2018;Yi et al.,2017)、母语与二语的一致性(Wolter & Yamashita,2017)和二语熟练程度(Siyanova-Chanturia & Martinez,2015;Yi,2018;Yi et al.,2017)密切相关。这些研究结果与基于用法的语言学的基本原则预测一致,即随着语言学习过程的推进,学习者不仅会习得特定的构式,而且会逐渐对这些构式的分布信息如频率、变异性和共现概率等变得敏感,进而影响对构式的加工和使用(Tomasello,2003;Erickson & Thiessen,2015)。

现有的基于用法的语言学框架下对搭配加工的研究主要集中在两种统计信息上，即通过 MI 值和 T 分数量化频率和连接强度，然而这两个指标是双向度量，计算"两个词语单独出现或主要出现在对方周围的概率"（Gablasova et al.，2017：160）。然而，方向性作为搭配的一个普遍特征，揭示了搭配组成部分之间相互吸引的不同强度（Gablasova et al.，2017），关于这种不对称的连接强度是否对语言加工产生显著影响，目前尚未得到系统研究（Gablasova et al.，2017；Gries & Ellis，2015；Gries，2013）。上述变量（如频率、连接强度和方向性）如何共同影响母语和二语搭配加工的过程值得关注，本节研究试图对该问题进行考察。

6.1.1　基于用法的搭配研究

基于用法的语言学习观认为，语言学习是一个由统计驱动的过程，在这个过程中，学习者逐渐对语言构式的分布信息变得敏感，并且他们的语言表征和加工会根据输入中的语言信息结构进行经验性调整（Ellis，2002；Pajak et al.，2016）。这些分布信息通过频率以及形式和意义之间、词汇之间、词汇和构式之间等方面的连接强度得以表现（Ellis，2006）。按照语言构式的分布信息对语言习得影响的假设，搭配的表征可以定义为"单词共同出现的频率高于词语的随机组合出现的频率"（Biber et al.，1999：998）。因此，可以利用统计指标（如 MI、T 分数、Log-Likelihood）来识别搭配，这些统计指标被语料库语言学家用来计算搭配元素之间共现的概率，即连接强度。搭配中个别词语之间的这种统计关联在心理上具有现实性，因为每次使用搭配"都会对其在记忆中的固化程度产生积极影响"（Langacker，1987），反过来又有助于结构的识别。

具体来讲，在理解和表达中，人们经常遇到的共同出现的词汇会相互启动其使用。Hoey（2005）的词汇启动理论提供了可能的解释：一个词语被另一个词语启动是由于激活了快速效应（Collins & Loftus，1975）；对于搭配来说，在感知上下文中激活节点词汇可能会扩散到它们的搭配词，使搭配词的激活更容易或反之。联想学习理论也认为，经常一起出现的实体很可能"在想象中相互关联，因此当其中任何一个实体被想到时，其他实体也很可能被想到"（Ellis，2001：42）。换句话说，可以使用搭配的过渡概率测试这种加工优势（Ellis，2002；Durrant & Schmitt，2010）。该假设得到了母语和二语搭配加工的实证支持，下文简单回顾相关发现。

6.1.2　影响搭配加工优势的主要因素

搭配和其他公式化语言在理解和加工上速度更快，并且在使用中更受欢迎，这些搭配是惯常的而不是新的构式（Vilkaite-Lozdiene，2022）。有研究发现，词频（Öksüz et al.，2021；Wolter & Yamashita，2017）、搭配频率（Durrant，2014；Wolter & Gyllstad，2011；Wolter & Yamashita，2017）、连接强度、母语和二语的一致性，以及二语熟练度与母语和二语的搭配加工密切相关（Gries & Ellis，2015；Yi，2018）。

词频对搭配加工具有独立影响。包含高频词的搭配不仅加工速度更快（Öksüz et al.，2021；Wolter & Yamashita，2017），记忆提取准确率也更高（Jacobs et al.，2016）。

搭配频率是影响搭配和其他公式化序列加工的最重要因素之一（Durrant，2014）。例如，Siyanova 和 Schmitt（2008）使用频率判断任务研究了母语和二语学习者在不同频率水平条件下加工英语形名搭配的情况。他们发现，与非搭配组合相比，母语者和二语学习者都能更快地判断出高频的英语搭配；母语者可以区分不同频率（高频、中频和低频）的搭配以及非搭配，而二语学习者只能区分极端频率差异的搭配。这反映了母语者对搭配频率的微妙差异具有直觉敏感性，而二语学习者只对高频搭配和低频搭配具有直觉敏感性。Durrant 和 Doherty（2010）通过词汇判断范式研究了搭配频率和连接强度之间的语义关联如何影响母语者加工形名搭配（中频、高频、语义相关高频和无关基线组合）的情况。研究发现，频率与语义关联是影响搭配加工优势的关键因素之一（Durrant & Doherty，2010）。同样，Arnon 和 Snider（2010）使用搭配可接受性判断任务测试了母语者对三个不同频率水平的搭配（例如，"Don't have to worry." vs. "Don't have to wait."）的加工，发现无论在哪个频率水平上，母语者对目标表达式的频率都更敏感：短语越高频，加工速度越快。Sonbul（2015）使用典型性评分任务和眼动测试来探究母语者和高级二语学习者是否对同义搭配的频率敏感（如 fatal mistake/awful mistake/extreme mistake），以及英语熟练度是否影响这种敏感性。结果表明，母语者和高级二语学习者都对搭配频率敏感，并且眼动测试结果表明，母语者和高级二语学习者都对搭配频率（即 first pass reading time）表现出早期的敏感性。这也得到了 Hernandez 等（2016）的验证，他们研究了中高级二语学习者是否对搭配的分布特性敏感（例如，高频"Don't have to worry." vs. 低频"Don't have to wait."）。他们发现，与母语者类似，中高级二语学习者在短语判断任务中对各种频率水平的搭配都敏感，并且这种敏感性不受学习环境（沉浸式 vs.课堂式）的影响，这表明中高级二语学习者在加工搭配方面可能与母语者相同。更重要的是，研究发现，频率效应会随着二语熟练度的提高而发生变化。

Wolter 和 Gyllstad（2011，2013）观察到，二语熟练度较高的学习者比二语熟练度较低的学习者加工搭配时更快且更准确。同样，Siyanova-Chanturia 等（2011）在一项眼动实验中发现，无论是英语母语者还是高级二语学习者，读搭配（如 bride and groom）的速度比读低频的反向组合（如 groom and bride）更快，而二语熟练度较低的学习者则需要相似的时间来加工这两种类型。

除了搭配频率，连接强度也影响搭配的加工。Yi 等（2017）采用眼动范式研究了汉语母语者和非母语者如何加工副词搭配，发现两组被试对 MI 值所测量的频率和连接强度都敏感。Yi（2018）的研究证实了这一点，他测试了母语者和二语学习者在加工英语形名搭配时对短语频率和关联的敏感性，以及认知能力对这种敏感性的影响。这些观察结果表明，与母语者一样，二语学习者在二语学习过程中使用了统计学习能力。此外，Carrol 和 Conklin（2020）分析了母语者阅读英语形名搭配的惯用序列，发现搭配的加工速度显著快于自由词组，而这种加工优势能被搭配的连接强度所预测。连接强度对搭配加工的影响似乎在母语和二语学习者之间存在分歧。Ellis、Simpson-Vlach 和 Maynard（2008）发现，英语母语者在学术环境中加工多词序列（如 in other words）时，主要受到 MI 值所量化的连接强度的影响，而高级二语学习者加工这些项目的方式似乎更与短语频率有关。这也被 McCauley 和 Christiansen（2017）所证实，他们使用基于语料库的计算建模 Chunk-Based Learner 模拟了母语者和二语学习者使用 MWUs 的情况。结果表明，二语学习者对短语频率敏感，但对 MI 值所测量的连接强度未表现出明显的敏感性。

研究人员还发现，二语搭配加工受母语和二语的一致性以及组成词的频率的影响显著。也就是说，那些可以逐字翻译成母语的二语搭配的加工速度比那些只存在于二语中的搭配要快（Wolter & Gyllstad，2011，2013；Wolter & Yamashita，2017；Yamashita & Jiang，2010；侯晓明、孙培健和张婷婷，2022），包含高频词的搭配的加工速度比包含低频词的搭配要快（Wolter & Yamashita，2017）。此外，当加工母语和二语的搭配时，组成词的频率也与短语频率相互影响。Öksüz 等（2021）测试了词频、搭配频率和连接强度对母语和二语形名搭配加工的影响。结果表明，母语者和二语学习者对词频和搭配频率以及 MI 值和对数 Dice 所测量的连接强度都很敏感，对于加工高频搭配，词频的影响则会减弱。

总之，这些研究表明，母语和二语中的搭配具有加工优势，且受多种因素的制约，包括短语频率、连接强度、一致性效应、二语熟练程度等。然而，连接强度在搭配加工中的作用，特别是对于二语学习者而言，尚未得到系统研究，现在的发现结果仅基于有限的样本（如 Ellis et al.，2008）和基于语料库的计算建模（如 McCauley & Christiansen，2017），因此需要更多研究考察二语学习者对分布信息在语言加工中是否敏感。重要的是，上述回顾似乎表明，与母语者一样，二语学习者的搭配加工基于概率。统计学习假设语言习得是一种联想学习过程，学习者通过识别语言单位之间的统计关联来建立形式和意义之间的映射（Ellis，2006；Gries & Ellis，2015）。联想性指的是共同出现的单词的可能性，反映了序列中单词之间的连接强度。人们使用刺激配对之间的连带信息来预测相关环境中可能出现的内容（Schmitt，2012）。实际上，在大多数情况下，搭配中单词之间的连接强度是不对称的，例如单词 1 与单词 2 的连接比单词 2 与单词 1 的连接更强或反之亦然（Gries，2013）。

现有的搭配加工研究中通常使用的连接强度是 MI 值（Durrant & Doherty，2010；Öksüz et al.，2021）和 T 分数（Wolter & Gyllstad，2011）。这些指标是双向的，不区分单词 1 和单词 2。也就是说，"许多搭配的不对称性在很大程度上被忽略了"（Todd，2018：2）。然而，这种不对称性或方向性会影响搭配的学习和加工（Brezina et al.，2015；Gries，2013）。到目前为止，该问题尚未得到实证检验。下文简要讨论搭配的方向性。

6.1.3　搭配的方向性

搭配的方向性是指根据它们所扮演的角色确定的两个搭配成分的关系。搭配并不总是对称的组合，而是具有不同程度的方向吸引力（Gries，2013），即两个搭配成员显示出与另一个成员发生关联的不同概率程度。这种方向性对搭配加工产生影响，语言使用者"可根据搭配中的一个单词预测另一个单词，但不能反向预测"（Gablasova et al.，2017：161）。例如，在 extenuating circumstances 中，extenuating 更容易吸引 circumstances，而反过来不行。但在 Christmas decoration 中，更有可能是 decoration 引导 Christmas，因为 decoration 通常在 Christmas 之后出现（在 BNC 中的实例约占 11%），但 Christmas 引导 decoration 的可能性较小，因为 Christmas 后面跟着许多其他类型的实例，其中 decoration 的比例非常低（在 BNC 中的实例仅占 0.5%）。英语中存在大量像 Christmas decoration 这样的搭配（张晓鹏、张晓瑾，2020）。

在基于频率研究搭配的传统中，学者们通常根据连接强度来确定搭配，这些度量可以区分具有统计显著性的词组和随机共现词组之间的关系（Gyllstad & Wolter，2016）。MI 是最常用的指标，用于确定搭配，它衡量了两个搭配成员之间相互依赖的关系。MI 与共现的可预测性有关，即一个搭配成员的出现有助于学习者记忆另一个成员，从而产生启动效应（Gablasova et al.，2017）。Gass 和 Mackey（2002）认为，相互依赖程度与语言学习中的显著性呈正相关。然而，MI 值和其他类似的度量，如 T 分数，是双向的，不考虑搭配的方向性（Yi et al.，2017）。例如，基于 BNC 获取的 cause damage 搭配，在最佳间隔为左右各 4 个字母的情况下，MI 值为 5.91。然而，当 damage 由 cause 引导时，基于右侧 4 个字母的间隔，MI 值提高到 6.17，但基于左侧 4 个字母的间隔（只有在 cause 后面跟着 damage 时），MI 值则降至 5.61。在这种意义上，像 MI 值这样的双向连接强度混淆了 p（word 2 | word 1）和 p（word 1 | word 2）两个信息（Gries，2013）。

为了解决此问题，Gries（2013）使用 ΔP 来确定两个搭配成员之间的前向或后向过渡概率：$\Delta P = P$（结果|提示显示 = 出现）$- P$（结果|提示显示 = 不出现），指一个词与另一个词共现的概率减去另一个词不存在的情况下同一个词的概率。在此基础上，区分了两个方向：$\Delta P\,2|1 = p$（word 2 | word 1 = 出现）$- p$（word 2 | word 1 = 不出现），以及 $\Delta P\,1|2 = p$（word 1| word 2 = 出现）$- p$（word 1|word 2 = 不出现）。ΔP 的范围为-1 到 1，当逼近 1 时，表示 word 2/word 1 提高了 word 1/word 2 出现的可能性，而当逼近-1 时，则表示 word 2/word 1 降低了 word 1/word 2 出现的可能性。可以通过计算 $\Delta P\,2|1 - \Delta P\,1|2$ 来推断搭配的方向性。如果差异为正数，则表示搭配是向右性的；如果为负数，则表示搭配是向左性的（Todd，2018）。以 BNC 中的 cause damage 为例，$\Delta P\,2|1 = p$（cause | = damage）$- p$（cause |$\neq$ damage）= 155/29 971-12 876/98 283 458 = 0.005；左向的 $\Delta P\,1|2 = p$（damage| = cause）$- p$（damage |$\neq$ cause）= 155/13 031-29 861/98 300 398 = 0.011。显然，cause damage 是左向的，也就是说，damage cause 是一个比 cause damage 更强的搭配。换句话说，cause 不是 damage 的良好提示线索，但 damage 是 cause 的强烈提示线索。对于大多数搭配而言，word 2-word 1 和 word 1-word 2 的出现通常有很大的差异。搭配的这种方向不对称性可能会对词汇表征产生影响，因为学习者对单词的表征根据输入结构进行经验适应和调整（Bybee，2006；Ellis，2002；Pajak et al.，2016）。尽管 Ellis 等（2009）认为，与母语者不同，二语学习者对搭配的可加工性主要取决于公式化语言的频率而不是 MI 值，但仍不清楚像 $\Delta P\,2|1$ 和 $\Delta P\,1|2$ 这样的方向性统计信息是否以及如何影响母语者和二语学习者加工搭配的方式。

6.1.4　研究问题

本节研究旨在回答以下研究问题：词频、短语频率、相互连接强度和语言熟练度在多大程度上影响母语者和二语学习者加工的左向和右向搭配？

在本节研究中，连接强度是通过 MI 值、对数 Dice 和 ΔP 三个基于语料库的指标来衡量的。基于上述理论和实证研究，我们预测：对于右向搭配，第一个词能够比第二个词更强烈地预先激活第二个词，而对于左向搭配，第二个词能够比第一个词更强烈地预先激活第一个词（Gries，2013；Hoey，2005）；特定搭配的连接强度量化指标会影响二语学习者对搭配关联的敏感度；在加工低频的左向和右向搭配时，词频的影响通常大于加工其他低频搭配时的影响。这是因为当高频搭配出现时，整个搭配以及其组成的单词都会更加凸显，从而增强学习者的敏感性（Öksüz et al.，2021）。下面我们进行正向和反向启动的词汇判断任务来验证上述预测。

6.1.5　测试材料

本节研究采用基于频率的方法来识别搭配。这种方法通常将搭配定义为由两个或更多单词组成的语言单位，这些单词在一起出现的频率比随机出现的频率更高，因此与自由组合不同（Gyllstada & Wolter，2016）。目标搭配是从 BNC 中选取的。我们采用频率和 MI 值（Church & Hanks，1990）作为筛选目标结构的标准。MI 指的是单搭配合的观察频率与期望频率之间的对数比率。具体而言，我们使用 3 和 10 作为 MI 值和短语频率的截止点来检索动词-宾语搭配，因为这两个阈值通常被用于识别搭配（Schmitt，2012）。我们通过结合从 Phrases in English（www.phrasesinenglish.org）网站中检索的 2-gram 和 3-gram 来选取动词-宾语搭配。这产生了约 14 000 个候选项。像系动词-名词、动词-专有名词、动词-符号和不及物动词-介词-名词这样的序列被手动删除，最终得到 4968 个候选项。我们首先随机选择了 200 个母语-二语候选项中的搭配。为了控制母语-二语的一致性效应，研究者仅对母语-二语一致的搭配进行加工，以减少英语母语者的加工优势。

为此，研究者（两位中国高级英语学习者）将这些候选项翻译成中文，并对照 Sketch Engine 平台的中文网络 2017 简体版现代汉语词汇组成的大型平衡语料库（https://app.sketchengine.eu/）。如果在这个语料库中发现了翻译后的搭配，则将相关搭配视为一致；如果没有找到，则将相关搭配视为仅适用于英语。这个筛选过程产生了 132 个候选项，然后研究者将这些候选项分类为高频搭配（原始频率≥300）、中频搭配（230≤原始频率<300）和低频搭配（10≤原始频率<230），这些搭配在节点左右 5 个词的范围内。我们选择单词和搭配的词形还原频率，因为单词是以词形还原的形式存储的，而且 Durrant（2014）的元分析表明，在预测二语搭配知识方面，词形还原和标记化形式之间无显著差异。

从 BNC 中检查它们 MI 值以确保它们是英语的搭配。如果 MI 值低于 3，则相关项目被排除。最终还剩下 118 个项目。然后，我们根据 ΔP 2|1 和 ΔP 1|2 的差异将这些搭配分类为右向搭配组和左向搭配组，即 77 个右向搭配和 41 个左向搭配。最后，我们随机选择了 25 个右向搭配（13 个高频搭配和 12 个低频搭配）和 25 个左向搭配（13 个高频搭配和 12 个低频搭配）作为测试项目。此外，选择了 50 个与搭配中动词无关的名词作为基准项目，用于计算启动效应。这 50 个名词与 50 个不相关的名词匹配，以便在词长（字母数）、频率和具体性评分[基于英国医学研究理事会（Medical Research Council，MRC）心理语言学数据库的数据]方面进行匹配。测试材料信息如表 6.1 所示。

表 6.1　测试材料信息

词长和连接强度	M	SD
动词长度（启动词）（搭配/基线组合）/个字母	5.7/5.2	1.43/1.46
名词长度（目标词）（搭配/基线组合）/个字母	6.6/6.45	2.02/2.00
MI（搭配/基线组合）	4.62/NA*	1.07/NA
$\Delta P 2|1/\Delta P 1|2$（搭配）	0.028/0.037	0.027/0.075

*因某些基线组合项目在 BNC 中未能出现，其 MI 均值未计算。

　　构建 100 个动词-名词序列作为填充项目，以及 200 个以动词或形容词为启动词、以非词为目标的序列。为了保证其符合英语语音规则，我们通过字母替换来构建非词项目。整个列表中相关项目的百分比为 14%，研究发现，该比例不太可能引起策略性启动效应（McNamara，2005；Wolter & Gyllstad，2011）。这 400 个测试项目被均匀分配至两个列表中，每个列表均含有 200 个测试项目。这些项目进一步细分为三类：25 个测试项目、25 个对照项目、150 个填充项目与非词项目。图 6.1 说明了测试项目的类别及其相应的示例。

图 6.1　测试项目的类别及其相应的示例

6.1.6　实验 1

　　实验 1 采用前向启动的词汇判断任务，测试短语频率、MI、方向性和二语水平如何影响母语者和二语学习者对英语动词-名词搭配的在线加工。

1. 被试

　　实验 1 招募了 20 名英语母语者（5 名男性和 15 名女性）和 20 名中国高水平英语二语学习者（4 名男性和 16 名女性）。高水平二语学习者是主修英语语言学的一年级和二年级的研究生，其中 7 人在英语国家有超过 6 个月的学习经历。所有被试均为右利手，视力正常或矫正正常。测试前，所有二语学习者需要在 10 分制的自我评估表上评估自己的英语口语、听力、阅读和写作能力（1 = 最低，10 = 类似于母语）。他们还填写了一份调查问卷，报告他们的英语学习历史。被试的个人信息见表 6.2。根据英语学习年限，我们发现所有二语学习者具有较高的语言水平。为了进一步验证我们对二语学习者英语水平的假设，20 名二语学习者参加了 V_YesNo v1.0 测试，使用 Yes/No 词汇判断测试任务。V_YesNo v1.0 涵盖了更广泛的词汇能力范围（0—10 000 个单词），并适用于位于此范围的学习者和高水平英语学习者（Meara & Miralpeix，2017）。该测试中的被试平均得分为 6298 分，表明参与该研究的二语学习者属于高级英语学习者，且其词汇量均超过 6000 个单词。

表 6.2　被试个人信息（*M/SD*）

组别	年龄/岁	英语学习年限/年	词汇量得分
母语者	29.9/3.6	—	—
高水平二语学习者	24/0.80	15.0/1.2	6298/69

2. 前向启动词汇判断

在前向启动词汇判断（forward primed lexical decision，FPLD）任务中，被试通过按键盘上指定的键，决定跟在启动词后面的目标字符串（名词或非单词）是不是一个真实的单词。在完成任务时，被试不需要注意启动词和目标之间的关系。跟在相关启动词后面的单词比跟在不相关启动词后面的单词更快地被识别出来。这种启动效应可能归因于一种被称为扩散激活的过程：与启动词相关的目标词在实际检索之前享有残留激活成分（Collins & Loftus，1975）。扩散激活揭示了学习者心理词汇表的结构。

FPLD 任务的目的是探究心理词汇表中词汇联想的可能关系。有关二语加工的研究表明，在将刺激起始间隔（stimulus onset asynchrony，SOA）设置为至少 150 毫秒时，可以观察到二语学习者的启动效应（Frenck-Mestre & Prince，1997；Wolter & Gyllstad，2011）。然而，对于搭配的加工，Bonk 和 Healy（2005）在 SOA 固定为 300 毫秒时报告了显著的启动效应。这也得到了 Wolter 和 Gyllstad（2011）在二语搭配加工中的证实。根据这些观察结果，我们将 SOA 设置为 300 毫秒，与 Wolter 和 Gyllstad（2011）的设置相同。同时，这种条件不太可能引起策略性启动（Hutchison，2003）。

3. 实验步骤

所有被试都需要提供有关视力、左右手灵活性和英语学习背景的信息。二语被试在完成 FPLD 任务后被要求对他们的口语、听力、阅读和写作能力进行自我评估。被试通过 E-Prime 1.1 进行 FPLD 任务。首先，在屏幕中央出现了 8 个星号作为固定点。其次，出现了一个启动词，持续约 250 毫秒，然后出现了一个空白屏幕，持续约 50 毫秒。最后，目标项被呈现，并一直保持在屏幕上，直到被试做出反应或出现 4000 毫秒的超时。如果目标字符串是单词，被试需要又快又准地按"F"键；如果字符串不是单词，则按"J"键。测试前，被试完成了 15 项练习。被试完成任务平均需要约 20 分钟。

4. 数据分析和讨论

在搭配和方向性对反应时（reaction time，RT）的影响方面，仅保留对搭配和基线项目的 RT，去除判断错误词的 RT，以及每个被试的平均值±2 个标准差的数据。这使得母语者和高级二语学习者的数据分别损失了 5.3%和 6.5%。被试的 RT 数据见表 6.3。在母语者组中，右向高频搭配的反应时间比基线组合少 31.2 毫秒（782.673 毫秒 vs. 813.873 毫秒），右向低频搭配则比基线组合少 15.314 毫秒（788.783 毫秒 vs. 804.097 毫秒）。左向高频搭配的反应时间比基线组合少 16.353 毫秒（785.397 毫秒 vs. 801.750 毫秒），而左向低频搭配的反应时间比基线组合少 15.367 毫秒（802.053 毫秒 vs. 817.420 毫秒）。对于高水平二语学习者组，右向高频搭配的反应时间比基线组合少 12.017 毫秒（814.413 毫秒 vs. 826.430 毫秒），而右向低频搭配比基线组合少 17.487 毫秒（823.083 毫秒 vs. 840.570 毫秒）。左向高频搭配的反应时间比基线组合少 8.103 毫秒（825.550 毫秒 vs. 833.653 毫秒），但左向低频搭配的反应时间比基线组合多 6.463 毫秒（851.553 毫秒 vs. 845.090 毫秒）。

表 6.3　被试的 RT 数据（标准误）

组别	方向性×频率	搭配 RT/毫秒	基线组合 RT/毫秒
母语者	右向−高频	782.673（2.295）	813.873（2.329）
	右向−低频	788.783（2.321）	804.097（2.836）
	左向−高频	785.397（2.196）	801.750（2.746）
	左向−低频	802.053（2.545）	817.420（2.667）
高水平二语学习者	右向−高频	814.413（2.609）	826.430（2.872）
	右向−低频	823.083（2.772）	840.570（2.778）
	左向−高频	825.550（3.111）	833.653（3.009）
	左向−低频	851.553（3.543）	845.090（3.563）

被试的 RT 经过对数转换后，使用 R 语言中的 lme4（Bates et al.，2015）和 lmerTest 软件包进行混合效应模型分析。在本节研究中，测试词组项目和被试作为交叉随机效应，而搭配状态（高频率、低频率和对照组）、方向性（右/左）和

组别（母语者和高水平二语学习者）作为固定效应。为了评估固定效应之间的交互作用，数据使用 Sum Contrast（−1，1）编码。当我们在混合模型中引入随机斜率以考察个体和群体变异时，模型无法收敛，因此随机斜率未分析。使用 lmerTest 包获得 p 值。使用 MuMln 包估计模型的效应大小。边际 R^2 值反映固定效应，而条件 R^2 值反映固定效应和随机效应的大小。该模型对于组别、搭配状态、方向性以及这些固定效应之间的多个交互作用产生了显著影响（表 6.4），表明语言熟练程度、搭配状态和方向性对三个组的目标搭配加工产生了不同的影响。我们使用 emmeans 包在 R 中进行了多重比较，以分解组别和项目类型之间的交互作用，并进行多重比较使用 Tukey 矫正（Lenth 2018）。结果显示，高频搭配（$\beta = 0.01$，$SE = 0.04$，$z = 0.22$，$p = 0.991$）和低频搭配（$\beta = 0.008$，$SE = 0.05$，$z = 0.15$，$p = 0.999$）对于母语者和二语学习者的整体平均 RT 无显著差异。

表 6.4　混合效应模型中固定效应对被试 RT 的影响参数

固定效应	估计量（β）	SE	t 值
截距	6.912	0.06	14.56***
组别	0.199	0.051	3.387**
方向性	0.069	0.029	2.110*
搭配	0.316	0.048	4.579***
搭配×组别	0.068	0.221	2.019*
搭配×组别×方向性	−0.185	0.057	−3.167**

注：边际 $R^2 = 0.246$，条件 $R^2 = 0.399$。

（1）母语者 RT。我们采用前向拟合策略构建了最大随机效应结构的混合模型。第一个模型仅包含被试和项目作为随机效应。第二个模型通过将搭配状态（搭配/基线组合）和方向性（右/左）作为固定效应来建立。第三个模型将搭配状态、方向性及其交互项作为固定效应。通过 ANOVA 函数比较三个模型，发现第二个模型将方向性和搭配状态作为固定效应的拟合效果最佳。搭配状态（$\beta = 0.041$，$t = 4.877$，$p < 0.001$）和方向性（$\beta = 0.031$，$t = 3.989$，$p < 0.05$）均具有显著的统计学效应。这一发现说明，母语者在处理动词-宾语搭配时，对于那些具有不同方向性特征的搭配，其反应速度相较于无特定方向性的基线组合会显著加快。我们还特别对右向搭配与左向搭配的启动效应进行了独立样本 t 检验。结果显示，右向搭配的启动效应明显强于左向搭配（$t = 12.339$，$p < 0.05$），这表明搭配方向性在母语者加工英语动词-宾语结构过程中具有重要作用。

（2）高级二语学习者 RT。高级二语学习者的数据分析过程与母语者相同。以搭配状态和方向性为固定效应、以被试和项目为随机效应的模型拟合效果显示：

搭配状态（$\beta = 0.021$，$t = 2.175$，$p < 0.05$）、方向性（$\beta = 0.043$，$t = 4.911$，$p < 0.001$）和方向性×搭配状态（$\beta = 0.023$，$t = 2.049$，$p < 0.05$）的影响显著。这表明高级二语学习者对于搭配的加工受搭配状态和方向性的不同影响。使用 lsmeans 进行的事后分析结果显示，高级二语学习者在处理右向搭配时的速度明显快于处理基线组合的速度（$\beta = 0.033$，$t = 2.85$，$p < 0.05$）。然而，在处理左向搭配时，被试所需时间与处理基线组合时相当（$\beta = 0.003$，$t = 0.861$，$p > 0.05$）。这一结果意味着，在前向启动条件下，仅右向搭配展现出了显著的启动效应。

在 MI 值和频率对启动效应的预测方面，本节研究考虑到诸如连接强度和频率等因素可能在搭配加工中起一定的作用，因此我们分析了这两个因素是否能够预测高级二语学习者和母语者的启动效应。启动效应由被试对基线组合和搭配的 RT 之差估算得出，作为因变量。需要注意的是，母语者对右向搭配和左向搭配的响应速度都比基线组合快，而高级二语学习者只对右向搭配的响应速度比基线组合快。因此，研究者对这两组的启动效应分别进行拟合。当我们将母语者在处理右向搭配和左向搭配时的启动效应合并考虑，并将 MI 值和搭配频率作为固定效应，同时将被试和项目作为随机效应纳入模型时，结果显示：MI 值（$\beta = 0.025$，$t = 2.389$，$p < 0.05$）和搭配频率（$\beta = 0.022$，$t = 2.317$，$p < 0.05$）均能够显著预测母语者在处理这两种类型搭配时的加工速度。这表明，对于母语者而言，无论是词语间的连接强度（由 MI 值反映）还是搭配出现的频率，都是影响他们处理语言搭配速度的重要因素。然而，对于高级二语学习者来说，当我们仅关注右向搭配的启动效应，并将 MI 值和搭配频率作为固定效应，同时控制被试和项目作为随机效应时，模型表明：只有搭配频率（$\beta = 0.022$，$t = 2.317$，$p < 0.05$）能够显著预测他们处理这种搭配的速度。这意味着，对于高级二语学习者而言，在处理右向搭配时，搭配频率比词语间的连接强度更为重要，是影响他们处理速度的关键因素。

实验 1 发现：对于母语者而言，所有搭配的加工速度都显著快于基线组合；右向搭配的启动效应大于左向搭配的启动效应；此外，两种类型搭配的启动效应都可以通过 MI 值和搭配频率进行预测。对于高级二语学习者而言，只有右向搭配的加工速度快于基线组合；启动效应可以被搭配频率显著预测。在母语者和高级二语学习者中观察到的右向搭配启动效应优于左向搭配启动效应，这可能是因为动词作为引导词，名词作为目标词，而动词-名词联系比名词-动词联系在右向搭配中更为紧密。名词-动词联系在左向搭配中更为紧密。那么，当名词作为引导词，动词作为目标词时，搭配的启动效应如何？这将在实验 2 中探讨。

6.1.7　实验 2

实验 2 旨在通过反向启动词汇判断（backward primed lexical decision，BPLD）

任务验证实验 1 的结果。

1. 测试材料

实验 2 选择了实验 1 中使用的 50 个搭配和 100 个动词-名词填充序列。与实验 1 不同的是，这两种序列中的动词和名词被反向呈现。对于基线组合，选择了另外 50 个与搭配中的名词（实验 2 中的启动词）无关的动词（实验 2 中的目标词），因此有 50 个名词-动词序列用于计算启动效应。这 50 个动词与搭配中的动词在频率[基于 BNC，$t(49) = -1.479$，$p = 0.147$，$d = -0.423$）]和单词长度[即字母数，$t(49) = -0.896$，$p = 0.374$，$d = -0.256$]方面无显著差异（表 6.5）。此外，还构建了 200 个名词（启动词）-非单词（目标词）序列。最终的测试项目包括 50 个测试项目、50 个对照项目、100 个动词-名词填充项目和 200 个非词项目。整个列表中相关项目的百分比为 12.5%，小于可能引起自动启动的阈值 20% 的比例（McNamara，2005；Wolter & Gyllstad，2011）。与实验 1 相同，测试项目分为两部分，每部分包含 25 个测试项目、25 个对照项目和 150 个其他项目（填充项目和非词项目）。图 6.2 为测试项目和示例。

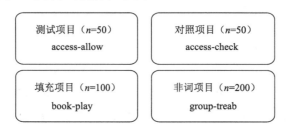

图 6.2　反向启动词汇判断任务中的测试项目和示例

表 6.5　实验 2 测试材料

项目	M	SD
名词长度（启动词）/字母	6.76	1.79
动词长度（目标词）（搭配/基线组合）/字母	5.62/5.72	1.45/1.33
MI（搭配/基线组合）	4.58/NA[*]	1.07/NA
$\Delta P\,2|1/\Delta P\,1|2$（搭配）	0.032/0.034	0.037/0.043

*因某些基线组合项目在 BNC 中未能出现，其 MI 均值未计算。

2. 实验程序

被试和测试程序均与实验 1 相同。

3. 数据分析和讨论

在搭配和方向性对 RT 的影响方面，仅保留对搭配和基线组合的反应数据，删除错误的反应数据和距离每个被试平均值±2 个标准差的反应数据，这使得母语者和高级二语学习者的数据分别损失 6.1%和 6.3%。在这种反向启动条件下，母语者加工右向和左向搭配的速度分别比基线组合快 23 毫秒和 46 毫秒，高级二语学习者加工左向搭配的速度比基线组合快 21 毫秒，而加工右向搭配的速度和基线组合基本相当。表 6.6 中为两组被试的平均 RT。

表 6.6　被试平均 RT（*SD*）

组别	方向性	搭配	基线组合	启动量
母语者	左向	682（140.3）	728（129.3）	46
	右向	703（133.7）	726（120.9）	23
高水平二语学习者	左向	753（143.4）	774（138.1）	21
	右向	788（147.2）	790（131.5）	2

数据分析的程序与实验 1 相同。混合效应模型涉及三个预测变量：搭配状态（搭配/基线组合）、方向性（右/左）和组别（母语者/高水平二语学习者）。研究者对被试的 RT 数据进行了对数转换，并将其作为因变量加入模型。组别、搭配状态和方向性为固定效应，被试和测试项目为随机效应。结果表明，组别、搭配状态、方向性以及这些固定变量之间的几个交互作用大多具有显著效应（表 6.7）。这表明英语水平、搭配状态和方向性在两组被试加工目标搭配的过程中发挥了不同的作用。

表 6.7　混合效应模型中固定效应对被试 RT 的影响参数

固定效应	估计量（β）	SD	t 值
截距	7.233	0.057	15.770***
组别	−0.211	0.056	−4.169**
搭配状态	0.299	0.037	4.824***
方向性	0.085	0.033	2.870*
搭配状态×组别	0.023	0.029	1.792
方向性×组别	0.027	0.039	1.664
搭配状态×方向性×组别	−0.169	0.048	−3.011**

注：边际 $R^2 = 0.246$，条件 $R^2 = 0.3991$。

（1）母语者 RT。使用最大随机效应结构，将搭配类型（搭配/基线组合）和方向（右/左）作为固定效应，将被试和测试项目作为随机效应，结果显示：搭配状态（$\beta = 0.271$，$t = 4.793$，$p < 0.001$）和方向性（$\beta = 0.201$，$t = 4.399$，$p < 0.001$）影响显著，表明母语者加工右向和左向搭配的速度比基线组合快。右向和左向搭配之间的启动效应的差异显著（$t = -10.515$，$p < 0.05$），表明左向搭配的启动效应大于右向搭配。也就是说，当母语者加工英语动词-宾语搭配时，方向性起着重要的作用。

（2）高级二语学习者 RT。搭配状态的效应不显著（$\beta = 0.110$，$t = 1.911$，$p = 0.057$），而方向性（$\beta = 0.121$，$t = 2.113$，$p < 0.05$）和搭配类型×方向性的效应显著（$\beta = 0.119$，$t = 2.033$，$p < 0.05$）。使用通过 lsmeans 包进行事后分析，结果表明：他们加工左向搭配的速度比基线组合快（$\beta = 0.036$，$t = 2.88$，$p < 0.05$），而加工右向搭配和基线组合的速度几乎相同（$\beta = 0.002$，$t = 0.776$，$p > 0.05$）。这些结果说明，在反向启动条件下，高级二语学习者仅对于左向搭配具有加工优势，导致搭配在线加工的变异性较大。

我们测试了被试加工搭配时连接强度和频率的影响。由于母语者对两种搭配的反应速度均快于对基线组合的反应速度，而二语学习者只对左向搭配的反应速度快于基线组合。因此，研究者对两组的启动效应分别进行了分析。研究者将启动效应（即基线组合的 RT 与搭配的 RT 之间的差值）、MI 值和搭配频率作为固定效应，被试和项目则作为随机效应纳入模型。分析结果显示：MI 值（$\beta = 0.033$，$t = 3.017$，$p < 0.05$）和搭配频率（$\beta = 0.035$，$t = 3.087$，$p < 0.05$）均对预测母语者处理两种类型搭配的加工速度具有显著作用。这表明，无论是词语间的连接强度还是搭配在日常语言中的出现频率，都是影响母语者处理这些搭配时的反应速度的重要因素。与母语者不同，搭配频率（$\beta = 0.027$，$t = 2.553$，$p < 0.05$）可预测高级二语学习者对左向搭配的加工。这与 Ellis 等（2008）的结果一致，即对于二语学习者，搭配的频率决定了二语可加工的优势，而 MI 值和频率对母语者的搭配加工均有贡献。

综上所述，反向启动词汇判断任务结果发现：对于母语者来说，所有搭配的加工速度都比基线组合快；左向搭配的启动效应大于右向搭配的启动效应，并且两种搭配的启动效应都可以通过 MI 值和搭配频率来预测。对于高级二语学习者来说，只有左向搭配的加工速度比基线组合快；左向搭配的启动效应受到搭配频率的显著影响。

6.1.8　总讨论

二语搭配加工研究中的一个关键问题是变异性，即与母语者相比，某些项目缺乏启动效应导致二语学习者在搭配加工方面较慢（Wolter & Gyllstad，2011）。本节研究试图用两种启动词汇判断任务来考察这个问题，以测试方向性和短语频率如何影响在前向和后向启动条件下二语搭配加工的变异性。目标构式是英语动词-宾语搭配。两个实验结果显示了类似的规律：对于母语者，所有搭配在两种启动条件下的加工速度都比基线组合快得多。在前向启动条件下，右向搭配的启动效果大于左向搭配的启动效果，而在后向启动条件下，左向搭配的启动效果大于右向搭配。此外，右向搭配和左向搭配的启动效果可以通过 MI 值和短语频率来预测。对于高水平二语学习者而言，只有在前向启动条件下，右向搭配的加工速度才比基线组合更快，而在后向启动条件下，左向搭配的加工速度则优于基线组合；换言之，高水平二语学习者在搭配加工中出现了较大的变异性。两种类型的搭配的启动效果显著受到短语频率的影响。以下部分讨论可能影响母语和二语搭配加工的关键变量。

1. 语言输入的影响

在两个实验中，母语者和高级二语学习者加工英语动词-宾语搭配的表现符合基于用法的语言习得理论的基本假设。具体来说，在两种启动条件下，母语者对右向和左向搭配的一致加工优势，以及高级二语学习者在两类启动条件下分别对右向/左向搭配的加工优势证实了这两种搭配在他们记忆中的心理现实性。母语者的表现与 Bonk 和 Healy（2005）的观察结果一致：母语者对英语搭配的加工在前向（如 hold-meeting）和后向（如 meeting-hold）条件下都有显著的启动效果。在 Frenck-Mestre 和 Prince（1997）以及 Wolter 和 Gyllstad（2011）的研究中也观察到了高级二语学习者的搭配启动效果变异性较大的情况。我们在两个实验中的新发现是：熟练的二语学习者的搭配启动效果仅限于搭配类型和启动条件。Siyanova-Chanturia 等（2011）也报道了类似的发现。原因如下：从语言教学的角度来看，在课堂教学环境中，单个词语的项目在大多数情况下被单独练习和使用（Doughty & Williams，1998），这使得成年二语学习者容易记住单个词，而那些经常一起出现的词语在词库表征中缺乏足够的信息（Wray，2002）。从二语学习者自身角度来看，大多数成年二语学习者有读写能力。正如 Arnon 等（2017）指出的那样，具有先前知识和信念的二语学习者往往倾向于将句子和话语分割成单独的词。二语学习者的读写能力和课堂语言输入可能会相互作用，从而影响成年二语学习者大脑中"语言单位"的大小。以目标词频率和搭配频率为固定效应，被试和项目为随机效应的混合模型表明，只有目标词频率在两种启动条件下显著预测了二语学习者转换后的 RT（$\beta = 0.039$，$t = 3.96$，$p < 0.05$），而对于母语者，目标词频率和搭配频率都是影响两个实验中的 RT 的重要因素。

也就是说，母语者和高级二语学习者同时关注单词级别和搭配频率。这也在

Wolter 和 Yamashita（2017）对母语者和二语学习者进行的在线可接受性判断任务中得到了验证。特别是随着被试熟练程度的提高，搭配和单个目标词的频率效应支持 Ellis（2002）的解释。这是因为随着输入的累积，二语学习者接触到重复出现的搭配，他们会事后建立搭配存储，通过认识到高频同时出现的单词构成组块，将其视为单个共现单位，从而能够逐渐在记忆中编码更多的搭配信息（Ellis，2001）。本节研究中的高级二语学习者已经学习了英语 23 年，并且至少在英语国家工作过 6 个月，这使得他们有可能在大脑中表征了实验中的部分英语动词-名词搭配，从而出现了启动效应。

2. 搭配方向性的影响

研究者在母语者加工两种类型的搭配时观察到了加工优势，在前向启动条件下，右向搭配的启动效应大于左向搭配的启动效应，而在反向启动条件下观察到了相反的结果。这表明方向性仍然是影响母语者加工英语动词-宾语搭配的关键因素。我们的研究发现说明，对于母语者而言，语言发展不仅涉及形成孤立单词的表征，而且不断丰富这些表征，使其具有关于单词如何使用以及它们与其他单词的关系的知识，即搭配中两个词之间的不对称关系（Gablasova et al.，2017）。我们确定的这种右向或左向的方向不对称性是影响母语者词汇表征的关键因素。我们还发现母语者在两个实验中的启动效应受到 MI 值的影响。正如之前所指出的，MI 值反映了两个搭配之间的连接强度；MI 值越高，搭配的连贯性就越大。母语者的语言表征负载了这些语言分布的概率信息，即单词共现的概率分布（Hoey，2005）。

然而，高级二语学习者的表现并非一成不变，它受到不同任务类型的影响。具体来说，在前向启动条件下，只有右向搭配的启动效应才显著；相反，在反向启动的条件下，只有左向搭配的启动效应才显著。这可能是因为他们的词汇表征与母语者不同。在两个实验中，搭配频率可对两种类型的搭配的启动效应进行有效预测。Wolter 和 Gyllstad（2011）还发现，按项目进行的 ANOVA 分析表明，二语学习者的启动效应不能总体推广到前向启动条件下的项目，而在被试分析中观察到的差异是仅在二语中出现的搭配项目中的启动不一致性引起的，即某些项目会产生启动效应。就两个搭配之间的连接强度而言，在具有高正向过渡概率（由 ΔP 量化）的右向搭配中，动词和名词之间的关系比反向序列之间的关系更强，因此动词-名词序列出现的频率更高，而具有高反向过渡概率的左向搭配表明动词和名词之间的关系比反向序列之间的关系更弱，因此名词-动词序列出现的频率更高。

尽管我们的二语学习者学习英语已超过 20 年，且至少在英语国家生活过 6 个月，但他们的英语水平仍然远远不及母语者。他们中的大多数人在课堂环境中接受正式的英语教学。制约二语发展的因素之一是输入的数量和质量方面的贫乏。缺乏充足、高度语境化的二语输入的二语学习者很难提取语言模式。只有当右向搭配采用动词-名词形式，而左向搭配采用名词-动词形式时，高级二语学习者才会将它们视为合法的二语模式，并出现启动效应。此外，当右向搭配的名词-动词形式和左向搭配的动词-名词形式没有被视为搭配时，在前向和反向启动条件下，它们的加工方式与基线组合类似（Yamashita & Jiang，2010）。

然而，一旦右向搭配的动词-名词形式和左向搭配的名词-动词形式被认为是二语中合法的搭配，它们就在心理上变得具有了现实性，当观察到动词或名词时，搭配中的第二个单词就会被预先激活（Hoey，2005；Wolter & Gyllstad，2011），这就会带来加工优势。基于用法的语言学理论（Abbot-Smith & Tomasello，2006；Bod，2006）认为，语言学习涉及获取大小、复杂度和抽象度各异的构式，新的构式体验决定了语言表征（Bybee，2006）。从理论的角度来看，语言表征是联想学习的结果，其中单词之间的联系在想象中倾向于联合在一起（Ellis，2001）。因此，我们认为高级二语学习者能够发展单向而非双向的两个搭配之间的联系。相比之下，母语者可以发展表示两个搭配之间建立双向联系的表征，尽管双向联系的强度是不对称的。Bod（2006）指出，语言表征基于统计概率。我们的研究结果与此观点一致。

6.1.9　结论

研究发现，搭配的加工受到语言统计信息（如频率和过渡概率）的显著影响（Ellis，2012；McDonald & Shillcock，2003）。两个实验中高级二语学习者和母语者的表现支持了这个观点。母语者不仅对过渡概率（MI 值和方向性）敏感，而且对短语频率也敏感。然而，与母语者相比，高级二语学习者的行为表现出较大的变异性：右向搭配在前向启动条件下的加工速度比基线组合更快，而左向搭配在反向启动条件下的加工速度比基线组合更快。简而言之，频率和方向性是影响母语和二语搭配加工的关键因素。搭配是语言学习和教学的重要语言元素，对其的加工心理机制和使用分布特征需要更多研究进行系统深入的考察。

6.2　研究二：中国学生对英语 VAC 的在线加工

基于用法的语言方法认为我们从语言使用中学习语言规律，并且了解这些规律是语言处理的基础。相关的跨学科研究涉及对语言的使用、习得和加工。研究者对语言的复杂适应性的系统研究才刚起步。相关研究的发现有以下几点（Beckner et al.，2009；Ellis & Larsen-Freeman，2006；Ellis，Römer & O'Donnell，2016）：第一，语言是高度结构化的，充满了搭配和短语模式，每个单词都有自己的局部语法；语言结构是由语义和交际功能所驱动的，词汇、语法和语义是不可分割的（Biber & Reppen，2015）。第二，符号和统计学习，人类内隐联想和统计学习、概念学习及分类，以及显性陈述学习和类比的能力，有助于人们学习语言的符号、序列和模式（Rebuschat & Williams，2012）。第三，人们的语言处理在每个结构层面上对语言经验的统计规律比较敏感（Ellis，2002）。

基于用法的语言习得理论认为，语言的结构和形式是通过实际使用而非内在的语言学规则驱动的。语言使用者将他们经历的语言实例存储在他们的记忆中，并从这些实例中提取出通用的概念和结构。这些概念和结构随着时间的推移逐渐加强和固化，最终形成原型式的概念结构。语言的形式和结构是为了传达意义和实现交际目的而存在的（Ellis，O'Donnell & Römer，2013；Goldberg，2006；Trousdale & Hoffmann，2013）。本节主要考察二语学习者对抽象 VAC 的在线加工。

6.2.1　VAC 的认知原则

1. 构式频率

学习、记忆和感知都受到使用频率的影响：我们经历某些事情的次数越多，对它们的记忆就越强，通达和提取的流畅性也越高。语言处理对所有层面的使用频率都很敏感，如音韵和音韵结构、阅读、拼写、词汇、形态句法、固定用语、语言理解、语法正确性、句子产生，高频形式更容易学习和处理（Ellis，2002）。因此，语言中的高频动词应该比低频动词更快地被处理。研究者将其称为动词频率。同样，我们经历某些特征的次数越多，它们就越在我们的头脑中相互关联，这些条件频率随后会更多地影响感知和分类（Lakoff，1987）。因此，特别是在特定的 VAC 中出现更频繁的动词应该与这些框架更相关，并更快地被处理，这被称为 VAC 的构式频率（Ellis，2016）。

2. 形式-功能映射的概率

联想学习的心理学研究早就认识到，虽然形式的频率很重要，但映射的概率更重要（Shanks，1995）。例如，在对鸟类进行范畴化的过程中，虽然眼睛和翅膀在观察到的鸟类样本中都是常见的特征，但翅膀在区分鸟类与其他动物时具有独特的重要性，是识别鸟类的一个关键特征。相较于其他特征出现的频率，关键特征（如翅膀）与它们所代表的功能或类别之间映射的概率在将事物归类到不同范畴中时显得更为关键（Rescorla，1968）。这意味着，即使某个特征经常出现，但如果它不能有效地帮助我们将某一类事物与其他类区分开，那么它在分类中的作用就相对有限。而像翅膀这样既能作为识别标志又能明确指示类别归属的特征，则在分类过程中占据更重要的地位。因此，在 VAC 处理中，更忠实于 VAC 的词汇线索应更重要。我们使用单向依赖统计量 ΔP（Allan，1980）来衡量映射概率。研究发现，该计量指标可以预测联想学习的结构使用和加工（Shanks，1995；Ellis & Ferreira-Junior，2009；Gries & Ellis，2015）。表 6.8 显示了 VAC 和动词的四种可能组合。

表 6.8 显示四种可能的 VAC 组合列联表

组合属性	有结果（outcome）	无结果（no outcome）
有提示（cue）	*a*	*b*
无提示（no cue）	*c*	*d*

注：*a* 代表 VAC 和动词都存在的频率；*b* 代表 VAC 存在但动词不存在的频率；*c* 代表动词存在但 VAC 不存在的频率；*d* 代表 VAC 和动词都不存在的频率。

ΔP 是指给定提示时结果发生的概率减去没有提示时结果发生的概率。当这两个概率相同时，即当有提示时结果发生的可能性与没有提示时相同的情况下，两个事件之间不存在协变关系，即 $\Delta P = 0$。当提示的存在提高了结果发生的可能性时，ΔP 逐渐接近 1.0；当提示的存在降低了结果发生的可能性时，ΔP 逐渐接近 -1.0，表示负关联。$\Delta P = P(O|C) - P(O|\neg C) = a/(a+b) - c/(c+d)$。$\Delta P$ 是一种方向性的连接强度量化指标。通过这个指标，我们可以将 VAC 看作一个线索或提示，并进一步考虑由此引发的作为结果的特定动词类型。这种关系可以用 ΔP_{cw} 来表示，即 VAC 到动词类型的条件概率变化。反过来，我们也可以将动词本身作为提示，并将它如何引发特定的 VAC 作为结果，这种情况下的关系则用 ΔP_{wc} 来表示，即动词到 VAC 的条件概率变化。ΔP 受到构式和动词在语料库中的共同频率（*a*）的影响，同时也受到动词在语料库中的频率、构式在语料库中的频率以及语料库中动词数量的影响。为了说明这一点，可看以下三个实例：lie across、stride across 和 crowd into，它们在包含 17 408 901 个 VAC 实例的 BNC 语料库中具有相同的构式-动词共现频率，即出现 44 次。然而，尽管 lie across 和 stride across 的 ΔP_{cw} 大致相同，但是 crowd into 的值要小很多。ΔP_{wc} 则显示出不同情形，即 stride across 和 crowd into 的值比 lie across 高出十倍以上（Ellis，2016）。

3. 意义的原型性

范畴具有分级结构，其中一些成员比其他成员具有该类别的典型特征。在概念的原型理论中（Rosch & Mervis，1975），原型作为理想化的中心是该类别的最佳范例。作为范畴的典型实例对其他实例分类具有参照意义。在意义网络理论中，相关概念之间的联系更加紧密，当一个概念被激活时，激活会传播到相邻的节点。在这些观点中，原型具有两个优点：一是频率因素，范例的形符频率越大，它对定义范畴的贡献越大，是原型的可能性也越大（Rosch & Mervis，1975）；

二是网络中心性，当被触发产生响应时，原型会传播激活并提醒集合中的其他成员，原型在网络的中心位置具有最多的连接，接收到最多的传播激活。Ellis、O'Donnell 和 Römer（2014）认为，这种传播激活效应也适用于 VAC。作为符号形式-功能映射，VAC 词汇-句法框架通过使用经验与一系列意义网络相关联。当 VAC 被激活时，原型动词的含义更容易被唤醒。

4. VAC 的加工

Ellis 和 O'Donnell（2011，2012）在 BNC 中研究了 19 个动词位置 VAC 的类符-形符分布。位置词包括 about、after、against、among、around、as、at、between、for、in、into、like、of、off、over、through、towards、under 和 with，研究结果表明：第一，每个 VAC 中的动词频率遵循齐普夫定律，其中少数动词占据了主导地位。第二，单个动词选择特定的构式，特定的构式选择特定的动词，在动词类型和构式之间存在高度的相关性。第三，每个 VAC 中最常见的动词是该构式的功能解释的典型实例。第四，基于 WordNet 的评估结果显示，VAC 在语义上是连贯的。WordNet 是一个基于心理语言学理论的无分布语义数据库，作为考察动词之间相似性/距离的有效资源。利用网络科学算法来构建语义网络，其中网络的节点代表不同的动词类型，而边缘则代表了各个 VAC 之间强烈的语义相似性。为了评估这些语义网络以及网络内部动词类型连接的内聚性，学界采用多种标准的网络度量方法，包括网络密度、平均聚类系数、度中心性和传递性等。同时，介数中心性被选定为衡量 VAC 网络中动词节点重要性的指标，它能够反映出动词节点在信息传递过程中的中心地位和控制能力。

Ellis 等（2014）使用自由联想和语言流畅性任务来考察统计模式（动词频率、VAC-动词连接强度、动词-VAC 语义典型性）对 VAC 加工的影响。在第一项实验中，285 名英语母语者被要求在 40 个 VAC 框架的动词槽位中填充第一个想到的词，例如"He ___ across the…, it ___ of the…"等。在第二项实验中，40 名英语母语者被要求在一分钟内产出尽可能多符合每个框架的动词。对于每个 VAC，Ellis 等将实验结果与上文描述的使用语料库分析进行了比较。对于两个实验，多元回归分析发现：VAC 中的动词频率、VAC-动词连接强度，以及动词-VAC 语义典型性能显著预测 VAC 的产出频率。母语者 VAC 的使用代表了语言使用的统计数据，这意味着 VAC 是从具体使用中习得的。

虽然这些发现表明，在 VAC 加工中，词汇、语法和语义之间存在丰富的联系，但临时产出的范畴是为了在当前情况下实现相关实验目标而自发产出的，因此不是存储在长期记忆中等待检索的知识结构。因此，这些结果并不能完全证明 VAC 是在构式体系中"心理表征"的特性。自由联想数据提供的数据并不能得出定论，即动词-框架配对的频率、相关性和典型性是作为单独的 VAC 心理表征的可靠指标。相反，需要进行在线加工实验来探索这些发现的普遍性及其对表征的影响。大量研究涉及频率、相关性、典型性、意象、语义、邻近密度、单词长度、拼写规则性、形态透明度等因素对词汇通达和加工的影响（Cortese & Balota，2012；Gaskell 2007；Seidenberg & McClelland，1989）。这些因素对语言加工处理的影响被视为词汇构式被存储在长期记忆中而非临时构建。因此，我们采用 Ellis（2016）研究中的词汇处理范式，将它们应用于二语构式的通达和加工中。如果这些实验揭示了类似的结果，那么就可认为，二语构式的使用、统计和所有后续加工都是基于语言使用概率和经验。

6.2.2　实验 1：词汇判断

词汇判断任务是研究词汇识别、通达和语义记忆组织的最常用的心理语言学技术之一。该过程涉及测量人们将字母串分类为单词或非单词的速度和准确率。在对 2428 个单音节词的判断和命名的研究中，Balota 等（2004）发现，形象化程度和词汇的语义连通性等语义因素以及频率和邻近密度[①]对单词判断的 RT 和准确率有显著影响。此外，由于 Ellis、Römer 和 O'Donnell（2016）的研究中有动词频率、动词-VAC 频率、VAC-动词连接强度和动词-VAC 语义典型性的测量数据，我们可以分别确定这些不同的词汇、句法和语义维度如何影响二语词汇判断 RT。

1. 被试

本次研究的被试来自中国西部地区的两所大学，共有 50 名英语学习者参与。他们都是外国语言文学专业的二年级研究生，年龄介于 22 岁至 24 岁之间。其中，6 人为男性，44 人为女性。

2. 实验材料

Ellis 等（2014）确定了覆盖 BNC 中动词形符使用量前 95% 的动词词目，以及它们占据动词-位置关系（verb-location，VL）构式的频率，如"V+PREP +N"（动词-VAC 频率）、构式和单词之间的连接强度（ΔP_{cw}），以及构式中动词的语义典型性（介数中心性[②]）。动词-位置关系构式中的介词包括 about、across、against、

[①] 邻近密度（neighborhood density）指的是一个单词的邻近单词的数量。邻近单词是指与该单词只有一个字母不同的单词。比如，单词 cat 的邻近单词有 bat、cut、can 等。

[②] 介数中心性（betweenness centrality）指的是网络中一个节点（本书中是指动词）在不同节点之间的最短路径上出现的次数。在这个实验中，它被用来测量动词在构式中的语义典型性，即动词与其他元素之间的联系。如果一个动词在构式中的位置更加核心（即在不同元素之间的最短路径上出现的次数更多），它就具有更高的介数中心性。这个概念可以帮助我们理解动词在构式中的语义角色和语法功能，以及它对于 VAC 的影响。

among、around、between、for、into、like、of、off、over、through、towards、under、with。在本次实验中，我们选取了一组特定的刺激词，旨在通过因子分析的方法，最大限度地实现几个关键维度（包括动词的频率、动词与 VAC 的关联频率、VAC 与动词之间的连续性，以及动词与 VAC 之间的语义典型性）的独立化。随后，我们针对每个因子进行了回归分析，以探究它们与其他因子之间的关系。例如，log10 VAC frequency→log10 corpus frequency，log10 ΔP_{cw}→log10 centrality，保存每个动词的 log10 VAC frequency 残差；log10 ΔP_{cw}→log10 corpus frequency，log10 VAC frequency→log10 centrality，保存每个动词的 log10ΔP_{cw} 残差。因此，对于动词-VAC 配对，我们可以考察动词相对于其他预测变量的影响效应。

对于每个 VAC，我们选择了反映高、中、低三种语义典型性，高、中、低三种动词-VAC 频率，以及高、中、低三种 ΔP_{cw} 的示例动词。根据 Ellis（2016），我们将 VAC 从"V+PREP+ N（名词）"简化为动词+介词词组。以"V about N"为例，"sem+"表示语义典型性高的动词（如 move about）；"sem0"表示语义典型性中等的动词（如 float about）；"sem-"表示语义典型性低的动词（如 lie about）；"vac_{freq}+"表示动词-VAC 频率高的动词（如 chat about）；"vac_{freq}0"表示动词-VAC 频率中等的动词（如 jump about）；"vac_{freq}-"表示动词-VAC 频率低的动词（如 point about）；"ΔP+"表示连续性高的动词（如 talk about）；"ΔP0"表示连续性中等的动词（如 understand about）；"ΔP-"表示连续性低的动词（如 tell about）；"never"表示在该构式中从未出现的动词（如 never reduce about、never catch about、never appoint about）。我们构建了 192 个测试刺激的集合，并且详细列出了四个关键指标：动词频率、动词与 VAC 的频率、VAC 与动词之间的连续性，以及动词与 VAC 之间的语义典型性。尽管在整个构建过程中我们并未能完全实现预测变量之间的正交性（即各变量间完全独立，互不相关）[①]，但通过一系列的处理措施，我们有效地将这些预测变量之间的相关性从较高的水平降低到了较低的程度。

我们使用了 192 个刺激，同时为每个刺激选择了一个相应的非词。非词来自 ARC Nonword 数据库（Rastle，Harrington & Coltheart 2002），共有 384 个刺激。

3. 实验过程

使用 E-Prime 2.0 编写脚本，并在电脑上运行。被试首先看到一个注视点，然后看到两个并排的字母字符串。他们的任务是在字符串出现后尽快判断两个字符串是否都是单词，如果都是单词，则按 M 键；如果其中一个不是单词，则按 Z 键。

---

① 正交性（orthogonality）指的是在统计分析中不同变量之间的独立性或无关性。此实验试图将不同的预测变量（如动词频率、动词-VAC 频率、VAC-动词连接强度、动词-VAC 语义典型性）尽可能地分离开来，以便对它们进行因子分析。虽然它们没有完全实现正交性，但是通过回归分析等方法，它们成功地减少了这些变量之间的相关性，并将它们的关联性降到了一个比较低的水平。

实验开始前，有 16 个练习项目，这些项目将未使用的动词与 VAC 介词配对；同样将一半的项目替换为非词刺激。每个被试的实验顺序是随机排列的。实验记录了被试在刺激呈现后的 RT，以及回答的正确性。所有被试的数据文件被连接起来进行分析。我们只分析了刺激均为单词的实验数据。为了排除异常值，每个被试的 RT 数据进行了 Winsorize 处理①，去除了 5% 的 RT 数据：对于每个被试，将低于第 2.5 个百分位数的 RT 值设为第 2.5 个百分位数的值，将高于第 97.5 个百分位数的 RT 值设为第 97.5 个百分位数的值。对于所有被试和项目，96.8% 的数据有效，平均判断 RT 为 0.78 秒。我们对 Winsorize 处理后的 RT 进行了对数转换。

4. 结果

1）词汇判断 RT

我们利用 R 语言中的 lme4 软件包，通过构建混合效应模型（mixed effect model），对动词频率、动词-VAC 频率、VAC-动词连接强度、动词-VAC 语义典型性，以及 VAC 长度等预测因素进行了广义线性混合模型分析。在这个模型中，我们将被试和 VAC 视为独立的随机截距，以更准确地反映数据中的个体差异和随机效应。分析结果如表 6.9 所示，动词频率（$t = -7.55$）、动词-VAC 频率（$t = -3.11$）以及动词-VAC 语义典型性（$t = -3.01$）均展现出显著的独立影响。具体而言，这意味着在整体语言环境中，动词的使用频率越高，被试在词汇判断任务中的反应速度就越快；同样地，当 VAC 中动词的出现频率提高时，也会促进被试的判断速度；此外，动词与 VAC 之间的语义典型性越强，即两者在语义上越接近或越匹配，被试的判断速度也会相应提升。

表 6.9　词汇判断 RT 的广义线性混合模型结果

固定效应	估计量（β）	SD	t 值
截距	−0.013	0.022	−2.557**
动词频率	−0.022	0.003	−7.55**
动词-VAC 频率	−0.004	0.001	−3.11**
VAC-动词连接强度 ΔP_{cw}	−0.005	0.005	−0.567
动词-VAC 语义典型性	−0.017	0.005	−3.01**
VAC 长度	0.001	0.001	1.678

---

① Winsorize 处理是一种去除异常值的方法，将数据的极端值替换为数据的上下分位数。在这个实验中，研究者对被试的 RT 数据进行了 Winsorize 处理，将超过第 2.5 个百分位数和第 97.5 个百分位数的数据替换为相应的分位数值，以去除异常值的影响。这样做可以使数据更加稳定和可靠，有助于分析结果的准确性。

2）词汇判断结果

我们对词汇判断的结果进行了相同的广义线性混合模型分析。可以看出（表6.10），每个预测变量都有单独独立的影响，包括动词频率（$t = 4.832$）、动词-VAC语义典型性（$t = 3.042$）和VAC长度（$t = 4.339$）。与RT类似，整体语言中动词频率、动词-VAC频率以及动词-VAC语义典型性都会提高将所有单词字符串判断为词汇的可能性。

表 6.10　词汇判断结果的广义线性混合模型结果

固定效应	估计量（β）	SD	t 值
截距	0.133	1.090	0.557
动词频率	0.581	0.159	4.832***
动词-VAC 频率	0.021	0.033	1.257
VAC-动词连接强度 ΔP_{cw}	−0.377	0.372	−0.351
动词-VAC 语义典型性	1.264	0.653	3.042**
VAC 长度	0.492	0.100	4.339**

5. 讨论

上述研究结果显示，无论是RT数据还是判断正确率数据都表明，VAC词汇判断结果取决于语言中的词频、句法因素（动词-VAC频率）以及语义因素（动词-VAC语义典型性）。这些发现支持了基于用法的语言学习理论对VAC的解释，即 VAC 是形义映射的结合体，涉及形式和意义使用概率，其强度取决于它们在语言使用中的相关性和人们对其的体验经历。

6.2.3　实验 2：有插入成分的词汇判断

上述发现结果很大程度上是简单的词组搭配即紧接着的词之间的过渡概率所引起的。McDonald 和 Shillcock（2003）发现语言环境中潜在的统计信息可以对阅读行为产生影响。他们使用眼动跟踪技术证明，词语之间的转移概率对注视持续时间有显著影响。但是，我们需要知道的是，VAC加工是否更加结构抽象，即使这些成分不是连续的，它是否仍然反映动词和其 VAC 介词的绑定。因此，在实验中，我们参照 Ellis（2016）的研究再次使用词汇判断任务，但测试材料用了三个单词，即通过插入一个随机选择的、没有关联的中间项目（如 quickly、happily、sadly、easily、gladly、wildly、calmly、always、often、carefully、quietly 等副词），打断了实验 1 中的动词-介词捆绑，虽然动词-介词关联的顺序与实验 1 相同，但三词序列本身的过渡概率非常低。

1. 被试

本实验的被试是中国西部两所大学的 45 名英语学习者,他们为外国语言文学专业二年级、三年级研究生,年龄范围为 22—25 岁。其中 5 人为男性,40 人为女性。

2. 测试材料

测试材料使用与实验 1 相同的 192 个 VAC 刺激,但对于每个 VAC 介词的 12 个实例,在动词和介词之间随机插入了一个副词,变为如下形式:ran slowly between、paused quickly between、opened happily between、remembered sadly between、switched easily between 等。与实验 1 一样,对于每个 VAC,都有一个控制项,VAC 的其中一个词被非单词替换。动词、副词和介词的替换次数相等(各 64 次),因此非单词状态与 VAC 中的序列位置是独立的。总共有 384 个测试刺激。

3. 测试程序

测试程序与实验 1 相同。

4. 数据分析

与实验 1 一样,我们只分析了所有单词的数据。对每个被试的 RT 数据进行 Winsorize 处理。有效的词法字符串的判断正确率为 95.4%,平均 RT 为 0.96 秒。对 Winsorize 处理后的 RT 进行了对数转换。

5. 词汇判断 RT

采用 R 语言中的 lme4 软件包,对经过对数转换的 RT(log10 RT)进行了广义线性混合模型回归分析,在模型中被试和 VAC 被设定为独立的随机截距,以充分考虑个体差异和随机效应。分析的结果如表 6.11 所示,动词频率($t = -5.334$)、动词-VAC 频率($t = -2.775$)以及动词-VAC 语义典型性($t = -2.664$)均对词汇判断速度产生了显著的影响。具体而言,这三种因素均表现为负向影响,即随着它们的提高,被试的词汇判断速度会加快。换句话说,语言中动词的普遍使用频率越高,VAC 中动词的出现频率越频繁,以及动词与 VAC 之间的语义关系越典型,都有助于被试更快地做出词汇判断。

表 6.11　带有中间插入成分的词汇判断 RT 的广义线性混合模型结果

固定效应	估计量(β)	SD	t 值
截距	−0.013	0.030	−0.536

续表

固定效应	估计量（β）	SD	t 值
动词频率	−0.029	0.002	−5.334**
动词-VAC 频率	−0.011	0.001	−2.775**
VAC-动词连接强度 ΔP_{cw}	−0.003	0.006	−1.255
动词-VAC 语义典型性	−0.036	0.004	−2.664**
VAC 长度	0.013	0.001	2.343**

6. 词汇判断结果

我们对词汇判断的结果进行了广义线性混合模型分析，以探究不同预测变量对判断过程的具体影响。分析结果显示，每个预测变量都独立地对词汇判断产生显著的贡献（表 6.12）。具体来说，动词频率（$t = 6.193$）、动词-VAC 频率（$t = 2.377$）、动词-VAC 语义典型性（$t = 3.115$）以及 VAC 长度（$t = 6.557$）这四个因素均显著影响了被试的词汇判断速度。这说明，动词的频率越高，VAC 中动词的出现频率越密集，以及动词与 VAC 之间的语义关系越典型，被试在词汇判断任务中的速度就越快。此外，刺激长度也对判断速度产生了显著影响。

表 6.12　带有中间插入成分的词汇判断结果的广义线性混合模型结果

固定效应	估计量（β）	SD	t 值
截距	−1.723	1.110	−1.129
动词频率	0.531	0.089	6.193***
动词-VAC 频率	0.111	0.033	2.377*
VAC-动词连接强度 ΔP_{cw}	−0.433	0.315	−0.069
动词-VAC 语义典型性	0.741	0.277	3.115**
VAC 长度	0.320	0.026	6.557***

7. 讨论

本实验的结果与实验 1 的结果相似。研究者添加随机副词干预项，打断动词-介词搭配捆绑，仅仅增加了被试的整体处理时间，却没有影响动词-VAC 的意义：动词-VAC 频率和动词-VAC 语义典型性的效应仍然存在。因此，我们得出结论：VAC 的关联性主要表现在各个成分之间。

6.2.4　实验 3：VAC 意义判断

实验 1 和实验 2 的词汇判断任务中展示了语义联想的扩散自动产生的效应，词汇判断任务本身并未明确要求语义处理。那么当我们直接引导被试处理 VAC 的意义时，会发生什么呢？为了尽可能地研究被试对词序列意义的加工，本实验中要求被试尽可能快地有意识地判断实验 1 中的两个词序列是否有意义。

1. 被试

被试与实验 2 相同。

2. 测试材料

为 VAC 中的 192 个实例设计对照项充当基线，我们随机将其他小品词（如 since、round、during）与原来的小品词配对。例如，对于 VAC 搭配 break against、crash against、stand against，分别设计一个匹配对：break during、crash during、stand during 等。这些任意配对相对真实的 VAC 表达了更少的语义信息。我们考察了刺激长度、动词频率、动词-VAC 频率、VAC-动词连接强度和动词-VAC 语义典型性对真实 VAC 的有意义性评分正确率和有意义性评分 RT 的影响。

3. 测试程序

实验使用 E-Prime 2.0 编写，并在电脑上运行。被试首先看到一个注视点，然后看到两个并排的字母字符串。他们需要尽快判断这些单词是否有意义，然后通过按键盘上的相关键（M 键表示"是"，Z 键表示"否"）来回答。实验开始前，有 16 个练习项目，每个被试的实验顺序是随机排列的。实验持续 30—40 分钟。

4. 结果

我们分析了 192 个 VAC 的 RT 和词汇判断结果。在这些项目中，平均判断 RT 为 1.556 秒，60%被判断为有意义。需要注意的是，25%的配对不是日常生活中使用的（在语料库中未有使用的例子，如 reduce about），因此基线为 75%。我们对 RT 数据进行了对数转换，分别分析 RT 和词汇判断结果。

（1）意义判断 RT。为了探讨 VAC 长度、动词频率、动词-VAC 频率、VAC-动词连接强度以及动词-VAC 语义典型性各自对词汇处理速度的独立影响，我们借助 R 语言中的 lme4 软件包，对经过对数转换的 RT（log10 RT）和这五个预测变量进行了广义线性模型分析，被试和 VAC 为随机截距。结果显示（表 6.13）：动词频率（$t = 2.669$）、动词-VAC 频率（$t = -3.224$）以及 VAC-动词连接强度 ΔP_{cw}

（$t = -4.155$）这三个因素对词汇判断速度产生了显著的影响。这说明，语言中动词的整体频率会减慢判断速度，而动词在 VAC 中的频率提高以及 ΔP_{cw} 的增大则会提升判断速度。

表 6.13　VAC 意义判断 RT 的广义线性混合模型结果

固定效应	估计量（β）	SD	t 值
截距	−0.320	0.031	−4.081**
动词频率	0.009	0.003	2.669**
动词-VAC 频率	−0.087	0.003	−3.224**
VAC-动词连接强度 ΔP_{cw}	−0.032	0.010	−4.155**
动词-VAC 语义典型性	0.015	0.011	0.432
VAC 长度	0.001	0.001	0.331

（2）意义判断。我们对意义判断结果使用相同的模型进行拟合，结果如表 6.14 所示：动词频率（$t = -6.333$）、动词-VAC 频率（$t = 9.221$）和 VAC-动词连接强度（$t = 7.100$）这三个预测因素都有独立的影响，与对 RT 的影响一样，但动词在语言中的总体频率效果变小，而动词在 VAC 和 ΔP_{cw} 中的频率都具有显著的积极影响。

表 6.14　VAC 意义判断结果的广义线性混合模型结果

固定效应	估计量（β）	SD	t 值
截距	3.110	0.336	7.211***
动词频率	−0.233	0.019	−6.333***
动词-VAC 频率	0.323	0.033	9.221***
VAC-动词连接强度 ΔP_{cw}	1.225	0.105	7.100***
动词-VAC 语义典型性	0.243	0.113	0.223
VAC 长度	−0.011	0.005	−1.221

5. 讨论

意义判断任务使被试进行超出纯词汇通达层面的操作：实验 1 中的 RT 均值为 0.86 秒，而实验 3 中的意义判断 RT 均值为 1.227 秒。RT 和判断数据一起显示相同的效应。在 VAC 判断中，动词在 VAC 中的频率越高、VAC-动词连接强度 ΔP_{cw} 越大，VAC 通常被认为越具有典型性语义，并且被试的判断速度更快。这与实验 1 和实验 2 的结果相同，即动词-VAC 语义典型性有显著影响。

6.2.5 总讨论

研究者在三个实验中使用了相同的统计模型进行分析，被试虽然是高水平二语学习者，但研究结果与 Ellis（2016）的结果类似。实验 1 聚焦于相邻成分的研究，其结果证实了动词及其与 VAC 之间的频率和语义关系在词汇处理中的核心作用，以及刺激长度作为影响判断效率的额外因素。实验 2 则转向对插入成分的探讨，尽管实验的设置有所不同，但其结果与实验 1 呈现出高度的相似性，表明不论是在相邻还是插入的语境下，这些频率因素都是决定词汇处理速度的关键因素。此外，动词频率、动词-VAC 频率、动词-VAC 语义典型性以及 VAC 长度也共同作用于词汇判断。实验 3 则进一步深入探索了动词频率、动词-VAC 频率以及 VAC-动词连接强度在意义判断任务中的独立效应。结果显示，VAC-动词连接强度以及动词和 VAC 各自在语言中的使用频率，都是决定我们如何理解和评价词汇意义的重要因素。

1. 词汇判断

单词的识别是由其在语言使用中的词频决定的（Balota，Yap & Cortese，2006）。因此，词汇判断受动词频率影响的发现并不意外。动词-VAC 频率的影响更为显著，即高水平二语学习者对动词和 VAC 的配对显示出了比较强的敏感性。这可能反映了被试对语法序列的敏感性，即它们的搭配可能反映了被试对动词和 VAC 作为一个整体的绑定的敏感性。许多其他的语言加工证据表明，语言使用者对语言序列具有隐含的知识（Ellis，2012）。譬如，搭配和序列的概率会影响阅读时间。Durrant 和 Doherty（2010）使用词汇判断来评估低频、中频、高频搭配的第一个词在语言使用者中是否会启动第二个词的加工，发现高频和高频相关的搭配表现出了显著的启动效应。

实验 2 虽然对 VAC 进行了研究，结果与 McDonald 和 Shillcock（2003）基于过渡概率对单词的预期的眼动实验结果较为一致。在实验 2 中，插入的副词导致动词-介词搭配的不连续，这表明相关的统计数据并不是简单的二元搭配，而是代表了动词和 VAC 之间的概率关联。实验 1 和实验 2 中动词典型性的影响表明，这些不仅是语法效应，VAC 意义也在加工中起到作用：二语学习者再加工包含更具语义中心性的动词的 VAC 时更快。这些结果支持了语义激活扩散模型的证据。该模型与词汇处理的连接主义模型（Balota et al.，2006；Seidenberg & McClelland，1989）的交互激活概念相关。这些模型包含多个独立的探测器（如特征、字母、单词、含义），层内单位之间相互抑制，但激活在这些层之间上下级联，对含义层的激活可部分激活这些表征。这不仅仅是词形之间的统计关联，实际上也涉及语义，因为更具有 VAC 语义的动词会引起更强的激活效应。

2. 意义评估

实验 3 的结果表明，动词频率、动词-VAC 频率，以及 VAC-动词连接强度均对意义判断的 RT 产生了显著影响。两种结果都显示了动词频率和动词-VAC 频率的影响。动词-VAC 的类符和形符频率这些统计数据也会影响 VAC 意义加工的速度和结果。

尽管词汇判断（实验 1 和实验 2）受到动词-VAC 语义典型性的强烈驱动，但意义判断受到 VAC-动词连接强度的影响，而不是动词-VAC 语义典型性。将意义判断作为实验任务的原因是我们预计动词-VAC 语义典型性在这里会产生更大的影响。由于典型动词的广泛使用，它们的含义不太具体，且不太具有形象性。Toglia 和 Battig（1978）报告了大学生对大量不同类型的单词（以及一些非单词）进行的七种基本语义特征（具体性、形象性、熟悉度、愉快度、属性或特征数量、可分类性和意义）的评价。他们对本节研究中使用的 VL 动词的评分如下：可形象化特性评分为 go（364）、walk（470）、move（428）、travel（520）、come（408）、jump（506）；意义深度评分为 go（430）、walk（505）、move（413）、travel（506）、come（322）、jump（466）。对于我们的 VL 动词，可形象化特性评分为 put（263）、move（413）、send（423）、take（337）、carry（393）、drop（417）、pass（479）、pull（446）；意义深度评分为 put（297）、move（428）、send（384）、take（360）、carry（436）、drop（400）、pass（440）、pull（410）。典型动词在语义上更为空泛，不太具有形象性，因此它们通常被称为"轻动词"。这种语义上的空泛以及缺乏形象性与本实验中要求被试有意识地评价 VAC 范例意义时缺乏语义典型性效应相一致。被评价为更有意义并且评价速度更快的动词-VAC 组合是动词-VAC 连接强度更高的组合。正是动词-VAC 连接强度赋予了特定、具体、易提取的含义。因此，VAC-动词连接强度高的 talk about、distinguish between、fall into 等比动词-VAC 语义典型性高的 move about、run between 更有意义。

6.2.6　结论

本节研究通过三项实验一致地揭示了动词频率和动词-VAC 频率的显著效应，这表明中国英语学习者在潜意识中积累了比较丰富的 VAC 统计知识。在语言的即时处理过程中，动词-VAC 的类符和形符频率成为影响 VAC 处理速度和结果的关键因素。此外，词汇判断的过程还受到语义原型性的深刻影响，即词汇的典型性或代表性程度会左右我们的判断。在意义判断方面，ΔP_{cw} 则扮演了重要角色，它反映了 VAC 与动词之间的连接强度和预测性。研究结果显示，加速 VAC 在线加工的主要因素可以归结为动词频率、VAC-动词连接强度以及动词-VAC 语义典型性。这些发现与基于用法的语言习得观对语言加工的描述和解释一致。这些动词-VAC 的形符和类符频率的统计数据驱动语言加工。因此得出以下结论：二语构式的习得和加工是概率调整和使用经验共同作用的结果；在线 VAC 加工的速度涉及丰富的语言概率知识，由动词的类符和形符频率、它们的使用连接强度，以及它们的特定和典型意义调节，这就构成了语法、词汇和语义的界面。

6.3　本 章 小 结

本章介绍了两项研究，主要探讨构式概率信息对语言加工的影响。研究一探讨了词频、搭配频率、连接强度对搭配加工优势的影响，还基于用法对搭配进行了分析，并探讨了搭配的方向性。研究设计包括两个实验，结果表明，词频和搭配频率均会影响搭配加工优势，而连接强度则不会。此外，搭配的方向性也是影响搭配加工的重要因素。研究二着重探讨了中国学生对英语 VAC 的在线加工。研究基于 VAC 的认知原则，通过三个实验，探讨了不同类型的词汇判断和意义判断对于 VAC 在线加工的影响。结果表明，不同类型的判断任务对 VAC 的加工有不同的影响，而且有中间插入成分的词汇判断的加工时间也更长一些。高水平的中国英语学习者积累了较为丰富的关于词汇及其 VAC 的统计信息，对于这些学习者，在语言在线处理或即时运用语言的过程中，动词与 VAC 之间的类符-形符频率会显著影响 VAC 的加工速度和结果。总体来说，这两项研究对于深入理解词汇加工和语言认知方面都有一定的启示作用，并且对于英语教学也有一定的指导意义。

第 7 章　*n*-gram 在语言产出中的作用

　　本章汇报了两项研究，分析 *n*-gram 在中国英语学习者语言产出中的作用。研究一分析了四名熟练水平的中国大学英语学习者在口语产出任务中 *n*-gram（即词语序列，如二元组和三元组）的使用情况。研究结果显示，这四名熟练水平的学习者在二元组和三元组的使用频率以及它们之间的连接强度上均表现出了显著的差异。学术文体中出现的二元组和三元组的比例和连接强度对二语学习者的口语熟练程度有显著的预测作用。研究二考察了二语学习者的搭配知识与口语流畅性之间的关系。在实验中，研究者采用单词联想任务的方式，引导被试产出搭配结构，随后利用基于语料库的测量标准来精确评估刺激词与反应词之间的搭配紧密程度。研究结果显示，那些在单词联想任务中能够产出较多低频搭配的学习者，在口语表达时往往语速更快，无声停顿更少，展现出了更高的口语流畅性；产出更强关联搭配的被试在语言产出中倾向于使用更复杂的词汇。这些研究结果支持了搭配在口语能力发展中的关键作用。

7.1　研究一: 中国英语学习者口语产出中的 *n*-gram 使用研究

　　近年来使用语料库探索二语的使用特征且考察能够预测二语语言使用水平的语言特征的研究方兴未艾（Garner & Crossley，2018；Garner et al.，2018，2019）。然而，该领域的研究主要局限于考察书面的二语使用，重点关注二语词汇使用、句法模式，以及这些特征与二语写作熟练程度之间的关系（Crossley，2020）。语言特征如 MWUs 及其与二语口语熟练程度的关系，仍然缺乏深入广泛的研究。探索这个问题的意义重大，因为与单词一样，MWUs 是心理词汇表征的重要组成部分（Arnon et al.，2017；Siyanova-Chanturia & Spina，2020；Wray，2002），也是语言使用的基本单位。此外，MWUs 在语言使用中普遍存在，占书面语言和口语使用的 50%左右（de Cock et al.，1998）。重要的是，MWUs 是衡量二语语言使用是否与母语水平接近或相似的重要计量指标（de Cock et al.，1998；Pawley & Syder，1983）。就二语学习和产出过程而言，即使是高水平二语学习者，他们产生 MWUs 的比例也显著低于母语者（Paquot & Granger，2012；Wray，2002）。

口语与写作模态的语言产出在认知机制上有明显差异。与写作相比，口语是在线的语言产出，产出过程需要更多认知资源，同时对计划的控制较少（Andringa et al., 2011；Hwang et al., 2020），这对口语任务中的二语使用会产生重要影响。本节研究借鉴二语口语和词汇研究的进展，试图探索不同水平的中国大学英语学习者在英语口头复述和故事描述中 *n*-gram 使用的特点，以及这些特点与二语口语熟练程度之间的关系。为了实现该研究目标，我们选择了中国英语学习者在复述和故事描述样本中量化 *n*-gram 使用特点的 42 个计量指标（即范围、频率和连接强度）进行研究，对基于这些计量指标的 MWUs 进行分析并考察它们与二语口语产出之间的关系，根据分析结果对二语口语产出中的 MWUs 使用进行描述和解释。

7.1.1 MWUs 的量化

根据基于用法的语言习得观的基本原则，无论是母语还是二语的发展都是概率驱动的条件学习过程[①]，即二语学习者通过对目标结构的累积来建立形义映射（Conklin & Schmitt, 2008；Siyanova-Chanturia et al., 2011；Webb et al., 2013）。基于用法的语言习得观采用统计方法来界定并识别 MWUs，已有研究主要将频率、范围（也称为分散度，即 MWUs 在参考语料库中出现的文本数量）（Biber et al., 1999；Kyle & Crossley, 2015）和连接强度（Gablasova et al., 2017）作为区别性特征。这与传统的短语学方法有很大不同，传统方法更强调语法结构和语义透明度的程度。然而，在定义 MWUs 时，采用不同的理论观点会出现不同的结果，而本节研究的主要目的是探索不同二语熟练水平下 MWUs 的频率、范围和连接强度的模式，因此我们将频率、范围和连接强度视为 MWUs 的关键特征，以区别词汇的自由组合。二语学习研究领域使用参考语料库来识别 MWUs 逐渐成为主流，通过考察二语学习者使用 *n*-gram 在目标语料库中的分布程度来分析二语语言产出的具体特点。下文简要回顾 MWUs 的分布维度研究。

第一类研究基于 *n*-gram 在语料库（如 BNC 或 COCA）中出现的频率来定义 MWUs。例如，Biber 等（1999）将英语 MWUs（他们称之为 lexical bundles）定义为三四个词构成的 *n*-gram，且在大型口语和书面语语料库中出现的次数需要达到每百万词 10 次以上。Biber 等（2004）将这一标准提高到每百万词 40 次以上再加上范围限制，且 MWUs 应在至少 5 个不同的文本中出现。这种定义标准可排除个体说话者的习惯性偏好，认为原始频率对于区分 MWUs 和自由短语很重要，因

---

① 条件学习（contingency learning）是指个体在经验中通过学习来建立起刺激和结果之间的关联，从而在未来的行为中能够更好地适应环境。在条件学习中，个体学会将特定的刺激与特定的结果或后果联系起来，从而调整自己的行为方式。例如，如果一个人发现每次做出某种行为后都会得到奖励，那么他在未来就更有可能重复这种行为，以获得同样的奖励。条件学习可以通过经典条件作用和操作条件作用等方式进行。它是人类和动物学习行为的重要过程，对于适应环境、改变行为方式、处理信息等方面都具有重要意义。

为高频 n-gram 比低频 n-gram 更容易作为整体被表征在语言使用者的心理词库中。然而，Saito（2020）指出，仅使用原始频率来定义 MWUs 无法排除随机的词组合。此外，采用这样的高频标准也可能会排除一些低频的 n-gram，这些 n-gram 的组成词在某些情况下可能会形成比随机组合更为常见的词组（Evert，2005）。目前，学界还没有就识别 MWUs 的阈限频率达成共识。

第二类研究基于 n-gram 组成部分之间的连接强度来定义 MWUs，旨在弥补单纯依靠频率带来的缺陷。连接强度对 n-gram 中单词共同出现的概率进行估计。有人认为，MWUs 的组成单词共同出现的概率显著高于随机组合的概率。在大多数语言学研究中，使用 MI 值和 T 分数来定义 MWUs。这两种方法不同。首先，MI 是一种效应大小的度量，反映了 n-gram 中单词之间的吸引力强度，而 T 分数是一种显著性度量，指示单词形成 MWUs 的确定性程度（Garner et al.，2019；Groom，2009）。因此，当语言数据呈正态分布时，T 分数量化 MWUs 的效果良好。然而，大多数自然语言数据呈现出齐普夫分布特点（Ellis et al.，2013；Zipf，1935），这使得 T 分数在大多数情况下不适合作为 MWUs 的连接强度（Evert，2005；Stefanowitsch & Gries，2003）。其次，MI 对由低频词组成的 n-gram 的量化比较可靠，而 T 分数对由高频词组成的 n-gram 的量化则比较可靠（Durrant & Schmitt，2009）。除此之外，MI 值和 T 分数都评估了两个或多个组成单词彼此之间的吸引程度，因此没有考虑 n-gram 中正向和反向过渡的概率。在大多数情况下，n-gram 是定向组合，其组成部分之间具有不同程度的吸引力（Gries，2013）。例如，decoration 更容易启动 Christmas，因为 BNC 中 11% 的 decoration 实例是由 Christmas 修饰的，而只有 0.5% 的 Christmas 实例是由 decoration 作前置限定的（Gablasova et al.，2017）。为了弥补 MI 值和 T 分数都无法考虑 n-gram 方向性的缺陷，Gries（2013）使用 ΔP 来度量方向性。ΔP 计算一个单词与另一个单词出现的概率减去没有另一个单词存在时相同单词出现的概率。从语言分布的概率性角度讲，范围、频率和连接强度是 MWUs 的区别性计量特征。

7.1.2　MWUs 的发展及其与二语口语产出的关系

对于二语学习者来说，使用经过验证的 n-gram 是交际能力的重要组成部分（de Cock，2004；Garner & Crossley，2018）。研究发现，与母语者的产出相比，即使是高级的二语学习者在口语和书面语中产出的 MWUs 也较少，并且会过度使用本族语语料库中没有出现过的"多词组合"（Ädel & Erman，2012；Durrant & Schmitt，2009）。据此，一些研究试图探究二语学习者在多大程度上使用本族语语料库中出现的 MWUs，以及与不同熟练水平之间有何发展特征。研究结果总体显示，二语学习者随着二语熟练度的提高会产出更多类似于目标语的 MWUs。然而，这些研究主要集中在二语书面作品方面，例如 Leńko-Szymańska（2014）中的三词序列，Kyle 和 Crossley（2015）中的二词和三词序列，以及 Bestgen 和 Granger（2014）、Granger 和 Bestgen（2014）、Paquot（2018）中的二语搭配，对二语口语中 MUWs 使用的研究则很少。

通过参考字典和母语者的判断来确定 MWUs，Qi 和 Ding（2011）研究了中国大学生在面试中使用英语 MWUs 的情况，发现四年级学生使用 MWUs 的范围比一年级学生更广。Crossley 和 Salsbury（2011）在一年内跟踪了 6 名成年二语学习者与英语母语者在对话中使用二元组的情况。通过使用 Biber 的频率公式（即二元组频率/语篇总词数×1000），他们比较了所有二语学习者与母语者共享的二元组，发现二元组的准确性在该年内显著提高。Garner 和 Crossley（2018）以 COCA 和 BNC 中的 *n*-gram 为对比基线，对二语学习者在 4 个月内的英语二元组和三元组在对话中的频率、连接强度和比例进行了研究，发现两个语料库中二语学习者产出的口语二元组和三元组的比例显著提高。

部分研究关注 *n*-gram 与英语二语/外语学习者的口语流畅性之间的关系。Boers 等（2006）研究了历经 22 个小时的短语注意法的教学，发现这种教学法不仅可以帮助比利时英语学习者掌握目标 MWUs，还可以帮助他们表现得更像流利的语言使用者。同样，在分析了一名参加了为期六周的"流畅工作坊"的日本英语学习者使用的 MWUs 后，Wood（2009）发现：被试叙述中的语速和平均运行长度[①]显著提高，口语表达的变化与 MWUs 的增长密切相关。Tavakoli 和 Uchihara（2020）研究了 56 名二语学习者的英语 MWUs 使用和二语口语流畅性之间的关系，分析了速度、中断、修复、MWUs 频率、比例和连接强度等指标。结果显示，高频二元组和三元组与口语表达速度呈正相关关系，*n*-gram 使用比例与句中停顿数量呈负相关关系，*n*-gram 连接强度与句末停顿数量呈正相关关系，但与总修正频率呈负相关关系。他们还发现在四项熟练水平中，二元组的频率、MI 值和 *T* 分数，以及三元组的频率、*T* 分数和使用比例有显著差异。Stengers 等（2011）分析了比利时英语学习者的叙述任务的语音样本，发现流畅性评分与口语测试任务中使用的 MWUs 数量呈显著正相关关系。此外，Saito（2020）研究了 MWUs 与母语评分者对英语外语学习者口语可理解度的判断（即可理解的程度和单词使用的适当程度）之间的关系，发现母语评分者对理解度和词汇适当性的判断与罕见和抽象单词构成的低频 *n*-gram 以及连接强度高的 *n*-gram 密切相关。

一些研究关注 MWUs 对于二语口语熟练程度整体判断的影响。Crossley 及其合作者（如 Garner & Crossley，2018；Kim et al.，2018；Kyle & Crossley，2015）

---

① 在口语产出中，平均运行长度（mean length of runs）通常指的是语速或语调的测量指标。具体来说，它表示在一段时间内，说话者连续说同样节奏或音高的词汇或短语的平均长度。

使用参考语料库中的比例、频率和连接强度指标来识别二元组和三元组，从而分析二语学习者产出目标式 MWUs 的程度。Kyle 和 Crossley（2015）报告称，约35.2%的口语熟练度分数的变异量可以通过一系列 n-gram 频率和使用比例得分来解释，表明熟练的 TOEFL 考生使用了更多类似于母语的多词组合。同样，Garner 和 Crossley（2018）发现，二语学习者在四个月内使用 COCA 口语部分中出现的二元组和三元组的比例显著提高，但二元组和三元组的连接强度几乎没有变化。Eguchi 和 Kyle（2020）还发现连接强度高的二元组与美国外语教学委员会的口语熟练度面试反应的整体得分之间存在显著相关关系（$r = 0.492$）。

7.1.3　已有研究不足

虽然现有研究大大提升了我们对二语多词组使用及其与二语产出关系的理解，但以下问题亟待解决。第一，几乎所有第一类研究中的样本量都小，例如Wood（2009）中的 $n = 1$；Wood（2010）中的 $n = 11$；Crossley 和 Salsbury（2011）中的 $n = 6$；Garner 和 Crossley（2018）中的 $n = 57$。这限制了关于 n-gram 的量化结果如何在长期或不同的英语熟练水平阶段发展的普适性。第二，大多数先前的研究都是针对英语外语学习者进行的（如 Garner & Crossley，2018；Kim et al.，2018；Tavakoli & Uchihara，2020；Saito，2020），几乎没有研究是专门针对英语外语学习者。第三，现有研究中用于衡量二语口语流畅性或熟练度的任务在互动和准备两个维度上有所不同。有的使用非互动任务，如复述[Boers 等（2006）年从流行报纸或杂志上选择文章，让被试做十分钟阅读准备，然后进行内容复述；Stengers 等（2011）使用三分钟准备的叙述复述]和定题描述[如 Wood（2009）、Tavakoli 和 Uchihara（2020）、Qi 和 Ding（2011）准备好的评论性主题描述；Kyle和 Crossley（2015）的独立 TOEFL 口语产出任务；Saito（2020）需要一分钟准备的图片描述]，有的使用互动任务[如 Crossley 和 Salsbury（2011）的采访任务；Boers等（2006）用的对话；Garner 和 Crossley（2018）用的对话]。研究发现，准备或规划显著影响语言使用，准备好任务的被试比在线产出的语言更流利、词汇更丰富（Yuan & Ellis，2003）。就互动的作用而言，研究发现互动通过影响人类学习系统对二语使用产生协同效应（Wang & Wang，2015）。显然，在这两个维度上存在差异的任务可能会影响二语使用的测试过程，因此很难比较这些研究得出的结果。第四，MWUs 是一个多维度的语言构念，涉及使用范围、频率、连接强度等重要方面，这些都是语言发展和使用的可靠预测因素。然而，很少有研究探索这些因素在不同二语熟练水平的被试中有何发展特征，更少有研究深入考察这种发展特征与口语使用熟练程度之间的关系。第五，由于涉及语言产出不同阶段（如概念化和言语构建过程）的注意资源，因此在不同任务（如复述和定题描述）中

使用 *n*-gram 可能存在差异（Kormos，2006）。迄今尚未有研究来探讨这个重要问题。

7.1.4　研究问题

本节研究探讨以下三个研究问题：

（1）在不同口语熟练水平的英语二语学习者所产生的复述或定题描述样本中，*n*-gram（即范围、频率和连接强度）的使用是否存在显著差异？

（2）在复述或定题描述中，*n*-gram 使用在多大程度上可以预测英语二语学习者口语使用的熟练程度？

（3）在复述和定题描述中两者不同的任务中，*n*-gram 使用有何差异？

本节研究针对复述和定题描述两种任务进行分析，因为这两种任务经常被用于测试二语学习者的口语表现，但是二语使用的复杂性可能在这两种任务中有所不同。根据 Kormos（2006）的二语产出模型，二语产出涉及三个阶段：概念化、形式化和语言表达。在概念化阶段，说话者的交际意图与准语言信息被编码成一个可以执行的概念计划。需要注意的是，进行复述任务时，由于被试知道故事内容，因此在语言产出的时候很少需要概念化过程，但在进行定题描述任务时，被试的语言产出需要概念化这个阶段，因为他们需要表达内容以达到交际目的。由于时间有限，是否进行概念化可能会影响到接下来的形式化阶段，在这个阶段，词汇选择和语法编码需要完成，其间适当的词目在心理词汇中被激活，并转化为句法表面结构，然后进行形态音位和语音编码。据此，我们假设：二语学习者在定题描述任务中不太可能规划和监控他们的语言使用，因此会使用更多的隐含知识；与定题描述任务相比，二语学习者在复述任务中有更多机会规划和监控他们的语言使用，因此会使用更多的显性知识（Isbell & Rogers，2021）。这种假设的差异可在二语使用中表现出来。具体来说，在进行复述任务时，由于较低的处理成本，二语学习者会利用更多的 MWUs 来表达，而在进行定题描述任务时则不会这样做。

7.1.5　研究方法

1. 学习者语料库

本节研究分析的口语数据来自中国学生英语口笔语语料库（Spoken and Written English Corpus of Chinese Learners，SWECCL）1.0 版（文秋芳、王立非，2008）。数据包括由同一组大学二年级学生产出的 945 个复述样本和 945 个定题描述样本，这些学生参加了英语专业四级考试（TEM-4）。TEM-4 口语考试包括三项任务：复述、定题描述和角色扮演。复述任务要求考生在听两次 3 分钟的故事后立即复述；定题描述任务要求考生在 3 分钟准备后，就给定的主题做一个 3 分钟的叙述演讲；角色扮演任务需要一对考生在准备后讨论与校园生活相关的主题 4 分钟。研究者针对前两个任务的口语数据进行分析，考虑到即使考生的复述受到已知故事语言的影响，他们也仍然通过自己的语言重构了复述内容，因此他们的表现与他们的一般语言能力密切相关，并且在定题描述任务中讨论给定话题要求被试在没有参考材料的情况下表达观点，因此也反映了他们一般的二语使用能力（文秋芳、王立非，2008）。由于缺乏区分考生在角色扮演任务中的个人信息，因此研究者没有使用该任务的数据。研究者对每个考生前两个任务的口语样本进行了文本撰写和最终修订。

考虑到 SWECCL 没有为每个考生的录音数据提供原始评分，因此邀请了两位经过训练的英语教师，参考 SWECCL 提供的口语能力等级，在 TEM-4 口语评分所使用的 100 分制度上对复述和定题描述样本进行整体评分。两个评分员都是在中国一所大学的教授，是教学经历超过十年的专业英语教师。所有磁带都被转换成 mp3 格式并由两个评分员独立进行评判。每个样本的两个分数取平均值。然而，当一个样本在两个评分员之间存在显著的不一致（即相差 5 分）时，会请一位具有类似培训经验的评分员进行评分，并将两个最接近的分数的平均值分配给该样本。有 2 个复述样本因相关的音频文件损坏而被删除，因此总共有 943 个复述样本和 945 个定题描述样本被保留。根据 TEM-4 口语评分标准，考生的表现被分为四个能力级别：A = 优秀（90—100），B = 良好（80—89），C = 及格（60—79），D = 不及格（0—59）。虽然这样的分类并不像传统的能力水平[如初学者、中级、高级或欧洲语言共同参考框架（Common European Framework of Reference for Languages，CEFR）上的 A1 到 C2]那样代表二语能力的整个范围，但至少根据评分标准可以显示被试二语口语能力的差异。复述和定题描述样本的描述性数据如表 7.1 所示。

表 7.1　复述/定题描述样本的描述性数据（$N = 943/945$）

数据来源	A	B	C	D
样本量/个	224/200	247/248	249/259	223/236
总词数/词	74 575/70 963	76 399/76 319	77 031/75 288	65 040/62 713
每篇平均词数/词	332.92/354.82	309.31/307.74	309.36/290.69	291.66/265.73
评分 M	92.598/91.883	83.980/83.766	63.390/69.361	56.489/51.683
评分 SD	2.085/1.793	2.530/2.576	3.082/3.216	3.734/2.502

2. 文本分析

本节研究使用 TAALES 2.2（Kyle & Crossley，2015）分析目标口语样本。以 COCA 和 BNC 中的学术、小说、杂志、新闻和口语部分所出现的 MWUs 作为分析参考，本节报告了有关 *n*-gram 使用的范围、频率、连接强度。在本节研究中，我们仅选择了基于 COCA 的学术和口语部分的 30 个频率、范围和 *n*-gram 连接强度指标。关于范围、频率和 *n*-gram 连接强度的测量计算是在词汇形符分布上完成的，可反映学习者的语言输入或输出分布。

（1）范围（离散程度）指标。范围指标评估二语学习者使用的 *n*-gram 在学术和口语 COCA 子语料库中分布在不同文本中的文本数量，即使用范围或分布的离散程度。TAALES 2.2 仅报告二元组和三元组的使用范围数据。我们对二元组和三元组使用范围指标进行了对数转换，由于分布呈现出齐普夫分布特点，总获得 4 个指标（原始范围指标 2 个、对数转换的范围指标 2 个）。

（2）频率指标。研究发现，熟练的二语学习者更有可能使用低频单词（Crossley & McNamara，2012），二语词汇能力与 *n*-gram 频率密切相关（Garner et al.，2019）。我们使用对数转换的频率来评估每个口语样本中二元组和三元组的出现次数，这些出现次数来自口语和学术领域 COCA 子语料库。此外，我们引入了二元组和三元组比例以衡量每个口语样本中这些语言单位的丰富性和代表性。具体来说，就是计算在口语和学术领域的 COCA 子语料库中，最常出现的 30 000 个二元组范围内，各个口语样本中实际出现的二元组和三元组所占的比例。

（3）连接强度指标。对于每个二元组和三元组，我们选择了三个连接强度指标：*T* 分数、MI 值和 Δ*P*。这些测量指标在现有的二语 *n*-gram 发展研究中得到了广泛应用，并且这三个指标是二语能力的可靠预测因素（Garner，Crossley & Kyle，2018；Granger & Bestgen，2014；Kyle & Crossley，2015；Paquot，2017）。尽管词汇重力[①]和对数 Dice 可能是衡量 *n*-gram 连接强度的可靠指标，但我们没有在本书研究中对它们进行探讨，因为这两个指标较少被研究，且它们与二语发展之间的相关性尚未得到进一步的深入分析（Gablasova，Brezina & McEnery，2017）。MI 和 *T* 分数是衡量单词之间关联性的双向度量。MI 值评估单词共同出现的程度，相对于它们分别出现的次数，MI 值可以评估由低频单词组成的二元组和三元组的连接强度。*T* 分数反映了我们可以确定单词之间关联的程度，即单词的共现不是随机的，并且可以评估由高频单词组成的二元组和三元组的连接强度。低频短语

---

① 词汇重力（lexical gravity）是一种基于词汇匹配的相似度计算方法。该方法考虑了文本中每个单词的重要性，将其作为权重因素计算文本相似度。具体来说，该算法将文本中的每个单词作为节点，两个单词之间的边的权重表示它们在文本中出现的频率。然后，通过计算每个节点的权重和相邻节点之间的权重，计算出文本之间的相似度。

通常具有较高的 MI 值，而 T 分数有助于识别相对高频的搭配词。ΔP 是一种定向连接强度，它可以计算一个词与另一个词共同出现的概率减去没有该词的情况下出现另一个词的概率（Gries，2013）。对于三元组，我们报告了三个连接强度的两个版本：一个版本计算前两个单词与第三个单词之间的连接强度，另一个版本计算第一个单词与后两个单词之间的连接强度。

　　3. 数据分析

　　数据分析分为三个步骤。为了回答研究问题一，我们首先检验了 30 个 n-gram 指标的正态性，然后做单因素方差分析或 Kruskal-Wallis 检验，以探究这些指标在四个熟练程度之间是否存在显著差异。为了回答研究问题二，我们对 n-gram 指标和二语口语能力整体进行了 Pearson 相关分析，然后建立包含所选指标的逐步线性回归模型，以探究 n-gram 测量指标与二语口语能力评分之间的关系。为了回答研究问题三，进行了配对 t 检验，以探究复述样本和定题描述样本之间的 n-gram 使用差异。

7.1.6　结果与讨论

　　1. n-gram（范围、频率和连接强度）使用分析：复述和定题描述

　　关于 n-gram 使用范围，Kruskal-Wallis 检验表明，四种熟练度水平的二语学习者在二元组和三元组使用范围测量指标上没有显著差异（$p > 0.5$），这表明根据复述样本，从最低级别 D 到最高级别 A，二语学习者使用的二元组和三元组的范围分布没有明显变化。对于定题描述样本也是如此，这表明在进行定题描述任务时，四个熟练水平的二语学习者使用了相同分布的二元组和三元组。

　　关于 n-gram 使用频率，在复述任务的评估中，我们通过单因素方差分析发现，四个熟练水平的二语学习者之间仅在学术三元组比例 30k 方面存在显著差异（表 7.2），效应量 $\eta^2 = 0.116$，意味着在四种熟练水平的二语学习者之间的差异中，有 11.6%可以明确归因于这些三元组比例的不同。事后分析显示，A 级别的二语学习者使用的三元组比 C 和 D 级别的学习者更多，B 级别的学习者使用的三元组比 D 级别的学习者更多（表 7.3）。这表明随着熟练水平的提高，二语学习者会产生更多低频三元组。针对定题描述任务，通过单因素方差分析得出的结果显示，在学术二元组比例 30k 和学术三元组比例 30k 方面，四种熟练水平的二语学习者之间存在显著差异（表 7.4）。这表明，在四种熟练水平的二语学习者中，大约有 14.1%—14.2%的差异可以归因于这些高频二元组和三元组的使用比例。事后分析显示（表 7.5），A 级别的二语学习者使用的二元组和三元组比其他三个级别的学

习者更多，但是对于 B、C、D 级别的二语学习者使用二元组和三元组没有显著差异，这表明随着他们口语水平的提高，二语学习者更可能产生更高比例的低频二元组和三元组。

表 7.2 四种熟练度水平的二语学习者的 *n*-gram 频率指标的差异分析：复述

测量指标	M（SD）				ANOVA*			
	A	B	C	D	F	df	Sig.	η^2
学术三元组比例 30k	0.097 (0.028)	0.094 (0.029)	0.091 (0.028)	0.088 (0.031)	3.815	3；939	0.010	0.116

*根据 Bonferroni 校正法，将原先的显著性水平（0.05）除以多重比较的次数 4，得到 0.0125，下同。
注：在 df 值中，分号前的数据表示组间自由度，分号后的数据表示组内自由度，下同。

表 7.3 四种熟练度水平的二语学习者的 *n*-gram 频率指标的多重比较结果：复述

测量指标	多重比较结果（LSD）
学术三元组比例 30k	A＝B；A＞C；A＞D；B＝C；B＞D；C＝D

注："＝"代表两个指定水平之间没有显著差异；"＞"代表两个指定水平之间存在显著差异，下同。

表 7.4 四种熟练度水平的二语学习者的 *n*-gram 频率指标的差异分析：定题描述

测量指标	M（SD）				ANOVA			
	A	B	C	D	F	df	Sig.	η^2
学术二元组比例 30k	0.446 (0.058)	0.433 (0.058)	0.430 (0.061)	0.423 (0.063)	5.760	3；944	0.001	0.141
学术三元组比例 30k	0.098 (0.030)	0.090 (0.028)	0.089 (0.029)	0.085 (0.030)	7.751	3；944	＜0.001	0.142

表 7.5 四种熟练度水平的二语学习者的 *n*-gram 频率指标的多重比较结果：定题描述

测量指标	多重比较结果（LSD）
学术二元组/三元组比例 30k	A＞B；A＞C；A＞D；B＝C；B＝D；C＝D

关于 *n*-gram 连接强度，根据表 7.6 所示的单因素方差分析结果，我们发现口语二元组 MI 值、口语二元组 *T* 分数以及口语三元组 MI 值在不同熟练度水平（共四个级别）之间存在明显的差异性。这进一步说明在衡量这四个语言熟练度层次时，有 10.6%—18.9% 的差异可以归咎于由 MI 值和 *T* 分数所反映出的二元和三元语言组合之间的连接强度差异。事后检验表明，这些测量中的主要差异在于 A、C 和 D 级别之间，以及 B 和 D 级别之间（表 7.7）。在定题描述任务中，单因素方差分析的结果（表 7.8）显示，口语三元组 MI 值、口语三元组 MI2 值以及学术

二元组 ΔP 在四个不同级别之间均表现出了显著的差异性。这一发现意味着，在评估这四个独立的语言熟练度等级时，有 9.1%—11.3% 的差异能够归因于通过 MI 值和 ΔP 所衡量的二元组和三元组之间的连接强度差异。事后检验的结果显示，在 A 和 B 级别中，组成部分之间更强相关的二元组和三元组比 C 和 D 级别中的多，而在 B 和 C 级别中，组成部分之间更强相关的二元组和三元组比 D 级别中的多（表 7.9），这表明二语学习者在口语水平提高时会产生更强关联的二元组和三元组。

表 7.6　四种熟练度水平的二语学习者的 _n_-gram 连接强度指标的差异分析：复述

测量指标	M（SD）				ANOVA*			
	A	B	C	D	F	df	$Sig.$	η^2
口语二元组 MI 值	1.405 (0.128)	1.375 (0.180)	1.357 (0.162)	1.295 (0.212)	5.622	3；939	0.002	0.113
口语二元组 T 分数	46.714 (14.544)	43.762 (17.906)	41.597 (15.371)	34.919 (17.226)	11.355	3；939	<0.001	0.189
口语三元组 MI 值	2.382 (0.229)	2.318 (0.298)	2.116 (0.264)	2.057 (0.348)	5.565	3；939	0.002	0.106

*根据 Bonferroni 校正法，α 值被调整为 0.00278。

表 7.7　四种熟练度水平的二语学习者的 _n_-gram 连接强度指标的多重比较结果：复述

测量指标	多重比较结果（LSD）
口语二元组 MI 值	A＝B；A＞C；A＞D；B＝C；B＞D；C＞D
口语二元组 T 分数	A＞B；A＞C；A＞D；B＝C；B＞D；C＞D
口语三元组 MI 值	A＞B；A＞C；A＞D；B＞C；B＞D；C＝D

表 7.8　四种熟练度水平的二语学习者的 _n_-gram 连接强度指标的差异分析：定题描述

测量指标	M（SD）				ANOVA*			
	A	B	C	D	F	df	$Sig.$	η^2
口语三元组 MI 值	2.362 (0.214)	2.341 (0.221)	2.314 (0.241)	2.274 (0.261)	5.816	3；944	0.001	0.092
口语三元组 MI2 值	2.316 (0.226)	2.290 (0.229)	2.249 (0.244)	2.221 (0.243)	7.324	3；944	<0.001	0.113
学术二元组 ΔP	0.033 (0.008)	0.032 (0.008)	0.031 (0.008)	0.030 (0.008)	6.042	3；944	<0.001	0.091

*根据 Bonferroni 校正法，α 值被调整为 0.00278。

表 7.9　四种熟练度水平的二语学习者的 *n*-gram 连接强度指标的多重比较结果：定题描述

测量指标	多重比较结果（LSD）
口语三元组 MI 值	A＝B；A＝C；A＞D；B＝C；B＞D；C＝D
口语三元组 MI2 值	A＝B；A＞C；A＞D；B＝C；B＞D；C＝D
学术二元组 Δ*P*	A＝B；A＞C；A＞D；B＝C；B＞D；C＝D

例如，在 A 级别的一个复述样本中，ten minutes、his wife、take care、minutes later、three hours、my dear、his name、their neighbors、at home、an old 是二元组中的前十个，平均 MI 值为 4.281，平均 *T* 分数为 43.131，而 his wife、at home、I forgot、he didn't、he wanted、his character、I knew、he asked、a meeting 和 name was 是 C 级别的一个复述样本中的前十个二元组，平均 MI 值为 2.786，平均 *T* 分数为 41.901。Birthday party、few days、never forget、passed away、my grandmother、very much、my mind、told me、very sad 和 each year 是 A 级别的一个定题描述样本中的前十个二元组，平均 MI 值为 4.770，平均 *T* 分数为 51.072，而 my friends、days after、very happy、my parents、my head、my grandma、loved her、the sixth、the deepest 和 also played 是 C 级别的一个定题描述样本中的前十个二元组，平均 MI 值为 3.283，平均 *T* 分数为 27.655。在高分和低分文本中，三元组使用方面也有类似趋势。

2. 讨论：复述和定题描述任务中的 *n*-gram 使用

在分析复述和定题描述样本时，范围指标得分反映了给定 *n*-gram 在 COCA 子库文本中出现的分散程度。被试在四个熟练水平上产出的 *n*-gram 分散在类似的文本范围内的结果似乎与 Qi 和 Ding（2011）的发现相矛盾，即中国的四年级大学生使用的 MWUs 范围比一年级大学生更广泛。本节研究中的 *n*-gram 范围效应不显著，这可能是由于测试者本身，即这两个口语任务仅针对二年级大学英语专业学生进行。尽管他们被分类为四个不同的熟练水平，但这些水平之间的差异不像 Qi 和 Ding（2011）的研究中的一年级和四年级英语专业学生那样显著。鉴于探索二语 *n*-gram 在 TEM-4 等口语测试中的作用的研究很少，我们的结果需要进一步验证。

频率得分反映了一个给定 *n*-gram 在 COCA 学术和口语子部分中出现的频率。本节研究发现，在复述任务中，四个水平之间的差异仅存在于学术三元组比例 30k，而在定题描述任务中，差异存在于学术二元组比例 30k 和学术三元组比例 30k。需要注意的是，学术二元组/三元组比例 30k 大约相当于每百万词 3 次以上的二元组或三元组的频率。这些发现不仅与二语词汇学习研究中检测到的一般二语熟练水平的发展趋势相符合，即随着学习者二语熟练程度的提高，他们使用得不太频繁的词汇越来越多（Read，2000），而且与之前的研究结果也较为一致，即高熟练度的二语学习者在他们的写作中会使用更多已知的 *n*-gram（Garner & Crossley，2018；Kyle & Crossley，2015）。Kim 等（2018）也观察到，二语初学者的二元组和三元组比例在一年内有显著的发展。尽管任务不同，但 A 级别的测试者在复述故事或即兴演讲时能够使用更多的学术语体常见的二元组或三元组。简言之，从三位二语学习者评分员的角度来看，当二语学习者能够更多地使用学术语体中常见的二元组或三元组时，他们的口语熟练程度被认为更高。

连接强度计算 *n*-gram 中单词共现的概率。我们注意到，在复述任务中，四个不同的语言熟练水平在几个关键的语言连接强度指标上表现出了差异。具体来说，这些差异体现在口语二元组 MI 值、口语二元组 *T* 分数以及口语三元组 MI 值（即单词与二元组之间的连接强度）和口语三元组 MI2 值（即二元组与单词之间的连接强度）上。而在定题描述任务中，四个水平则主要在口语三元组 MI 值、口语三元组 MI2 值以及学术二元组 ΔP 方面存在差异。正如上文所言，MI 值强调由低频词组成的 *n*-gram 的连接强度，而 *T* 分数强调由高频词组成的 *n*-gram 的连接强度。基于此，可以推断出，熟练的二语学习者在复述时可能会使用更多由高频词和低频词组成的二元组和三元组，而在定题描述时则可能会使用由低频词组成的三元组。这些观察结果与现有研究结果一致，即在写作中得分较高的二语学习者倾向于产生更多低频、强关联的二元组（Garner et al.，2019；Granger & Bestgen，2014）。具体而言，熟练水平较高的二语学习者产出的 *n*-gram 知识包括英语中更难的词汇和常见的连接强度高的二元组知识，因此表现出了类似于母语选择的倾向。学术二元组 ΔP 估计了二元组中的单向连接强度，我们发现产出具有强左到右关联的口语二元组的二语被试在定题描述样本中获得了更高的分数。这与基于用法的语言学假设相呼应，即 ΔP 在心理上具有现实性，因为它可能较为准确地反映了语言使用者对目标语言的体验（Gries & Ellis，2015；Kyle & Crossley，2015）。

3. *n*-gram 对二语口语熟练程度的预测：复述和定题描述任务

复述样本中的 30 个 *n*-gram 指标中有 10 个与复述样本的得分相关性显著（$p < 0.05$）。然而，这些相关性很低，范围从 0.103 到 0.270，表明评分人对二语复述质量的判断与这些 *n*-gram 测量没有密切的关联。这些指标符合正态分布，也不违反多重共线性问题。逐步回归模型（这 10 个指标为预测变量，复述样本的分数为因变量）的分析结果表明，口语二元组 MI 值、口语三元组 MI2 值和学术三元组比例 30k 解释了复述样本分数变异量的 11.0%（表 7.10）。通过 10 倍交叉验证方法，我们发现该模型能够解释综合分数变异量的 10.6%，其中 *R* 值为 0.326，R^2 值为 0.106。这些结果表明，包含三个变量的模型在数据集中展现出了良好的一致

性和拟合度。该结果说明，这些 *n*-gram 指标不是复述口语产出质量可靠的预测变量，无法准确地预测中国英语学习者复述样本的口语质量。

表 7.10　**_n_-gram 预测复述样本得分的逐步线性回归模型结果**

模型中包含的变量	R	R^2	ΔR^2	B	SE	β
口语二元组 MI 值	0.270	0.073	0.073	0.298	0.012	0.874
口语三元组 MI2 值	0.311	0.097	0.024	0.297	0.011	1.787
学术三元组比例 30k	0.332	0.110	0.013	0.153	0.006	0.411

定题描述样本有 10 个 *n*-gram 指标与口语分数呈显著相关关系，但所有相关系数都很低，范围从 0.115 到 0.259。这些指标无多重共线性问题的影响，被纳入了逐步回归模型。最终，有四个指标（即口语三元组 MI2 值、口语三元组 MI 值、学术三元组比例 30k、口语二元组 ΔP，见表 7.11），解释了定题描述样本分数变异量的 11.9%（$R = 0.345$，$R^2 = 0.119$）。10 倍交叉验证模型解释了综合分数变异量的 12.2%（$R = 0.349$，$R^2 = 0.122$），表明四个变量模型在数据集中具有良好的一致性。该模型的结果表明，这些关于二元组和三元组的连接强度和频率的指标不是可靠的预测变量，无法准确地预测中国英语学习者定题描述的评分质量。

表 7.11　**_n_-gram 预测定题描述样本得分的逐步线性回归模型结果**

模型中包含的变量	R	R^2	ΔR^2	B	SE	β
口语三元组 MI2 值	0.259	0.067	0.067	0.277	0.019	1.137
口语三元组 MI 值	0.313	0.098	0.031	0.289	0.011	2.231
学术三元组比例 30k	0.334	0.112	0.014	0.276	0.019	0.764
口语二元组 ΔP	0.345	0.119	0.007	0.118	0.004	1.493

4. 复述和定题描述中 *n*-gram 与二语口语熟练程度的关系分析

TAALES 2.2 计算的 *n*-gram 范围、频率和连接强度指标与复述和定题描述的评分质量之间存在显著但较弱的关系。在复述样本的分析中，我们评估了包括口语二元组 MI 值、口语二元组 T 分数等在内的 10 个 *n*-gram 指标，这些指标均符合既定的选择标准。经过进一步筛选，口语二元组 MI 值、口语三元组 MI2 值和学术三元组比例 30k 这三个指标因其显著性被保留在了最终的预测模型之中。而对于定题描述样本，我们同样考察了 10 个 *n*-gram 指标，如口语三元组 MI2 值、学术二元组 ΔP 等，它们也都满足了选择标准。经过细致的筛选过程，我们确定了四个对预测结果最具影响力的指标：口语三元组 MI2 值、口语三元组 MI 值、学术三元组比例 30k 以及口语二元组 ΔP，这四个指标被纳入了最终的预测模型。这些发现与现有的理论一致，即熟练的二语学习者更倾向于使用"组合在一起并通过它们的组合进行意义构建"的词汇（Sinclair，2004：29）。这也与前人的研究结果比较一致，即二语学习者的熟练程度越高，其掌握 MWUs 的频率和排他性就越好（Garner & Crossley，2018；Kyle & Crossley，2015；Paquot，2018），评分人对二语口语的可理解性和词汇适当性的判断受到由不常见和复杂的单词组成的低频 n-gram 的影响（即高 MI 值的 n-gram）（Saito，2020）。然而需要注意的是，这些测量方法的效果不佳，仅能解释口语质量整体分数方差的一小部分。

我们观察到的这种效应大小似乎与基于 TAALES n-gram 指标的写作研究的发现形成明显的对比。例如，Garner、Crossley 和 Kyle（2019）探索了 TAALES 二元组和三元组连接强度与二语写作质量评分之间的关系，发现学术二元组 T 分数、学术二元组 ΔP、口语三元组 MI 值、口语三元组 ΔP、口语二元组 MI2 值、学术三元组 $2\Delta P$ 等指标可以准确地将 74.11% 的文本根据评定的二语写作质量分类为三类。同样，Zhang 和 Li（2021）也发现口语二元组比例 10k、口语三元组 ΔP、口语二元组 MI 值、口语二元组范围可以预测评分从 5.6 到 7.6 的文章的二语写作质量。然而，能够可靠预测二语写作质量的 TAALES 指标在多大程度上与口语表达质量相关仍是一个问题。我们的观察结果可能与 Biber 等（2004）的观点一致，即从句复杂性是语言使用中的非正式风格（如口头表达）的特征，而短语复杂性则是正式语言风格（如学术写作）的特征。在探索语言使用和语言产出的评分质量时，应考虑语域的影响，因为不同的语域使用不同的语言特征来实现话语的独特性（Halliday & Hasan，1985）。鉴于迄今为止没有研究考察 n-gram 使用与这两个任务的整体评分之间的关系，我们的结果需要进一步验证。

5. 复述和定题描述中 n-gram 使用比较

为了测试两个任务之间的 n-gram 指标是否存在显著差异，我们比较了 30 个指标。在分析之前，我们使用了整个数据集的相应平均值替换了复述文件的 30 个指标的缺失值。t 检验结果表明，在两个任务之间，17 个 n-gram 指标的二语使用存在显著差异（表 7.12）。与定题描述任务相比，测试者在复述时使用的学术二元组和三元组（通过 ΔP 量化的单向关联）更强，并且在更多不同的文本中产生了学术二元组。与复述任务相比，测试者更有可能使用更强关联的口语和学术二元组和三元组（通过 t 值和 MI 值量化），在更多不同的文本中产生高频的口语二元组和三元组，并在定题描述任务中使用最常见的 30 000 个三元组中高比例的学术二元组和口语三元组。

表 7.12　复述和定题描述任务中 *n*-gram 指标比较结果

表 7.12　复述和定题描述任务中 *n*-gram 指标比较结果

测量指标	t	df	R
学术二元组 ΔP	14.704***	944	0.432
学术三元组 ΔP	14.305***	944	0.422
学术二元组范围对数	8.569***	944	0.269
学术二元组 T 分数	−3.661***	944	0.118
学术二元组 MI 值	−7.917***	944	0.250
口语二元组 MI 值	−5.299***	944	0.170
口语二元组 T 分数	−6.882***	944	0.219
学术三元组 T 分数	−3.735***	944	0.121
学术三元组 MI 值	−16.708***	944	0.478
口语三元组 T 分数	−8.928***	944	0.279
口语三元组 $2T$ 分数	−7.115***	944	0.226
口语二元组频率对数	−8.970***	944	0.280
口语三元组频率对数	−11.237***	944	0.343
口语二元组范围对数	−11.549***	944	0.352
口语三元组范围对数	−11.846***	944	0.360
学术二元组比例 30k	−5.245***	944	0.168
口语三元组比例 30k	−14.462***	944	0.426

注：根据 Bonferroni 校正法，将原显著性水平设到 0.00167。

6. 复述和定题描述中 *n*-gram 使用差异分析

本节研究选择了同一组英语题目作为外语被试产生的口语样本，他们完成复述和定题描述任务。结果表明，被试倾向于在各种口语文本中使用更多二元组和三元组；在定题描述中使用低频、强关联的二元组和三元组，相比于在复述中，这表明定题描述倾向于包含更高级别（通过占比 30k 的 *n*-gram 频率量化）和更接近母语水平的（通过相关的 MI 值和 T 分数量化）二元组和三元组。如上所述，定题描述任务更复杂，因为它要求测试者在即兴演讲时生成新信息，因此比复述任务会产生更大的任务生成认知负荷（Revesz，2014），复述任务只需要被试复述故事情节。然而，我们的结果不支持基于 Skehan（2009）提出的有限能力模型的假设，即与定题描述相比，二语测试者在复述中会使用更多低频、强关联的

n-gram，但支持 Robinson（2001，2011）的认知假设。Robinson 认为，在执行诸如即兴定题描述这样更复杂的任务时，被试可能需要以影响语言编码的方式完善他们的二语概念系统，因此有助于表达得更准确和更接近母语水平。Robinson（2011）认为，在二语表述中涉及多个认知资源竞争的情况时，譬如任务复杂度沿两个维度区分：资源分散和资源指导。前者涉及是否需要任务前计划和先前知识，并且是否同时进行多个任务，而后者关注二语学习者通过任务需求关注特定特征的程度。在本节研究中，复述和定题描述是两种规定性的描述任务。每种任务都需要进行计划，但只有复述任务需要使用先前的知识（即目标故事情节）。因此，定题描述任务的复杂性比复述任务更高。

7.1.7　结论

本节研究测试了中国大学英语专业学生在复述和定题描述任务中使用二元组和三元组的情况，以及其与学习者二语口语能力的关系，主要发现如下：首先，在复述任务中，我们发现不同语言水平的学生在四个关键维度上表现出了显著差异，这些维度分别是学术三元组比例 30k、口语二元组 MI 值、口语二元组 *T* 分数以及口语三元组 MI 值。而在定题描述任务中，差异则体现在另外五个维度上，包括学术二元组比例 30k、学术三元组比例 30k、口语三元组 MI 值、口语三元组 MI2 值以及学术二元组 ΔP。其次，尽管 *n*-gram 测量指标如口语二元组 MI 值、学术二元组范围分数和口语二元组 *T* 分数与复述的二语口语能力人工评分显著相关，口语三元组比例 30k、口语和学术二元组 MI 值和学术二元组比例 30k 与定题描述的二语口语能力人工评分显著相关，但这些指标只能解释两个测试任务评分质量的一小部分变量量。这表明 *n*-gram 测量在预测口语表达评分质量方面并不可靠。最后，二元组和三元组因任务不同而有所变异，即 *n*-gram 在两个任务的范围、频率和连接强度方面存在显著差异。

7.2　研究二：搭配知识与口语流畅性的关系探究

丰富的心理词汇是各种二语交际能力的基石。研究发现，词汇在二语阅读（McLean et al.，2020）、听力（Vafaee & Suzuki，2020）、写作（Yang et al.，2019）和口语（Uchihara & Clenton，2020）表达中具有重要作用。在探讨词汇和口语熟练度之间的联系时，研究人员常面临如何定义和操作词汇知识的挑战。早期的研究依赖于词汇量，使用传统的测试形式，如多项选择或是非判断任务（Uchihara & Clenton，2020）。研究表明，能够产出低频或更难单词的学习者拥有更丰富的心理词汇和更高级的语言技能（Miralpeix & Muñoz，2018）。然而，仅用词汇量来界定学习者词汇的丰富程度远非易事，词汇的质量或深度也需考虑。譬如，由于缺乏对口语中经常使用的搭配的了解，学习者仅掌握单个词义可能无法确保流利的语言使用。基于上述考虑，本节研究主要考察搭配知识与口语流畅性之间的关系。具体来讲，本节研究主要探讨二语学习者词汇产出中的搭配与口语流畅性和词汇能力的关系。

7.2.1　搭配知识与二语口语能力

从广义概率角度来讲，搭配是指目标语言中两个或更多单词经常共同出现的组合，包括多种形式的词汇组合，如成语、限定搭配、动词短语、谚语等。尽管搭配的种类很多，包括词汇（如动词+名词）、语法（如介词+名词）、固定性、语义透明度和任意性（Henriksen，2013），但相对于自由的词组合，母语者和二语学习者似乎处理这些独立的语言单位或固化词块时更快、更准确（Ellis，Simpson-Vlach & Maynard，2008；Tremblay et al.，2011）。

搭配知识作为学习者词汇的一部分在语言使用中的重要性不容小觑。在探索书面作品中搭配之间的关系时，Durrant 和 Schmitt（2009）发现，与非母语者相比，母语者更倾向于使用更复杂和低频的搭配。Granger 和 Bestgen（2014）比较了中级和高级水平的二语学习者，研究结果支持了 Durrant 和 Schmitt 的结论。相关口语研究也指出，搭配知识在二语口语水平发展中起到重要作用。Kyle 和 Crossley（2015）指出，高水平的二语学习者会产生更多母语说话者经常使用的搭配组合。Kim、Crossley 和 Kyle（2018），Garner 和 Crossley（2018），以及 Zhang 和 Li（2021）的纵向研究发现了与 Kyle 和 Crossley 类似的规律：二语学习者随着时间的推移产出高频搭配的比例会逐渐提高。有研究也表明，熟练的二语学习者更有可能在自然口头表达中使用关联度高的复杂搭配（Eguchi & Kyle，2020；Saito，2020）。虽然这些研究揭示了搭配和口语流畅性之间的重要联系，比较了不同水平的二语学习者在语言产出中的搭配使用，但未能考察搭配知识与语言使用能力的发展有何具体关系。

搭配知识在口语能力中的重要作用不仅有实证支持，也有坚实的理论基础。根据语言产出模型（Levelt，1989；Kormos，2006），语言产出至少包括三个不同的阶段：概念化、形式化和言语表达。首先，在概念化阶段，说话者准备演讲内容及其表达方式。其次，语前信息进入形式化阶段，说话者进行词汇选择和语法编码。其间特定的词目在说话者的心理词典中被激活，置于句法表面结构中，进行形态语音和语音编码。最后，将这些编码好的信息提交给发音系统，执行语音计划，即进入言语表达阶段。对于成功的口语演讲来说，搭配是最重要的环节。

精通短语的语言使用者能够高效、快速地检索单词序列，而不是建立单个词来构建语句，从而使演讲快速进行且没有太多停顿（Tavakoli & Uchihara，2020）。词汇检索的这种效率可能会释放认知资源，然后可用于改善言语产出的其他方面，如词汇和语法的准确性或复杂性（Boers et al.，2006）。

7.2.2　基于语料库的单词关联研究

研究人员使用单词联想任务来测量并评估学习者的搭配知识（Wolter，2001；Zareva & Wolter，2012）。在单词联想任务中，学习者会产生由刺激而联想到的单词，并分析反应和刺激之间的关系，以确定它们是否在搭配或句法上相关（如 hot > water），或代表其他类型的关系：语义（如 hot > warm）或语音（如 hot > dot）。研究人员依据判断以分类方式确定刺激-反应的关系类型。

采用这种分类和主观判定的方法，研究人员调查了搭配反应与口语流畅性之间的关系。例如，Fitzpatrick（2007）比较了母语者和高级二语学习者的单词联想结果，并比较了他们的搭配反应比例，发现与非母语者相比，母语者产出搭配联想的比例更高；对二语学习者的进一步分析表明，搭配反应的比例与接受性词汇量之间存在显著的正相关性。随着技术的进步，研究者使用语料库中词的频率和出现概率来判定反应和刺激之间是否构成搭配。语料库语言学研究中最广泛使用的连接强度指标是 t 值和 MI 值，但这两种测量指标突出了不同的搭配（Durrant & Schmitt，2009；Granger & Bestgen，2014），t 值倾向于强调高频组合，而 MI 值倾向于强调低频组合。有研究表明，MI 值可作为短语复杂度的测量指标（Paquot，2019），因为它在很大程度上受学习者低频词汇知识的影响。在单词联想研究中，使用基于语料库的频率和联想测量方法在识别搭配时比传统方法更具有优势。

7.2.3　研究设计

为了加深我们对短语能力与语言能力之间关系的理解，本节研究考察搭配知识与口语能力各方面之间的关系。我们采用基于语料库的单词连接强度法来评估二语学习者搭配知识的丰富程度。如果学习者显示出与母语者相似的（t 值和 MI 值等）的搭配反应模式，就表明他们拥有丰富多样的词汇（包括搭配），并能够有效地在二语交流中使用。根据语言产出模型（Kormos，2006；Levelt，1989），这些具有短语能力的说话者能高效、快速地提取和检索单词，使他们的口语表达更流利，并能够在自然语言产出中出现更丰富的词汇。

1. 被试

本节研究的被试是中国西部一所双一流大学的 40 名二年级大学生。所有被试从小学三年级开始学习英语，无英语国家的学习或工作经历，平均英语学习年限为 10.5 年。他们大学英语四级考试的平均成绩为 465.9 分，最低分为 403 分，最高分为 566 分。从考试成绩来看，被试的英语水平从中低水平到高水平不等。

2. 单词关联任务

本节研究使用 Lex30 单词关联任务（Meara & Fitzpatrick，2000）。该任务适合高低不同水平的二语学习者在一定时限的情况下产出有效的英语搭配。测试过程中，被试首先完成由三个不同刺激词组成的练习，然后在实验室环境中单独完成 Lex30 任务。刺激词共 30 个，在看到每个刺激词后，被试需要写出他们想到的前四个英语单词。Lex30 刺激词的设计基于以下三个标准：第一，所有刺激词均为高频单词，从前 1000 个最常用的单词列表中提取，这保证了被试对这些单词都熟悉。第二，刺激词不倾向于诱发被试产出单一的、占主导地位的词汇反应（如 black > white），换言之，刺激词的设置能最大限度地让被试产出不同类型的反应词。第三，刺激词倾向于引出低频词作为联想反应，这样被试就可以产生广泛的不同类型的反应词。我们为每个刺激词设定了相同的呈现时间限制，被试需要在 30 秒内对每个刺激词产生最多四个反应。当被试未能在固定时限内产出四个联想词时，研究者要求他们继续完成与下一个刺激词对应的联想任务。设置反应时限主要是为了避免被试使用某种固定的策略，同时也能够确保每个刺激词都能得到被试的同等关注；换言之，研究者引导被试逐次完成对每个刺激词的联想反应。

3. 基于语料库的搭配测量

本节研究采用了基于频率的方法，主要是该方法计算了反映搭配状态连续性的关联分数的频率和强度，与基于人工语义判断的方法不同，频率的方法使得搭配的衡量客观一致、信度高。研究使用了三种统计量来评估搭配，即在语料库语言学研究中常用的原始频率计数和两种连接强度的度量标准，即 T 分数和 MI 值（Gablasova，Brezina & McEnery，2017）。搭配频率是最简单的度量标准，它计算节点和搭配词的纯共现次数。在进行统计分析之前，我们对频率进行了对数转换，以控制在词频分析中常见的 Zipf 效应。然而，当搭配词的使用频率非常高的时候，绝对频率可能会导致误报。这种错误的影响可以通过使用关联度得分（如 T 分数）来减轻，T 分数提供了"调整后的频率"（Gablasova et al.，2017：165）。在这种情况下，像 I 和 the 这样的频繁搭配会因观察频率（O）和期望频率（E）之间的差异很小而减弱。

我们还使用了 MI 值，一种对数标度来表示组合中两个单词的搭配频率和随机同现频率之间的比率（Gablasova et al.，2017）。MI 值强调其成分中具有排他性或罕见性的组合；由于低频的节点词和搭配词被过度强调（Gablasova et al.，2017），MI 值比较适合衡量低频搭配。

4. 评分步骤

研究者使用 COCA 语料库来计算搭配统计指标。为了创建搭配列表，需要分别搜索语料库中出现的单词形式，因为搭配行为受语境影响（Hoey，2005）。然而，这种检索方法不适用于单词联想数据，因为刺激词是预定的，研究者无法控制被试反应时产生的词形。我们计算了词形归一化后的单词（如 attack/attacks/attacking 视为同一词）和非归一化单词（或类型）作为搭配统计量。单词联想研究有两种分析反应数据的方法：离散启发法要求每个刺激只提供一个反应词，而连续法允许提供多个反应词。我们分别计算了第一反应和总反应数据的频率及连接强度得分。

5. 口头任务

本节研究通过图片叙述任务收集了被试的口语产出数据。选择这种口语任务的原因是描述或叙述行为在日常对话中非常常见。此外，采用口语任务有助于增强与前人研究的可比性，因为这种任务在二语口语研究领域中广泛应用，尤其是研究口语流畅性和词汇产出表现（Uchihara & Clenton，2020）。

在这项图片叙述任务中，被试在花了大约 1 分钟的时间熟悉图片后，在没有任何明确时间限制的情况下描述 8 帧图片。被试在隔音实验室中单独完成该任务，每个提取的语音样本都被转化为 WAV 格式的文件，然后研究者把所有录音转换成文本。

6. 口语能力测量

从感知流畅性和词汇丰富性的角度，研究者采用了专家对语音和声学分析的判断。对流畅性和词汇丰富性的判断是由受过训练的评分员分别根据被试的语速、词汇多样性和复杂度进行的。Tavakoli 和 Skehan（2005）为话语流畅性的操作化提出了三个指标：速度流畅性（如语速、发音速率）、故障流畅性（如连续时间长度、暂停次数、暂停长度）和修复流畅性（如自我修正、错误开始、重复、犹豫）。在评估话语流畅性的客观指标中，我们采用了一个速度流畅性指标（发音速率）和两个故障流畅性指标（无声停顿率和填充停顿率）。研究表明，词汇知识与这两种流畅性结构（即速度和流畅性）之间存在重要关系（de Jong，2016；Koizumi & In'nami，2013）。流畅性是根据听众对语速的感知和三种话语流畅性测量指标（发音速率、无声停顿率和填充停顿率）来评估的。词汇丰富性是根据听众对词汇多样性和复杂度的感知以及三种词汇测量指标（多样性、频率和范围）来衡量。

词汇丰富性是一个多维构念，我们选择了三种衡量标准（多样性、频率和范围），这三种标准可以有效衡量二语水平和二语能力的发展（Crossley et al.，2011；Crossley，Subtirelu & Salsbury，2013；Kyle & Crossley，2015）。使用 Coh-Metrix 自动计算每个被试的词汇多样性得分，使用词汇丰富性自动分析工具 TAALES 计算频率和范围得分（Kyle，Crossley & Berger，2018）。

7. 流畅性测量

（1）专家评分。为了对感知流畅性进行评分，我们招募了 4 名英语母语者（2 名男性、2 名女性）。所有评分者在大学任教 5 年以上，在语音分析方面经验丰富。评分使用 MATLAB 软件实现，所有样本均按随机顺序播放。在听到每个样本后，评分者被要求使用移动滑块来提供流畅性评级（即速度的最优性）。根据滑块的位置，使用 1000 分的评分表来指示二语流畅性（0 = 过快或过慢，1000 = 最佳速度）。

（2）停顿性流畅性。对于停顿性流畅性，我们计算了无声停顿（即无声停顿率）和填充停顿（即填充停顿率）的测量值。根据 de Jong 等（2012），超过 0.35 秒的沉默被视为无声停顿，无声停顿率被计算为无声停顿时间占总说话时间的百分比。此外，我们还计算了填充停顿率。在检查转录文本和语音数据并计算填充停顿的数量（如 uh、um）后，将填充停顿的总数除以单词总数，然后计算填充停顿率。

（3）速度流畅性。对于速度流畅性，我们测量了语速（音节总数除以说话时间，不包括停顿）（de Jong et al.，2012）。

8. 词汇丰富性测量

对词汇丰富性的评分采用词汇熟练度研究所采用的分析程序（Crossley et al.，2011）。为了避免评分者的判断受到语音变量的影响，在词汇分析中，评分者需要阅读转录的文本。词汇丰富性是指词汇使用的复杂程度，主要涉及以下三个指标。

（1）词汇多样性。我们将词汇多样性定义为文本中单词的变化程度。尽管词汇多样性通常指说话者使用的不同单词的数量（类符-形符比率），但其对文本长度的依赖性较强（文本越长，词汇多样性越低）。为了避免这个问题，我们采用了 MTLD 测量法（McCarthy & Jarvis，2010）。MTLD 分值越高，表明说话者的词汇就越多样化。

（2）词频。词频是量化词汇丰富性的一种常用的指标，口头和书面语中低频词的使用是二语词汇熟练度的重要预测因素（Daller et al.，2003）。词频分数是由对数转换后的频率总和除以形符频率而得出的。该指标的得分越高，表明说话者产生的高频词越多。

（3）词汇使用范围。该指标也称为语境多样性，通过计算单词出现在给定参考语料库中的文档（或子语料库）的数量，评估单词在不同文体/语域中的使用范围。使用范围较窄的二语单词（如专业词汇）可以预测学习者的二语水平（Crossley et al.，2013；Kyle & Crossley，2015）。词汇使用范围的计算方式是将 TAALES 中的范围得分（即语料库中的文档数量）的总和除以形符单词使用范围得分的数量，然后进行对数转换。这项测量的得分越高，表明说话者使用的单词越常出现在更广泛的上下文中。

7.2.4　数据分析

我们分析了流畅性评分和词汇丰富性评分的可靠性，发现最佳速度（$\alpha = 0.92$）和词汇丰富性（0.87）的克龙巴赫 α 系数较高。表 7.13 为搭配测量和口语水平得分（流畅性和词汇丰富性）的描述性统计数据。为了研究搭配知识测量和口语能力测量之间的关系，我们采用贝叶斯方法进行统计建模。

表 7.13　搭配度量指标的描述性统计和口语能力得分

搭配度量指标		M	SD	最小值	最大值
总反应词	搭配频率（原始值）	388	99	167	689
	T 分数	7.22	1.87	3.11	12.6
	MI 值	1.67	0.3	1.03	2.7
第一反应词	搭配频率（原始值）	458	287	168	1135
	T 分数	7.78	2.69	1.67	16.05
	MI 值	2.1	0.39	1.02	3.36
口语能力测量指标：流畅性	流畅性评分	0.49	0.15	0.22	0.79
	发音速率	103	25	49	171
	无声停顿率	0.6	0.2	0.26	1.15
	填充停顿率	0.08	0.06	0	0.23
词汇使用	词汇丰富性评分	0.40	0.11	0.17	0.60
	词汇多样性	34.03	10.33	16.1	61.2
	词频	3.02	0.08	2.81	3.32
	词汇使用范围	−0.3	0.04	−0.5	−0.24

我们还在 *R* 中使用 rstan 包进行了贝叶斯稳健相关性分析。为了进行相关性分析，该模型将多元 student-*t* 分布作为先验分布，与假设的多元正态分布相比，其重尾使得后验分布对异常值的存在更具稳健性。基于 5000 次迭代完成四个马尔可夫链。为了评估模型的收敛性，我们检查了迹线图和 *R*-hat 值。

由于我们主要关注搭配知识和口语流畅性测量的关联程度，我们通过点估计（后验分布的平均值）和后验分布 95%置信区间（类似于传统的置信区间估计）来解释相关系数的大小。我们还利用贝叶斯后验分布的灵活性计算了两个额外的指标来补充我们的解释：①等效于零假设 *Pr*（|rho| < 0.05）的后验绘制的百分比；②相关系数超过效应量下限的后验概率，或 *Pr*（|rho|≥0.25）。根据 Plonsky 和 Oswald（2014），相关系数效应的大小基准为：0.25（小）、0.40（中）和 0.60（大）。

为了进一步测试搭配知识是否可以解释二语口语能力的变异量，我们使用 *R* 中的 brms 包进行了后续的多重线性回归（Bürkner，2017）。首先，针对每个口语能力和搭配知识指标之间的双变量相关系数，我们构建了四个模型，以测试这些关系的可行性：①无条件（只有截距）模型；②搭配模型；③词汇量模型；④搭配和词汇量模型。

其次，在模型构建之后，研究者需要使用信息标准选择"最佳拟合"模型（模型选择），或者使用这种信息标准作为工具来了解每个模型解释的数据生成过程（模型比较）（McElreath，2020）。当竞争模型之间的差异很小时，这两种方法之间的差异将变得明显。例如，根据奥卡姆剃刀原则，人们最终会选择一个更简单的模型来解释变量之间的关系。我们采用 McElreath（2020）推荐的模型比较方法，先为每个模型计算留一法交叉验证信息准则（Leave One Out Cross Validation Information Criteria，LOOCVIC），以估计模型的预测准确性（McElreath，2020）。然后，我们使用 LOOCVIC 分数，通过 brms 包中的"loo_model_weight（）"函数计算模型权重。在该函数中，使用贝叶斯叠加方法计算模型权重，以找到替代模型的最优线性组合（即权重）。

7.2.5 结果

为了探讨搭配知识与口语流畅性之间的关系，本节研究对三种搭配指标（搭配频率、*T* 分数、MI 值）和八种言语指标（流畅性方面包括流畅性评分、发音速率、无声停顿率、填充停顿率；词汇使用方面包括词汇丰富性评分、词汇多样性、词频、词汇使用范围）进行了相关性分析。下文分别汇报总反应词和第一反应词数据的相关性分析结果。

（1）总反应词数据。对于基于单词联想反应（包括所有反应）和口语熟练度测量的搭配具体量化数据（表 7.14），贝叶斯相关分析表明，参数估计存在大量不确定性，其中许多参数在 95% 置信区间包括零值。尽管如此，双变量关系中的三个在其 95% 置信区间不包括零，第一个是搭配频率和填充停顿。相关系数的后验分布表明，66% 的参数估计值超过了弱效应或 Pr（|rho|≥0.25）的标准，这表明在单词联想中更频繁产出搭配的说话者在描述任务中产生的停顿更少。MI 值与两个词汇丰富性指标呈负相关性，效应量中等。这些结果表明，提供与提示词连接强度高的反应词的被试更有可能产生复杂的词汇，这些词汇在自发性口头叙述中很少出现，而且范围很小。在 95% 置信区间中，没有发现关于 T 分数和口语熟练度之间相关性的可靠证据，所有 rho 均为零，尽管 t 值和填充停顿之间存在负相关关系（rho = −0.255）。

表 7.14　搭配度量指标和口语能力（总反应词）之间的相关性分析

指标		搭配频率			T 分数			MI 值		
		rho	LCI	UCI	rho	LCI	UCI	rho	LCI	UCI
流畅性	流畅性评分	−0.122	−0.449	0.135	−0.071	−0.455	0.223	0.055	−0.212	0.410
	发音速率	−0.041	−0.333	0.229	0.025	−0.322	0.411	0.189	−0.192	0.339
	无声停顿率	0.119	−0.109	0.415	0.061	−0.312	0.761	0.112	−0.355	0.348
	填充停顿率	−0.333	−0.642	−0.010	−0.233	−0.421	0.111	−0.166	−0.454	0.201
词汇使用	词汇丰富性评分	−0.142	−0.486	0.151	−0.021	−0.229	0.272	0.139	−0.186	0.399
	词汇多样性	−0.211	−0.529	0.072	−0.122	−0.431	0.301	0.036	−0.221	0.355
	词频	0.004	−0.329	0.323	−0.083	−0.467	0.288	0.339	−0.533	−0.198
	词汇使用范围	−0.041	−0.375	0.204	−0.136	−0.316	0.126	−0.356	−0.587	−0.096

注：LCI = 95% 置信区间下限值；UCI = 95% 置信区间上限值，下同。

（2）第一反应词数据。对第一反应词数据进行测量的贝叶斯相关分析显示（表 7.15），搭配频率与三种流畅性测量指标之间存在低到中等的相关性：流畅性评分、发音速率和无声停顿率。这些结果表明，在单词联想中产出低频搭配的被试在图片描述任务中的无声停顿更少，英语使用更加流利。尽管搭配测量指标和词汇多样性之间无有意义的联系（rho < |0.25|），但 MI 值与词汇丰富性评分相关（rho = 0.233），与词频（rho = −0.339）的效应量达到中等效果。这些结果表明，产出与刺激词强相关的联想词的被试更有可能在口头叙事中使用低频词汇。然而，T 分数和口语熟练度之间相关性弱，95% 置信区间中的所有 rho 均为零。

表 7.15　搭配度量指标和口语能力（第一反应词）之间的相关性分析

指标		搭配频率			*T* 分数			MI 值		
		rho	LCI	UCI	rho	LCI	UCI	rho	LCI	UCI
流畅性	流畅性评分	−0.375	−0.611	−0.066	−0.226	−0.511	0.051	0.051	−0.200	0.328
	发音速率	−0.366	−0.523	−0.032	−0.176	−0.404	0.122	0.020	−0.311	0.377
	无声停顿率	0.289	0.036	0.557	0.233	−0.122	0.500	−0.029	−0.324	0.269
	填充停顿率	−0.155	−0.463	0.135	−0.266	−0.500	0.018	−0.366	−0.516	0.049
词汇使用	词汇丰富性评分	−0.301	−0.511	0.047	0.058	−0.241	0.409	0.233	0.060	0.522
	词汇多样性	−0.201	−0.500	0.075	−0.032	−0.351	0.289	0.171	−0.122	0.409
	词频	0.088	−0.289	0.388	0.041	−0.303	0.321	−0.339	−0.653	−0.061
	词汇使用范围	0.165	−0.242	0.419	0.054	−0.262	0.409	−0.259	−0.525	0.021

（3）贝叶斯线性回归。为了测试控制被试的词汇量大小后，搭配指标与口语表达能力之间的关系是否成立，我们为每个二语口头表达能力的结果变量构建了四个回归模型：无条件模型、搭配模型、词汇量模型以及搭配和词汇量模型。当以上搭配测量指标与结果变量（口语熟练度）的相关性有意义时，模型中保留具有最强相关性的搭配测量指标。例如，在预测口语生产中的词汇频率时，选择第一反应词的 MI 值而不是总反应词的 MI 值。构建的每个模型均须满足收敛标准（*R*-hat < 1.01）。随后，我们计算了 LOOCVIC 交叉验证信息准则，以评估四个模型的预测准确性。表 7.16 显示了通过 "loo_model_weight（）" 函数进行贝叶斯堆叠[①]的结果（Yao et al.，2018），其中模型权重显示了每个模型对最小化 loo 模型线性组合的贡献程度。

表 7.16　贝叶斯堆叠模型权重总结

指标		无条件模型	搭配模型	词汇量模型	搭配和词汇量模型
流畅性	流畅性评分	0	0.522	0.400	0
	发音速率	0.169	0.711	0.134	0
	无声停顿率	0.054	0.724	0	0
	填充停顿率	0.333	0.555	0	0
词汇使用	词汇丰富性评分	0.136	0.004	0	0.779
	词频	0	0.269	0.338	0.376
	词汇使用范围	0	0.554	0.337	0

---

① 贝叶斯堆叠（Bayesian stacking）是一种集成机器学习模型的方法。它结合了贝叶斯模型平均和模型堆叠两种技术。在贝叶斯堆叠中，首先将训练数据分成若干份，每一份用于训练不同的基本模型；其次，使用交叉验证技术来评估这些基本模型的性能，并将交叉验证的结果作为输入数据训练一个元模型；最后，将测试数据输入基本模型和元模型，得到预测结果，并将这些预测结果加权平均，得到最终的预测结果。贝叶斯堆叠通过将多个模型的预测结果结合在一起，可以提高模型的准确性和鲁棒性。

　　流畅性测量的结果如表 7.16 所示。第一，搭配和词汇量模型在所有流畅性测量中的权重为零，这表明这一模型没有捕捉到潜在的数据生成过程。此外，仅有搭配模型特别是在预测流畅性的客观指标（发音速率、无声停顿率和填充停顿率）时有很大的权重。这些结果表明，对于预测口语流畅性，搭配模型比其他模型更准确可信。

　　第二，流畅性评分的结果略有不同，两个单一预测模型（搭配模型和词汇量模型）的权重较大，但搭配和词汇量模型的权重较小。这些结果表明，当在同一模型中同时考虑这两个预测因子时与单独考虑每个预测因子时相比，这两个预测因子都没有对流畅性评分做出独特的贡献。这可能是因为流畅性评分与搭配知识和词汇量大小之间的差异。

　　第三，关于词汇丰富性的模型权重表明，搭配和词汇量模型可以捕捉丰富性人工评分（0.779）和频率（0.376）之间的关系。尤其是丰富性人工评分与流畅性评分形成了对比，因为搭配和词汇量模型比更简单的模型（搭配模型和词汇量模型）的权重更大。这表明与流畅性评分相比，搭配知识和词汇量的组合更能捕捉潜在的数据生成过程。预测词汇频率的模型权重大致均等地分配给三个模型，即搭配模型、词汇量模型以及搭配和词汇量模型，说明这三个模型的信度都较低。这种相似的权重说明仅根据信息标准进行模型选择可能会丢弃潜在的关键信息。预测词汇使用范围的结果显示，搭配模型的权重是词汇量模型的 1.6 倍，说明搭配知识很可能比词汇量能更有效捕捉数据生成过程。

　　第四，模型权重的结果表明，搭配和词汇量模型在两个词汇测量指标（丰富性人工评分和频率）上比较重要。如表 7.17 和表 7.18 所示，R-hat 值均小于 1.01，这意味着模型收敛。在词汇丰富性评分模型中，MI 值的正向影响表明，学习者在单词联想任务中产出的唯一关联搭配越多，他们在口语产出中的词汇丰富性得分越高。词汇量的系数表明，产出较低频率的词汇项目（即较大的词汇量）的被试倾向于在图片描述中产出更丰富的词汇。这些系数的置信区间较大，说明整个模型的不确定性较高（尤其是词汇量的不确定性）。值得注意的是，MI 值似乎与词汇丰富性的关系比与词汇量大小的关系更密切。在词频最终回归模型（表 7.18）中，较高的 MI 值与口语中较低频率的单词相关，单词联想反应较低的平均频率与口语叙述中词汇的较低频率有关。与词汇丰富性评分的结果不同，与 MI 值相比，词汇量与词频的关系更为密切（表 7.18）。

表 7.17　词汇丰富性评分的最终回归模型

指标	估计量（β）	LCI	UCI	R-hat
截距	0.002	−0.255	0.277	1.0002
MI 值（第一反应词）	0.333	0.029	0.612	1.0003

续表

指标	估计量（β）	LCI	UCI	*R*-hat
词汇量	−0.255	−0.489	0.009	1.0002
R^2	0.267	0.051	0.355	
Δ LOOCVIC（vs. 无条件模型）	−4.349			

注：较小的 LOOCVIC 表示模型的预测性更好，下同。

表 7.18　词频最终回归模型

指标	估计量（β）	LCI	UCI	*R*-hat
截距	−0.0002	−0.321	0.288	1.0002
MI 值（第一反应词）	−0.323	−0.444	−0.002	1.0002
词汇量	0.255	0.055	0.598	1.0005
R^2	0.336	0.049	0.401	
Δ LOOCVIC（vs. 无条件模型）	−5.219			

7.2.6　讨论

本节研究考察了搭配知识与二语口语流畅性之间的关系，用口语流畅性（流畅性评分、发音速率、无声停顿率、填充停顿率）和词汇使用（词汇丰富性评分、词汇多样性、词频、词汇使用范围）来衡量口语流畅性。借鉴语料库的技术（Durrant & Schmitt，2009），通过三种基于语料库的搭配指标（频率、*T* 分数和 MI 值）来确定反应和提示词之间的关系。基于语言产出理论（Kormos，2006），我们假设拥有丰富词汇知识的被试在联想任务中更容易产出搭配，同时他们也能将其运用到口语中。

关于搭配与口语流畅性的关系，基于总反应词和第一反应词数据的相关性分析表明，搭配频率与流畅性相关。回归分析显示，在单词联想中产出更多低频搭配的说话者的口头语言产出更快、停顿更少，听众认为他们更流利。该研究结果补充了二语词汇研究的结果，证明低频词的知识与高口语水平有关（Uchihara & Saito，2019），即频率在测量搭配知识方面作用显著（Durrant，2014）。这些发现为语言产出系统的理解提供了证据，表明二语产出不仅是词汇驱动的（Koizumi & In'nami，2013；Uchihara & Saito，2019），而且在更大程度上是搭配驱动的（Saito，2020；Tavakoli & Uchihara，2020）。大脑词汇库中有更广泛的搭配知识的学习者有如下特点：首先，他们在语言表达的构思阶段可能会更高效地检索适当的词汇，从而更快速和更流畅地进行语言表达（Kormos，2006）；其次，拥有更广泛的搭配知识会为语言处理释放更多的注意力资源（Skehan，2009）；最后，具有更广泛的搭配知识的学习者可能会更快、更少停顿地使用二语（de Jong，2016）。

关于搭配与词汇丰富性之间的关系，数据结果显示，MI 值与三种词汇丰富性指标之间存在效应量较小的相关性。回归分析支持搭配和词汇量模型，即 MI 值比词汇量更能有效预测词汇丰富性。这表明搭配知识（联想强度）对感知词汇丰富性的影响比单个词项更大。总之，在单词联想任务中产出更复杂的目标语搭配的被试（高 MI 值）在口头描述任务中使用了更多的低频词汇，评分者也认为他们的词汇使用更丰富、更高级。值得注意的是，在控制了词汇量的影响后，搭配知识仍然是口语水平的关键预测因素。这一发现与我们的预测一致，即丰富的心理词汇使说话者能够产出更复杂的语言（Skehan，2009），这也与语料库语言学和心理语言学的研究结果一致，即高水平语言使用者对 MI 值更高的搭配表现出更高的敏感性（Durrant & Schmitt，2009；Eguchi & Kyle，2020；Granger & Bestgen，2014；Saito，2020）。与搭配频率和 MI 值的测量结果相反，在所有平均系数均小于|0.25|且所有 95%置信区间均为零的情况下，T 分数和口语能力测量之间不存在有意义的相关性。T 分数和 MI 值强调搭配知识的不同方面（Durrant & Schmitt，2009；Granger & Bestgen，2014）。在得出任何关于 T 分数作为搭配度量标准价值的结论之前，我们需要进行更多的词语联想研究，以进一步探讨它是否与二语流畅性相关。

最后，我们的研究结果表明，对于单词联想任务中引发的第一个反应，与总反应数据相比，搭配测量指标与口语流畅性之间的关系更为显著。这表明学习者大脑中最初的反应可能更准确地反映了他们心理词汇的质量或丰富程度（Playfoot et al.，2016）。因此，第一反应数据可能比总反应数据更能反映二语流畅性。总反应数据可能受到连锁效应的影响（即第一反应词提示后面的反应词）。为了避免这个问题，今后的研究应该设计更多的刺激词来诱发学习者的联想。

7.2.7　结论

本节研究旨在考察通过单词联想任务获得的搭配知识与口语流畅性之间的关系。研究结果显示，具有丰富搭配知识的说话者可以在口头语言产出中流畅地使用丰富的词汇。本节研究对单词联想研究和口语能力发展具有重要意义，并发现使用语料库测量指标，如频率和连接强度（T 分数和 MI 值），是评估和识别通过单词联想任务引发的搭配的量化指标。未来的研究应该继续考察搭配与口语能力之间的关系。由于本节研究的样本量小，因此贝叶斯分析显示参数可能存在很大的不确定性。还应注意的是，即使在 95%置信区间不包括零值的情况下，支持结果的证据量（或合理性）也存在差异。例如，81%的概率发现（第一反应词的）搭配频率和口语流畅性评分之间的相关系数高于二语学习研究中确定的效应量的阈值，与（第一反应词的）搭配频率和发音速率之间的相关性高于设定的基准值概率 66%。未来研究建议增加样本量，以减少这种不确定性。

7.3　本 章 小 结

　　本章汇报的是实证研究模块二的主要内容：*n*-gram 与二语口语产出的关系研究。研究一探讨了中国大学英语专业的学生在复述和定题描述两种语言活动中运用二元组和三元组的情况，并分析了这些使用情况如何与他们的二语口语能力相关联。结果表明：四个熟练水平的学习者在语言产出中的二元组和三元组的频率和连接强度方面存在差异；学术文体中二元组的比例和连接强度对二语学习者的口语流畅性有显著的预测作用；水平较高的二语学习者在定题描述中使用了更多出现在母语者语料库中的二元组和三元组，表明得分较高的口语样本包含关联度较高和高频的学术三元组。研究二汇报的实证研究考察了二语学习者的搭配知识与口语流畅性之间的关系。该研究设计了单词联想任务，要求被试根据给定的刺激词产生与之相关的搭配结构。随后，研究者利用基于语料库的量化标准，深入分析了这些刺激词与被试的反应之间的搭配紧密程度。研究结果显示，那些在单词联想任务中能够频繁产出低频但恰当的搭配的学习者，在表达时语速更快、更流利；同时，产出更强关联的搭配的被试在语言产出中倾向于使用更复杂的词汇。上述两项研究结果显示，短语能力是二语口语发展的重要因素。

第8章　二语概率机制的调控：语境多样性与续任务

　　本章内容分两大部分：语境多样性与词汇附带学习研究，以及续任务对二语短语知识的促学研究。众所周知，词汇学习是语言的一个重要方面，它贯穿了语言使用者的一生。在很大程度上，我们使用的词汇来自阅读过程中的偶然学习。这在学习一门新语言时尤为重要。研究表明，通过阅读，我们可以隐性地习得外语词汇。也有研究发现，人们在母语中只接触一次新的词汇形式，在外语中只接触两次，就可以将其融入自身知识系统，但学习效果会随着接触该词的多个不同范例而增强。语境对词汇习得有显著影响。本章汇报两项研究，通过调控语境来考察二语词汇和短语知识的发展，我们认为提升语境多样性，丰富学习者的语言接触经历，给学生提供高质量的语境，让其完成续写内容填补，可为学习者提供语言输入样板，挤压学生犯错的空间，促进其学习目标构式，两项研究对外语教学有一定的启示作用。

8.1　研究一：语境多样性与词汇附带学习研究

8.1.1　研究背景

　　尽管人们遇到单词的次数会影响他们学习和记忆这些单词的程度，但关于在语境中接触的单词如何影响其学习效果的文献并不多。量化这种接触的方法之一是语境多样性，即单词出现在数据库中的文本数量（Adelman et al.，2006）。这个变量可用来描述语境的影响。语境多样性对学习者的单词学习及处理的影响主要表现为减少单词识别的时间（Adelman et al.，2006；Perea et al.，2013），以及提升口语识别和书面单词连续回忆的能力（Parmentier et al.，2017）。

　　词频是指单词在语料库中出现的次数，这与它出现在文本中的数量高度相关。尽管词频是各种语言任务表现的重要预测因素，如词汇通达（Grainger，1990）和连续回忆（Parmentier et al.，2017），但有研究对这种影响提出了质疑。这些研究表明，语境多样性可能是最初归因于词频的一些影响因素（Vergara-Martínez，Comesaña & Perea，2017），因为在某些情况下，它比词频能解释更多的变异量，使后者成为一个不显著的预测因子。尽管词频和语境多样性高度相关，但它们诱发的事件相关电位（event-related potential，ERP）信号不同，表明两者有不同的潜在大脑机制（Vergara-Martínez，Comesaña & Perea，2017）。这表明词频和语境多样性的影响在某些语境中可能是可以区分的。总之，语境多样性在词频之上和之外的重要性不应被削弱，它在语言学习中的相关性仍然没有得到充分理解。

Pagán 和 Nation（2019）通过在同一句子或不同句子中重复出现新单词（低频未知单词）来实验操纵多样性。他们发现，多样性在学习阶段增加了学习者的阅读时间，在测试阶段减少了其阅读时间。他们认为这是在测试学习者在不同背景下学习单词时的一种处理优势。尽管这为解决这个问题提供了一个很好的方法，但也有一些局限性。重复关于这个词的信息和语境多样性被混淆了。通过重复提供同一个句子，整个句子的阅读时间可能会减少，但这并不是因为学习者对这个词的理解加深了，而是因为重复效应。此外，通过在高多样性语境下提供不同的句子，可以为学习者提供更多关于单词含义的信息。同样，他们将上下文多样性定义为重复（低多样性）或改变（高多样性）句子，而这一概念主要的和最常见的指标是文档数（Adelman，Brown & Quesada，2006）。事实上，即使一个单词在文本中出现重复，重复的也不是句子本身，而是句子中的单词。

Rosa、Tapia 和 Perea（2017）通过向三年级学生展示不同类型的文本来操纵语境多样性，并发现在之后的测试中学习者也有类似的改善表现，具有更高的多样性。他们测试了回忆、识别（在两项任务中）和图片匹配任务。这些测试侧重于行为差异，并显示出高语境多样性与低语境多样性在表现上的一致优势。总而言之，这些研究为评估语境多样性对语言处理和表征的影响有重要意义。本节研究试图考察语境多样性在外语词汇学习中保持频率不变的情况下的影响效应。为此，我们创建了几个文本，其中包含一组用非母语学习的新词（在这种情况下，用假词代替真词）。被试阅读外语的短篇虚构文本。我们操纵了每个单词的上下文多样性，将其定义为接触小说文本（或短篇小说）的数量。这些数值从非常高（在 1 篇文章中出现 8 次）到非常低（在 8 篇文章中各出现 1 次）不等。这不仅让我们看到了语境多样性对学习的影响，还让我们看到了语境多样性对外语学习产生的不同影响。正如在其他研究中观察到的结果那样，我们预计在更多的文本中的分布接触量将提高整体记忆的保持率（Pellicer-Sánchez，2016）。考虑到在学习外语的过程中整合和建立词汇之间的联系变得更加困难，更频繁的重复可能有助于参与者提取意义并在该语言中整合词汇形式。

8.1.2　研究设计

1. 被试

被试是 90 名以汉语为母语的大学本科生（中等水平组和高水平组各 45 人）。

两组被试参加了外语条件下的教学实验。在这项研究中，所有被试都完成了 LexTALE 英语接受性词汇测试（Lemhöfer & Broersma，2012），并且只纳入英语分数为 60% 及以上的被试，这对应于 CEFR 中的 B2 水平。被试需要对他们的英语总体水平及英语阅读技能进行 1—10 分的评分。最后，我们收集了被试的言语、非言语测量信息，并在所有上述变量上对被试进行分组匹配（表 8.1）。

表 8.1　被试的基本信息

变量	中等水平组	高水平组	t 值	p 值
平均年龄/岁	19	22	−5.49	< 0.001
英语 LexTALE 分数/分	62.35	72.89	−6.67	< 0.001
英语水平（总体）/分	5.21	6.65	−3.88	< 0.001
英语水平（阅读）/分	4.33	7.45	−5.77	< 0.001
日常使用英语时间/时	3.93	7.68	−7.76	< 0.001

2. 测试材料

测试材料由包含 100 个单词的故事组成，使用了 8 个高频关键词：apple、car、table、dog、house、book、water、ball。这些高频词在实验中被假词所取代。选择这些词的理由如下：这些词适用于各种场景，从图片中容易识别，很容易从句子上下文中推导出来，容易用标准化图像来描述。每个故事分别出现关键词 8 次（1 个故事）、4 次（2 个故事）、2 次（4 个故事）或 1 次（8 个故事）。创建这些故事是为了让出现 8 次关键词的故事包含在 8 个连续的句子中，并以填充句结束。然后，研究者对带有关键词的句子进行细分，并在之前和/或之后添加填充句，以创建剩余的文本。尽管其他句子是填充词，但确实构成了一个连贯的段落。这样，包含关键词的句子在不同条件下是相同的。我们将关键词替换为形式为 CVCVC、VCVCV 或 VCVC 的假词。每个故事中代替关键词的假词是被试在任务中要学习的新目标词。

3. 测试程序

为了确保理解，每个被试先要熟悉测试指令。在学习任务中，被试进行了必要练习。所有的任务都是使用 E-Prime2.0 执行的。在学习阶段，被试阅读以便理解短文内容。这些文本包含 8 个新的假词，每个语境多样性条件嵌入 30 个故事中（2 个假词每个故事重复 8 次，4 个假词重复 4 次，8 个假词重复 2 次，16 个假词只重复 1 次）。提醒被试注意文本中会有"奇怪"的单词，并建议他们专注阅读以理解文本，而不是专注于这些单词。在正式阅读实验中，所有文本都随机呈现。

为了避免文本数量最少的条件（只有 1 个文本带有 8 次假词的条件和有 2 个文本带有 4 次假词的情况）产生首位效应（primacy effects）[1]，最高语境多样性条件下的 8 个文本中的一个被放在第一位。同样，为了避免近因效应[2]，在最高语境多样性条件下，从另一个假词中提取一个文本，并将其放在最后，并在测试部分之前添加一个干扰任务。其他 28 篇文本以完全随机的顺序呈现给每位被试。被试在 20 秒时间内完成每个故事的阅读。阅读完每篇文章后，被试回答一个真假判断问题，以测试其对文本的关注度和理解力。

被试阅读完所有文本后，被要求完成一项干扰任务，即前/后 Corsi 任务（Berch, Krikorian & Huha, 1998）。任务中设定了一个 10 分钟的计时器，以确保被试有相等的休息时间。在干扰任务之后，被试进入测试阶段，该阶段包括回忆任务和识别任务。在回忆任务中，研究者给被试呈现其之前看到的 8 个句子，其中出现了假词，在矩形框格中，被试需要键入完成所有句子的正确假词。填空结束后，被试立即进行识别任务，该任务由一个对应于同一个假词的选择题组成，四个选项为：正确假词 A、竞争假词 B、A 中间辅音转置的假词、B 中间辅音转置的假词。被试自定步调完成这两项任务，单词的顺序是完全随机的，但任务顺序不变。

8.1.3　结果

1. 理解任务

被试的平均准确率为 82%。我们采用双向混合方差分析的方法，对理解测试的正确率进行了分析，两个自变量为语境多样性（分为 1 个语篇、2 个语篇、4 个语篇和 8 个语篇四个不同水平）和二语水平（中等和中高两个水平）。分析结果显示（表 8.2），无论是二语水平（$F = 0.77$，$p = 0.34$）还是语境多样性（$F = 0.38$，$p = 0.79$）的主效应，均未达到显著水平。我们还考察了这两个因素之间的交互作用，同样发现其并不显著（$F = 1.33$，$p = 0.41$）。

---

① 首位效应（primacy effects）指的是最初呈现给人们的信息比随后呈现的信息对他们的总体印象或判断产生的影响更大的现象。这种效应经常出现在人们试图根据一系列输入形成对某事或某人的看法的情况下。例如，在一次面试中，面试官可能更容易记住候选人最初说的话，并据此形成他们的总体印象。我们可以通过提供平衡化和多样化的信息，或者强调演示的要点来抵消这种效应。

② 近因效应（recency effects）指的是最近呈现给人们的信息比之前的信息对他们的总体印象或判断产生的影响更大的现象。这种效应通常出现在人们试图形成对某事或某人的看法时，最近的信息似乎更加重要而且更容易被记住。例如，在一次选择面试中，面试官可能更容易记住最后一个候选人说的话，并据此形成他们的总体印象。这种效应可以通过提供平衡化和多样化的信息，或在最后重点强调重要信息来抵消。

表 8.2 各项任务的平均值（标准误）

二语水平		8 个语篇	4 个语篇	2 个语篇	1 个语篇
理解任务	中等水平	0.85（0.02）	0.90（0.02）	0.88（0.02）	0.90（0.04）
	中高水平	0.85（0.01）	0.83（0.02）	0.87（0.02）	0.90（0.03）
回忆任务	中等水平	0.26（0.05）	0.14（0.05）	0.13（0.04）	0.02（0.02）
	中高水平	0.28（0.05）	0.20（0.05）	0.15（0.05）	0.03（0.02）
识别任务	中等水平	0.82（0.04）	0.72（0.04）	0.80（0.04）	0.60（0.04）
	中高水平	0.86（0.04）	0.72（0.04）	0.80（0.05）	0.58（0.05）

被试阅读每一段的平均时间为 39 秒。我们采用了双向混合方差分析考察了语境多样性和二语水平对学习过程中的阅读时间的影响。分析结果显示，二语水平主效应显著（$F = 31.55$，$p < 0.001$），与中高水平二语学习者相比（$M = 33.25$），中等水平的二语学习者进行外语阅读的时间更长（$M = 43.57$）；语境多样性的主效应不显著（$F = 0.88$，$p = 0.46$），语境多样性和二语水平无显著交互作用（$F = 0.39$，$p = 0.77$）。

2. 回忆任务

回忆任务的数据违反正态分布。我们进行了非参数检验，这部分分析只考虑被正确回忆的假词。整体而言，回忆率相当低（$M = 16\%$）。使用语境多样性和二语水平对准确性进行了双向混合方差分析，即将回忆任务中的正确率作为因变量。二语水平的主效应不显著（中等水平：$M = 15.6\%$；中高水平：$M = 16.5\%$）（$F = 0.71$，$p = 0.4$），语境多样性的主效应显著（$F = 11.873$，$p < 0.001$），出现在高语境多样性条件下的词的回忆准确率更高（表 8.2）。二语水平和语境多样性的交互作用未能达到统计学上的显著意义（$F = 0.35$，$p = 0.74$）。

3. 识别任务

识别任务的数据违反正态分布。为了校正数据的非正态性，我们进行了非参数检验。在识别任务中，平均识别正确率为 72.55%。我们对识别任务的准确性进行了语境多样性和语言的双向混合方差分析。语境多样性的主效应显著（$F = 9.33$，$p < 0.001$），但二语水平的主效应不显著（$F = 0.006$，$p = 0.93$），两者的交互效应也不显著（$F = 0.59$，$p = 0.63$）。这些结果表明，语境多样性越高，外语学习者识别假词的准确率越高（表 8.2）。

8.1.4 　讨论

本节研究旨在调控语境多样性，考察新词在一个或多个文本中出现的分布方式是否会影响学习效果，并着重探讨不同外语水平学习者的词汇学习之间的差异。为此，我们让被试阅读短篇故事，其中的高频词被假词替换。这些假词可能会出现在更少或更多的文本中，并分别与较低或较高的语境多样性相关联。在每篇文本之后，被试必须回答一个问题，但在这个理解检查中，二语水平和语境多样性均未产生显著影响。然后，我们让被试回忆和识别这些假词。总体而言，我们在所有任务中都发现了上下文语境多样性的主要影响。被试在看到更多上下文中出现的假词时表现更好，而且速度更快或准确性更高。这意味着当完全没有理解问题时，语境多样性只有积极的影响，使假词更容易被回忆、识别并与它们的意义相匹配。我们的结果与先前的研究一致，这些研究表明语境多样性的影响高于词频（Pagán & Nation，2019）。

这表明仅仅通过操纵上下文的语境多样性就可能足以提高学习者的表现，而无须提高其接触词汇的频率。值得注意的是，除了提高上下文的语境多样性之外，我们还加大了不同接触之间的时间差距，这可能也增强了效果并对记忆保持率产生了积极的影响。尽管如此，间隔文献通常是指在不同的时间段里进行的独立练习，如 Sobel、Cepeda 和 Kapler（2011）在集中条件下使用了 10 分钟的任务，会话之间只有 1 分钟，而在间隔条件下会话之间有 1 周的时间间隔。因此，我们的所有条件都是集中练习。词义是通过对一个单词及其与共同出现的单词的经验的总结而产生的。因此，虽然间隔和语境多样化的语境也可以产生类似的效果，但它们代表了两种在概念上不同的认知结构：间隔有助于记忆，而语境多样性有助于创造更丰富的词汇心理表征。

这些结果对于语言接触机会有限的情境尤其重要，例如，在外语课堂上，增加单词实例数量的时间成本较高。此外，我们发现，语境多样性对学习效果的影响是逐渐增强的，语境多样性越高，学习效果越好。本节研究表明，提升语境多样性会带来更好的学习成果。我们没有发现二语水平对理解任务的影响，这意味着两组学习者都能够理解测试文本。然而，二语水平对回忆任务和识别任务有影响，高水平的二语学习者对目标文本中的假词理解更加准确。当词汇项目在不同语言水平之间匹配时，它们的学习难度在理论上是相同的。重要的是，二语水平和语境多样性之间没有相互作用，这表明语境多样性对于语言水平有同样的积极影响。尽管与我们最初的假设相反，但这表明尽管水平较低的外语学习者处理信息明显更困难，但通过获取上下文信息足以维持语境多样性对单词学习的积极影响。

8.1.5　结论

本节研究探讨了语境多样性对外语词汇学习的影响。实验中，被试阅读了几篇以假词替换高频词的文章。实验确保每位被试接触这些假词的总次数相同，但不同之处在于这些假词分别散布在 1 篇、2 篇、4 篇或 8 篇不同的文章中。实验结果显示，上下文语境多样性的增大提高了被试对单词的回忆和识别能力。我们的研究结果具有以下几点启示。首先，不同水平的二语学习者中发生了附带性词汇习得效应，这也为通过利用基于语境的信息来改善这一过程提供了可行的途径。其次，我们发现没有必要为了提高学习效果而增加词汇接触次数，强调了上下文的重要性。值得注意的是，这些结果只适用于最近学到的知识，无法说明其延时效果。这对教育有重要的影响，因为教育的时间和接触非常有限，必须加以语境多样性的优化。

8.2　研究二：续任务对二语短语知识的促学研究

王初明（2016，2018）提出了续论，认为通过续任务可让学习者在补全、扩展和创造输入文本的过程中充分与优质的语言协同，借此实现高效的语言学习。在续写或续说的过程中，二语学习者创造性地补全输入文本，将理解与产出紧密结合起来，使自己的语言与输入文本对齐，以达到提高二语使用质量的目的（Zhang，2017；姜琳、陈锦，2015；姜琳、涂孟玮，2016；张晓鹏，2016）。本节研究通过为期 5 个月的续任务，考察中国初级英语学习者 n-gram 使用的历时变化。选择 n-gram 作为目标构式，是因为语言中程式化语组的比例高（Sinclair，1991），自然、惯常的语言使用都离不开程式化的语言结构（Pawley & Syder，1983）。然而，二语学习者在获得和产出基于 n-gram 的程式语时困难极大（Ädel & Erman，2012；Durrant & Schmitt，2009），因此，探索如何通过操纵输入文本，让学习者在不同的语境中学习并使用 n-gram 程式语，这对提高教学效率意义重大。

8.2.1　二语短语知识学习中的困难

母语者通常依赖于大量的词汇搭配来表达思想。然而，二语学习者在口语和书面表达中使用词汇搭配时，往往会面临许多挑战。这是因为他们通常过于依赖语法规则来造句，或者在构建句子时倾向于直接对母语中的表达方式进行字面翻译（Bestgen & Granger，2014）。学者们根据频率标准分析了二语学习者的 n-gram 使用特点，发现高水平英语学习者能使用高频 4-gram，而初学者和中级学习者则很少使用。Kyle 和 Crossley（2016）也指出，与低水平二语学习者相比，高水平学习者在写作时使用了较多在 BNC 口语子库中出现的 2-gram，以及在 BNC 书面语子库中出现的 3-gram。Durrant 和 Schmitt（2009）对比了母语者和二语学习者在写作中使用的 2-gram（即名词-名词和形容词-名词）的情况，发现与母语者不同，二语学习者更多依赖具有更高 t 值的 2-gram，但很少使用出现次数较少但连接强度较高（高 MI 值）的 2-gram。Granger 和 Bestgen（2014）分析了在国际学习者英语语料库（International Corpus of Learner English）中属于中级和高级水平的二语作文，结果与 Durrant 和 Schmitt（2009）的发现类似：中级二语学习者使用更多具有高 t 值的 2-gram 和非搭配性的形容词-名词和副词-形容词 2-gram，高级二语学习者产生了更高比例的具有高 MI 值的 2-gram。Paquot（2017）考察了法国英语学习者对形容词-名词、副词-形容词、副词-动词、副词-副词和动词-名词等类型的搭配使用，发现所有这些搭配的平均 MI 值在高级二语学习者的产出中显著高于中级学习者。

上述研究显示，在二语写作产出中，高级二语学习者倾向于使用高频和使用范围更广的 n-gram 程式语，而低水平学习者则没有；高水平学习者也产出了更多接近目标的程式化 n-gram，而低水平学习者则没有，这说明低水平的二语学习者的短语使用能力低下。近年来越来越多的研究关注如何在课堂环境中优化程式化 n-gram 的学习效果，提升学习者的短语使用能力（Wood，2009）。以下综述二语短语知识促学的代表性研究。

8.2.2　二语短语知识促学研究

考虑到二语短语知识学习较难，Lewis（2000）建议，在二语教学中需要提高学习者的二语短语意识。自此，学界一直在探索提高二语短语学习效果的有效方法。以下几项典型研究值得关注。Boers 等（2006）使用短语注意策略，考察了短语教学对二语短语学习的影响，发现通过引导学习者注意目标短语的策略可以帮助他们使用这些短语。Laufer 和 Girsai（2008）也发现形式导向教学（即对比分析和翻译）比意义导向教学更能帮助二语学习者学习搭配知识。同样，Szudarski 和 Carter（2016）也发现，输入增强可以帮助二语学习者识别和记忆动词-名词和形容词-名词搭配。以上研究表明，通过引导学习者注意目标短语，采用形式导向或形式聚焦的教学方法都有助于促进二语短语知识的学习。这些研究结果为二语教学提供了重要的参考和指导，教师们可以根据不同的教学情境和学习者的需求，选择合适的教学方法和策略，以提高学习者的短语知识水平和语言运用能力。

尽管这些研究在具体设计上不同，但它们都采用了提高学习者对二语短语单元意识的策略。有学者认为，这些策略很难实质性地促进二语短语知识的学习，因为这些策略过于依赖学习者独立注意和学习搭配的能力（Boers & Lindstromberg，2012）。具体而言，在教师或学习资源的帮助下，这些预先确定的短语在输入中得以更加突出，学习者识记短语的效果提高了，但是他们很少有机会使用这些短语。因此，这些策略在内化短语单位的过程中效果不太理想。重要的是，使用形式聚焦的教学方法很难长时间维持学习者的学习兴趣（Boers & Lindstromberg，2009）。Henriksen（2013）指出，二语短语的学习需经历四个阶段：识别（注意到目标短语）、理解（建立目标短语的形式-功能映射）、扩展（在其他语境中使用目标短语）、练习（通过反复使用来提升目标短语使用的流畅性）。意识提高策略显然更注重短语的识别和理解，而不重视在新的语境中扩展使用目标短语，这使得基于形式聚焦的短语学习的效果大打折扣。有效的二语短语学习策略应能优化这四个阶段上的学习效果，借此提升短语记忆和使用效率（Wood，2015）。下文简单讨论续任务促学二语短语的作用。

8.2.3　续任务对二语短语的促学作用

王初明（2016，2018）提出了"续"论，认为语言是通过"续"学会的，语言学习的高效率是由"续"来实现的。"续"是语言学习的主要源泉，因为通过"续"，学习者可以利用输入文本在丰富的互动环境中创造性地进行思想表达。例如，读后续写要求学习者阅读输入文本，并创造性地完成文本续写。为了确保内容连贯，学习者需要充分阅读并与输入文本进行有效交流，理解与产出势必紧密结合，进而促使学习者的语言与输入文本对齐。用语言学习的概率论来阐述该过程就是学习者在输入文本的启动下，增大了与输入文本协同的概率。需要指出的是，续作中的语言并不仅仅是在输入文本中重复语言结构，而是一个创造性的过程，学习者通过将当前表达的内容与之前的内容相结合，创造新的想法（Wand & Wang，2015）。语言学习的续写机制在于学习者通过直接利用丰富的语境来表达自己的思想。也就是说，他们通过模仿或使用他人的语言来创造性地表达自己，以确保高效的和成功的交流。这种创造和语言模仿的有机结合被称为创造性模仿（王初明，2021）。正是这种创造性模仿推动了学习者二语的发展。重要的是，续任务可提供丰富的上下文输入语境，为优化搭配学习的四个阶段创造条件（Henriksen，2013）。

具体来说，在续写输入文本时，学习者需要通过构建情境模型来理解输入文本。然后，他们需要通过与正在构建的情境模型相协调或对齐来表达他们的想法。这种情境层面的协同基本上发生在词汇层面，也就是说，学习者很可能会在重复阅读后注意和理解包括短语结构在内的词汇用法，并在随后的续写中即时产出，从而减少借用语法规则或母语进行构句的可能。通过反复实施续任务，学习者的短语使用能力逐渐得以发展。上述推理得到了实证证据的支持：与输入文本的协同可以限制二语时态、形态、数一致、冠词、不定式动词等相关的语言错误和中式英语等（Wang & Wang，2015），并帮助选择单词（Wang & Wang，2015）和短语（Cui，Yang & Wolter，2022），并改变句式（Plakans & Gebril，2013）。这些研究一致支持续任务促学的基本机理：理解与产出的紧密结合使得二语学习者能够利用输入文本中提供的词汇、短语、句法结构等来表达新的想法。基于上述考虑，本节研究探讨续任务在多大程度上可以提高中国高中学生的短语产出能力。

8.2.4　基于用法的语言学对短语知识的测量

短语包括惯用语、搭配、预制语言结构，这些都是基于 n-gram 的单词组合。基于用法的语言学研究使用频率和连接强度来界定短语（Gablasova et al.，2017）。Biber 等（1999，2004）将短语界定为在大型语料库中达到一定频率（如每百万词中 5 次、10 次或 40 次）的 3 个、4 个或 5 个词的 n-gram。从理论上讲，高频 n-gram 更有可能被整体存储。也有学者采用连接强度来界定短语。连接强度量化单词之间相互关联的程度，目的是区分语料库中的搭配和随机共现的单词自由组合，常用指标有 MI 值、t 值和 ΔP。MI 值计算单词之间吸引力的强度，突出由低频词组成的 n-gram；t 值计算单词构成 n-gram 的确定性，突出由高频词组成的 n-gram（Gablasova et al.，2017）；ΔP 量化搭配单词之间的方向关联程度。例如，形容词-名词二元组的 ΔP 计算形容词作为提示词与名词作为结果的概率。频率和连接强度是短语的典型统计特征。这些指标的值越高，单词就越可能在一起出现。这些测量值可间接反应 n-gram 使用的地道程度。

8.2.5　研究设计

本节研究旨在探究续任务如何促进二语短语知识的发展。研究问题如下：续任务如何影响二语学习者作文中二元组和三元组的二语发展？具体而言，多轮的续作文本是否包含更多高频且连接强度高的二元组和三元组？随着时间的推移，低频的二元组和三元组的数量有何变化？

为了分析二语书面表达中二元组、三元组的发展情况，我们采用了潜增长曲线模型（Latent Growth Curve Modeling，LGCM）来拟合数据。LGCM 是结构方程模型的特例，可对纵向数据进行建模，对因变量的重复测量很有效，因为 LGCM 将被试和语境变量视为发展的预测因素，每个被试在观测变量上的变化轨迹是不同的（Beaujean，2014）。通常情况下，轨迹在不同被试之间会有所不同。本节研究分析中国初级英语学习者在 5 个月内收集的来自 8 个续任务文本中的二元组和三元组的频率、使用比例和连接强度数据。

1. 被试

被试为来自某中学高中二年级两个班的 100 名学生（A 班 52 名，B 班 48 名）。被试均学习英语 8 年以上。两个班第一学期期末英语考试的成绩相当（$t = 1.605$，$p > 0.112$），表明两个班级的英语水平无显著差异。

2. 材料

研究者选择了 8 篇不完整的文章作为输入文本："Advantages of Mobile Phones""Cloning""Should Students Wear Uniforms?""Is Puppy Love a Serious Thing?""Migrant Labor""Grading""Blood Donation""Having Children or Not?"。被试根据自己的想法对文中的论点进行支持或反对的论述。在写作过程中，他们需要阅读输入文本，并通过进一步调查主题、收集、生成、评估证据以及表达对该主题的立场来续写输入文本的内容。8 篇输入文本被翻译成中文，因此每个要续写的输入文本都有中文和英文两个版本。所有输入文本都由两个英语母语者和两个中文母语者进行校对，以确保输入文本语言通顺。

3. 学习者语料库构建

被试需要在 5 个月的正常课程时间内，每周完成一次续任务。我们只收集他们对 8 篇输入文本的续写作品，每两周进行一次分析。对于 LGCM，从每个测试点获得的数据和从每两个测试点获得的数据进行的分析结果趋势相同（Beaujean，2014），因此我们只分析了被试每两周一次的书面作品。两个班级由同一组教师授课。A 班用英语续写英语输入文本（E-E），B 班用英语续写中文输入文本（C-E），每次时间为 50 分钟。顺序如下：Advantages of Mobile Phones → Should Students Wear Uniforms? →Is Puppy Love a Serious Thing? →Migrant Labor →Grading → Blood Donation → Having Children or Not? →Cloning。数据收集后一周，被试参加了期末考试，t 检验的结果显示，E-E 组在写作模块中的得分高于 C-E 组（$t = 2.931$，$p = 0.004$），但在词汇、阅读和语法结构三个模块中的得分无显著差异，表明 E-E 任务比 C-E 任务能更有效提高学习者的英语写作能力。所有 E-E 组和 C-E 组的续作建成了两个小型 DIY 语料库（表 8.3）。

表 8.3　DIY 语料库文本数量：英续中/英续英

项目	第 1 次	第 2 次	第 3 次	第 4 次	第 5 次	第 6 次	第 7 次	第 8 次
文本数量/篇	52/48	52/48	52/48	52/48	52/48	52/48	52/48	52/48
总词数/词	8979/8435	8920/8145	9537/9379	8074/8615	9293/9519	8845/9306	9331/9663	9358/9508
每篇平均词数/词	173/176	172/170	183/195	155/179	179/198	170/194	179/201	180/198

4. n-gram 指标

研究者使用词汇丰富性自动分析工具（Kyle & Crossley，2015）对续写文本进行了分析。按照语言学对比分析法（Granger，2015），我们将二语学习者数据与母语者数据进行了比较，以分析二语 n-gram 的使用特点。考虑到所有输入文本都是议论文，我们选择了 COCA 的学术部分作为参考语料库。我们报告了续作中 n-gram 的频率、比例和连接强度（MI 值、t 值、ΔP），因为这些指标是预测二语熟练度的可靠因素（Kyle & Crossley，2015；Paquot，2017）。

（1）n-gram 频率指标。研究表明，二语写作能力与 n-gram 频率密切相关（Garner et al.，2019）。鉴于 n-gram 频率常呈现出偏态分布的特点，我们在计算每个样本中二元组和三元组的频率时，采用了基于 COCA 学术部分中 n-gram 的对数频率的方法。具体而言，我们利用了一个 30k 的比例来计算这些语言单元的比例，即统计每个样本中出现在 COCA 学术子语料库中的二元组和三元组占各自总数的比例。研究发现，二元组和三元组比例 30k 指标也是二语 n-gram 发展的可靠预测因素（Garner et al.，2019）。

（2）n-gram 连接强度指标。n-gram 连接强度指标测量单词共现的可能性。在本节研究中，我们使用了三种关联度指标：t 值、MI 值、ΔP。MI 值和 t 值是衡量 n-gram 中单词之间关联的双向度量。ΔP 是一种单向度量，用于计算一个单词与另一个单词共现的概率。三元组的连接强度计算第一个单词和剩余两个单词之间的连接强度。

8.2.6　数据分析

本节研究关注二语学习者在续作中的二元组和三元组的纵向发展。为此，我们建立了一个两层的 LGCM。第一层是 n-gram 指标的无条件模型，估计所有被试（即 E-E 组和 C-E 组）的初始状态和纵向增长。无条件模型包含了初始得分和反映二元组和三元组指标变化的得分（图 8.1）。每个测试中的二元组或三元组指标得分为测量变量（正方形），相关的斜率和截距为潜变量（椭圆形）。第二层是 n-gram 指标的条件模型，将续写组（C-E 组和 E-E 组）作为初始得分和得分变化的预测变量。在这些 LGCM 中，第一个测试样本标为 1，第二个测试样本标为 2，以此类推。C-E 组为 Ø，E-E 组标为 1。每个测试中的单位变化代表每两周中二元组或三元组指标的增长（Bollen & Curran，2006）。用 R 软件包 lavaan 中的增长函数进行 LGCM 的分析（Rosseel，2012），用最大似然估计法从初始状态和每个指标的发展变化中估计增长率。研究者用非显著卡方值、比较拟合指数（comparative fit index，CFI）> 0.900 和均方根误差近似值（root mean square error of approximation，RMSEA）< 0.100 来评估模型的拟合优（Browne & Cudeck，1993）。

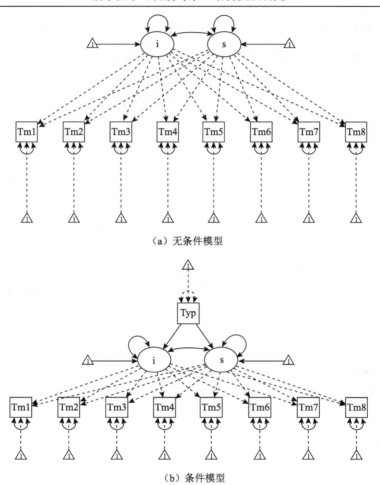

（a）无条件模型

（b）条件模型

图 8.1　*n*-gram 潜变量增长模型

注：Typ = 续任务；i = 截距；s = 斜率；Tm = 续写次数。

1. *n*-gram 指标的描述性统计量

图 8.2 展示了 *n*-gram 指标的平均得分及其标准差。从图中可以看出，这十个指标总体上均呈现出随时间而逐渐增长的趋势。具体来说，对于二元组，其对数频率、比例 30k、MI 值、*t* 值和 ΔP 这五个指标的增长量分别为 0.163（$SD = 0.090$）、0.112（$SD = 0.049$）、0.321（$SD = 0.137$）、3.133（$SD = 6.646$）和 0.014（$SD = 0.009$）。而对于三元组，相应五个指标的增长量则分别为 0.068（$SD = 0.253$）、0.033（$SD = 0.046$）、0.450（$SD = 0.550$）、2.299（$SD = 7.749$）和 0.002（$SD = 0.004$）。

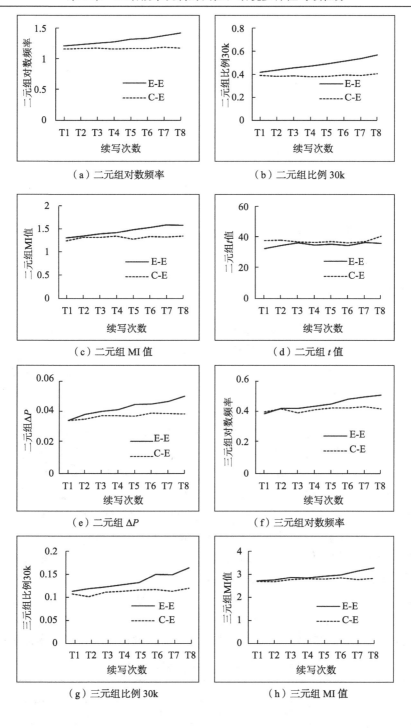

（a）二元组对数频率

（b）二元组比例 30k

（c）二元组 MI 值

（d）二元组 *t* 值

（e）二元组 ΔP

（f）三元组对数频率

（g）三元组比例 30k

（h）三元组 MI 值

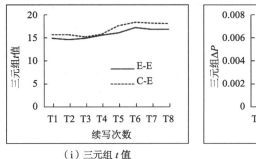
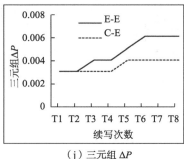

（i）三元组 *t* 值　　　　　　　　（j）三元组 Δ*P*

图 8.2　八次续任务中 *n*-gram 十项指标的发展趋势
注：T = 续写次数；E-E = 英续英；C-E = 英续中。

2. *n*-gram 频率的 LGCM

我们用 LGCM 拟合每个频率指标。下文基于 *n*-gram 指标类型报告结果，只讨论拟合良好的模型。表 8.4 为 *n*-gram 对数频率增长模型的截距和斜率。无条件模型很好地拟合了二元组数据（$\chi^2 = 40.525$，$df = 11$，$p = 0.118$，CFI = 0.935，SRMR = 0.084）。二元组对数频率的平均估计量为 1.176，但个体之间的基线得分差异显著（$\psi_{00} = 0.070$，$p < 0.001$），这表明续任务可能对被试的语言使用产生影响。平均来看，每次测试时，二元组的对数频率都会显著提高 0.010 个单位，这一提高达到了统计学上的显著水平（$\beta = 0.010$，$p < 0.001$）。此外，斜率之间的差异达到了显著水平（$\psi_{11} = 0.037$，$p < 0.001$），这显示了所有参与测试的被试在变化速度上存在差异。然而，二元组的条件模型拟合优度不可接受（$\chi^2 = 109.793$，$df = 13$，$p < 0.001$，CFI = 0.235，SRMR = 0.487），因此不再报告数据分析。三元组对数频率的无条件模型对数据的拟合效果良好（$\chi^2 = 25.338$，$df = 11$，$p = 0.123$，CFI = 0.922，SRMR = 0.088）。三元组对数频率的平均基线得分为 0.395，但被试个体之间的基线得分差异显著（$\psi_{00} = 0.097$，$p < 0.001$）。总体而言，每次测试时，三元组的对数频率都会显著提高 0.011 个单位（$\beta = 0.011$，$p = 0.001$），斜率之间的差异也显著（$\psi_{11} = 0.765$，$p < 0.001$），这表明不同被试随着时间的推移，其三元组的对数频率的变化速度不同。三元组条件模型的数据拟合良好（$\chi^2 = 58.667$，$df = 13$，$p = 0.110$，CFI = 0.901，SRMR = 0.094），续任务类型影响显著（$\beta = 0.012$，$p = 0.046$），表明 E-E 组比 C-E 组的三元组频率提高更快。对 C-E 组的数据进行的 LGCM 分析表明，该指标随时间的推移没有显著提高，这说明 E-E 组三元组对数频率的提高可以归因于 E-E 连续施测，并非自然的提高。

表 8.4　*n*-gram 对数频率增长模型

模型	截距			斜率		
	估计量（β）	SE	p（>|z|）	估计量（β）	SE	p（>|z|）
Un-BFLog	1.176	0.010	< 0.001	0.010	0.002	< 0.001

续表

模型	截距			斜率		
	估计量（β）	SE	p（>|z|）	估计量（β）	SE	p（>|z|）
Un-TFLog	0.395	0.012	< 0.001	0.011	0.003	0.001
C-TFLog	0.384	0.039	< 0.001	0.029	0.009	0.002
C-TFLog（续任务）	0.008	0.024	0.754	−0.012	0.006	0.046

注：BFLog = 二元组对数频率；TFLog = 三元组对数频率；Un- = 无条件模型；C- = 条件模型；下同。

表 8.5 为 n-gram 30k 的无条件模型和条件模型的截距和斜率。二元组比例 30k 的无条件模型拟合良好（$\chi^2 = 1.336$，$df = 11$，$p = 0.995$，CFI = 0.935，SRMR = 0.037）。在基线水平上，平均得分为 0.410，且不同个体之间的基线得分存在显著性差异（$\psi_{00} = 0.008$，$p < 0.001$）。平均而言，二元组比例 30k 每两周提高 0.018，增长显著（$\beta = 0.018$，$p < 0.001$）。斜率在个体间变化显著（$\psi_{11} = 0.086$，$p < 0.001$），表明被试二元组比例 30k 的增长速度不同。二元组比例 30k 的条件模型拟合优度良好（$\chi^2 = 2.557$，$df = 13$，$p = 0.992$，CFI = 0.912，SRMR = 0.086）。续任务条件对二元组比例 30k 的影响显著（$\beta = 0.005$，$p < 0.001$），表明仅 E-E 组被试随着时间的推移产出了更多的二元组比例 30k。三元组比例 30k 的无条件模型拟合良好（$\chi^2 = 5.776$，$df = 11$，$p = 0.821$，CFI = 0.909，SRMR = 0.093）。基线平均分为 0.104，且被试间的基线得分差异显著（$\psi_{00} = 0.02$，$p < 0.001$）。三元组比例 30k 每两周提高 0.006，增长显著（$\beta = 0.006$，$p < 0.001$）。被试的斜率差异显著（$\psi_{11} = 0.022$，$p < 0.001$），这表明被试的三元组比例 30k 的增长速度不同。条件模型拟合良好（$\chi^2 = 2.899$，$df = 13$，$p = 0.891$，CFI = 0.941，SRMR = 0.088），续任务影响显著（$\beta = 0.002$，$p = 0.056$），表明 C-E 条件下三元组比例 30k 变化显著。

表 8.5　n-gram 30k 增长模型

模型	截距			斜率		
	估计量（β）	SE	p（>|z|）	估计量（β）	SE	p（>|z|）
Un-BP30k	0.410	0.004	< 0.001	0.018	0.001	< 0.001
Un-TP30k	0.104	0.002	< 0.001	0.006	0.001	< 0.001
C-BP30k	0.384	0.012	< 0.001	0.010	0.002	< 0.001
C-TP30k	0.092	0.007	< 0.001	0.003	0.002	0.055
C-BP30k（续任务）	0.018	0.007	0.011	0.005	0.001	< 0.001
C-TP30k（续任务）	0.008	0.004	0.049	0.002	0.001	0.056

注：BP30k = 二元组比例 30k；TP30k = 三元组比例 30k。

3. n-gram 连接强度的 LGCM

表 8.6 中是 n-gram MI 值的无条件模型和条件模型的截距和斜率。二元组 MI 值无条件模型拟合良好（$\chi^2 = 3.577$，$df = 11$，$p = 0.886$，CFI = 0.928，SRMR = 0.077）。MI 值的平均基线为 1.339，但是不同被试的基线 MI 值差异明显（$\psi_{00} = 0.011$，$p < 0.001$）。MI 值每次平均提高 0.040，增长显著（$\beta = 0.040$，$p < 0.001$）。二元组 MI 值的条件模型拟合良好（$\chi^2 = 6.729$，$p = 0.819$，CFI = 0.930，SRMR = 0.081），续任务显著影响（$\beta = 0.026$，$p < 0.001$），这表明 E-E 组比 C-E 组产出了更多高 MI 值的二元组。三元组 MI 值的增长趋势与二元组相同。

表 8.6　n-gram MI 值增长模型

模型	截距			斜率		
	估计量（β）	SE	p（>|z|）	估计量（β）	SE	p（>|z|）
Un-BMI	1.339	0.011	< 0.001	0.040	0.003	< 0.001
C-BMI	1.204	0.033	< 0.001	0.002	0.009	0.847
C-BMI（续任务）	0.091	0.021	< 0.001	0.026	0.005	< 0.001
Un-TMI	2.636	0.024	< 0.001	0.065	0.006	< 0.001
C-TMI	2.634	0.077	< 0.001	0.027	0.020	0.182
C-TMI（续任务）	0.001	0.047	0.977	0.026	0.012	0.026

注：BMI = 二元组 MI 值；TMI = 三元组 MI 值。

表 8.7 为 n-gram T 分数增长模型的截距和斜率。二元组的无条件模型可接受（$\chi^2 = 1.525$，$df = 11$，$p = 0.991$，CFI = 0.911，SRMR = 0.077），其基线平均值为 35.343，但在被试间差异显著（$\psi_{00} = 5.66$，$p < 0.001$）。三元组的无条件模型可接受（$\chi^2 = 9.533$，$df = 11$，$p = 0.236$，CFI = 0.970，SRMR = 0.091），其平均基线为 14.527，在不同被试中差异显著（$\psi_{00} = 2.033$，$p < 0.001$）。二元组 T 分数（$\beta = 0.224$，$p = 0.285$）与三元组 T 分数（$\beta = 0.485$，$p < 0.001$）的增长均不显著。三元组条件模型拟合度良好（$\chi^2 = 8.464$，$df = 13$，$p = 0.285$，CFI = 0.951，SRMR = 0.077），续任务的影响达到边缘显著水平（$\beta = -0.130$，$p = 0.051$），表明 E-E 组随着连续任务的实施，被试产出了更少的 T 分数高的三元组。

表 8.7　n-gram T 分数增长模型

模型	截距			斜率		
	估计量（β）	SE	p（>|z|）	估计量（β）	SE	p（>|z|）
Un-BT	35.343	0.818	< 0.001	0.224	0.210	0.285
Un-TT	14.527	0.284	< 0.001	0.485	0.064	< 0.001
C-TT	15.678	0.955	< 0.001	0.673	0.216	0.002
C-TT（续任务）	−0.763	0.557	0.171	−0.130	0.127	0.051

注：BT = 二元组 T 分数；TT = 三元组 T 分数。

　　表 8.8 为 n-gram ΔP 的模型结果。对于二元组，无条件模型（$\chi^2 = 80.525$，$df =$ 11，$p < 0.001$，CFI = 0.646，SRMR = 0.199）和条件模型（$\chi^2 = 90.655$，$df = 13$，$p < 0.001$，CFI = 0.631，SRMR = 0.197）拟合数据都较差，不再进行分析。对于三元组，使用 Satorra-Bentler 缩放卡方和标准误进行了无条件模型的检验（Satorra & Bentler，1994）。卡方值（$\chi^2 = 136.387$，$df = 13$，$p < 0.001$）显著，但拟合指数可接受（CFI = 0.912，SRMR = 0.091）。平均基线 ΔP 为 0.003，但这些基线在被试之间无显著差异（$\psi_{00} = 0.001$，$p = 0.072$）。ΔP 得分每次测试提高 0.001，增长显著（$\beta = 0.001$，$p < 0.001$）。条件模型可接受（$\chi^2 = 123.446$，$df = 13$，$p < 0.001$，CFI = 0.918，SRMR = 0.066），续写条件的影响达到边缘显著水平（$\beta < 0.001$，$p = 0.053$），表明 E-E 组比 C-E 组产出了更多单项关联度比较高的三元组。

表 8.8　n-gram ΔP 的增长模型

模型	截距			斜率		
	估计量（β）	SE	p（>|z|）	估计量（β）	SE	p（>|z|）
Un-TDP	0.003	< 0.001	< 0.001	0.001	< 0.001	< 0.001
C-TDP	0.003	< 0.001	< 0.001	< 0.001	< 0.001	0.264
C-TDP（续任务）	< 0.001	< 0.001	0.829	< 0.001	< 0.001	0.053

　　注：TDP = 三元组 ΔP。

8.2.7　讨论

　　本节研究考察了中国高中生 5 个月内续作英汉二元组和三元组的使用情况，主要结果如下：续写英语输入文本的被试在三元组对数频率、二元组和三元组比例 30k 比例、二元组和三元组 MI 值、三元组 T 分数和三元组 ΔP 等指标上显著增长。续写汉语输入文本的被试产出的文本中对应的 n-gram 指标并无非显著增长，E-E 组中 n-gram 指标的增长可以归因于续写的是英语文本。本节研究的结果支持续任务的促学功效。

1. n-gram 频率的增长

　　我们发现通过续写英语文本促进 n-gram 频率的发展涉及两个方面：对数频率和 30k 比例。虽然二元组对数频率的条件模型不可接受，但三元组对数频率的条件模型显示，续写英语文本对随后的三元组数量的增长发挥了重要作用，对于二元组和三元组比例 30k 也是如此。此外，我们发现 E-E 组在实验结束后比 C-E 组获得了更高的写作成绩。这跟 Kyle 和 Crossley（2015）以及 Garner 和 Crossley（2018）的结论一致，他们发现具有更高语言熟练度的学习者产生了更多高频的 n-gram；Crossley 和 Salsbury（2011）还发现初级二语学习者（类似于我们研究中的高中生）

更有可能产出与母语结构对应的二元组。

与 C-E 续写相比，进行 E-E 续写的学习者更有可能在英语文本中使用可理解输入，这在理解上释放了他们更多的认知资源（de Bot et al.，2007），从而最大限度地提高了他们掌握新词的可能性，使他们产出了较多的目标二元组和三元组（Garner & Crossley，2018；王初明，2018）。正是 E-E 续写使创造性模仿成为可能。E-E 组续写的 8 个输入文本为二语学习者创造了类似于母语者的情境化互动，使他们能够将已有的高频学术 n-gram 的模仿与创造结合起来，即二语学习者的语言产出不断与输入文本保持一致（Zhang & Zhang，2021）。通过多次进行 E-E 续写，二语学习者可以识别他们不熟悉或不同于其预期的学术 n-gram（即注意到它们），理解这些 n-gram（即建立形式和功能映射），将其应用在多轮续写的新语境中，并最终通过重复使用来发展习惯用语知识（Henriksen，2013）。但是，由于输入文本被翻译成中文，C-E 续任务无法提供练习和扩展这种"与英语文本协同的 n-gram"的机会（Wang & Wang，2015）。在期末考试的写作任务中，E-E 组的表现优于 C-E 组，部分原因是二语学习者能够使用更广泛的学术语域中常见的 n-gram。这与之前的研究结果相一致，即随着二语写作熟练度的提高，二语学习者在其写作中产出了更多目标语言中的 n-gram（Garner & Crossley，2018；Kyle & Crossley，2015）。

2. n-gram 连接强度指标的增长

对于双向 n-gram 连接强度指标的发展，我们发现在 E-E 续写条件下，二元组和三元组的 MI 值显著提高，而在 C-E 延续条件下，二元组和三元组的 MI 值相对稳定，而且三元组的 T 分数显著高于 E-E 条件下的三元组。正如上文指出的那样，MI 值主要凸显由低频词组成的 n-gram，而 T 分数更适合凸显由高频词组成的 n-gram。这些结果表明，进行 E-E 续写的学习者产生了更多由低频词组成的二元组和三元组，而进行 C-E 续写的学习者产出的则较少。通过利用英语输入文本，二语学习者可以在续写过程中认识和模仿不同于他们预期表达的 n-gram。具体而言，二语学习者的情境模型与输入文本中的情境模型一致时，会引发协同的语言表征（Pickering & Garrod，2004；王初明，2016，2018），从而使二语学习者对英语输入文本的理解和语言产出密切结合，进而选择目标 n-gram（Wang & Wang，2015）。在多轮续任务中，E-E 续写为二语学习者提供了更多获取和使用短语模式的机会，这些 n-gram 在不同的情境中得以累积使用，从而导致了在 E-E 条件下 n-gram 连接强度的提高。

从二语发展的角度来看，低水平二语学习者更倾向于依赖高频二元组（具有较高的 T 分数），但很少使用频率较低、关联性较强的二元组（具有较高的 MI 值）（Bestgen & Granger，2014；Ellis et al.，2008；Durrant & Schmitt，2009；Granger &

Bestgen，2014；Garner et al.，2019）。对于单向连接强度指标的发展，我们发现在 E-E 条件下，只有三元组的 ΔP 在 8 次观察中显著提高。ΔP 计算的是第一个词与其余二元组同时出现的概率减去第一个词在没有二元组的情况下出现的概率。这表明与 C-E 续写相比，E-E 续任务中的被试使用了更强的从右向左关联的学术三元组。ΔP 具有心理现实性，因为它可能真实地反映了被试在 5 个月内多次进行 C-E 续写时的真实语言使用体验（Ellis，2006；Gries & Ellis，2015）。在 E-E 续写中二元组和三元组不同指标的显著增长是英语输入文本使然。这种输入使得二语学习者能够注意到他们的写作与输入之间的差距（王初明，2016；张晓鹏，2016）。王初明（2017）指出，在续写过程中，学习者的文本理解和产出之间的差距可以促使他们在随后的扩展写作中创造性地模仿输入文本，构建情境模型，努力理解文本，从而提高与输入文本中的语言对齐的可能性。在 8 次续写中的累积语言对齐促进了 n-gram 的显著变化。

8.2.8　结论

本节研究发现通过 5 个月的续任务，中国高中学生的二元组和三元组的使用有了显著变化。条件模型的结果显示，E-E 组被试的三元组对数频率、二元组和三元组比例 30k、二元组和三元组的 MI 值、三元组的 T 分数和 ΔP 显著提高，而 C-E 组的二语学习者则没这种 n-gram 的变化。这说明调控输入语境有助于二语短语知识的发展。本节研究对教学有一定的启示，续任务对低水平的二语学习者的短语发展的促学效应比较显著。正如 Jiang（2000）所指出的那样，外语学习环境中经常缺乏足够的、高度情境化的目标语输入。这种情境化输入的缺失使得一些短语特征更难以习得。E-E 续任务可以给学习者提供大量可理解的输入，使学习者有机会将理解和产出结合起来，提高与输入文本中短语使用的协同概率，从而为学习短语提供更多的认知资源。

8.3　本 章 小 结

本章内容为实证研究的模块三，主要探讨二语概率机制的调控，以及观察语境多样性与续任务对二语学习者词汇和搭配知识的促学效果。本章共汇报了两项实证研究。研究一考察了语境多样性，即通过调控单词出现在文本中的数量来研究语境多样性对二语词汇学习的影响。实验中目标假词出现的频次相同，但分布在不同的文本中，实验结果显示：语境多样性的提升提高了二语学习者对词汇的回忆、识别、形义匹配的正确率。这说明调控构式出现的语境可促进目标词汇的学习效果。研究二考察了续任务对二语短语知识的促学效果。研究者跟踪了 100名高中生为期 5 个月的续写过程，发现低水平英语学习者在多轮续写过程中的短语使用能力有明显提高，主要表现在他们坚持用英语续写英语输入文本时，会引发语言协调效应，能产出更多英语中经常出现的、关联度强的二元组和三元组。这种协同效应只要在历时语言发展中得到强化，协同的目标构式的学习效应就越强。这印证了王初明（2016）提出的语言学习原则：互动强，协同则强；协同强，学习效果就好。因此，通过续任务来调控语言的输入分布能有效提升二语学习的效果。两项研究显示，二语概率机制的适当调控对二语教学具有积极作用。

第9章 结　语

本章总结前文各章节中的研究取得的主要研究成果、学术价值、不足之处，以及今后的研究方向。第一部分为研究取得的主要研究成果。首先，总结以基于用法的语言学为指导的概率机制的理论研究，主要包括不同概率机制的构念内涵和促学机理、概率机制与二语构式发展的关系、概率机制的量化方法。其次，总结概率机制对二语发展的影响，主要包括输入分布和构式学习顺序对不同复杂度的构式学习的影响；固化、统计优选、构式自身语义特征对构式产出性和接受性知识习得的影响；构式连接强度对搭配加工和 VAC 加工的影响；n-gram 计量特征与二语产出的关系。最后，总结概率机制的调控对二语词汇和搭配知识的动态影响。第二部分探讨了研究取得的成果的学术和应用价值。第三和第四部分为研究中存在的不足之处，以及今后需要研究的方向。

9.1　研究成果总结

9.1.1　核心观点概括

本书研究以基于用法的语言习得观为理论基础，提出了以下观点。

（1）语言学习基于语言使用，即通过实践和体验来学习语言，而不是仅仅学习抽象的语言规则。语言学习是一个动态变化的过程，由语言使用者的实践和体验驱动。语言学习是基于语境和情境的。学习者通过语言输入、语言输出、语言互动等方式来积累语言使用经验，从而建立对语言结构和语言意义的认知模式。

（2）概率性是语言的基本特性之一。在语言使用中，某些元素或结构在使用中出现的概率不同。语言中的分布信息反映了语言的概率属性，某些表达方式的出现频率较高，而某些表达方式的出现频率则较低。人们会根据语言表征的概率性来通达、消歧和建构意义。在语言学习中，概率在构式边界分割和构式范例的概括中起着作用。据此，有如下推论：二语学习是受概率机制和个体差异等因素影响的动态过程，在二语理解与产出的词汇、语法、语篇等层面均有表现，对二语发展既有促进作用，也有抑制作用；概率机制动态变化，在不同语言现象的理解与产出中表现各异。对二语学习过程进行研究，可发现规律并揭示背后的认知动因。

（3）概率机制包括语言输入分布、固化、统计优选、连接强度、语境多样性和学习者已有的语言知识引起的习得性注意。这些机制在二语构式范畴建立和语言加工中作用显著。偏态语言输入分布为构式习得提供了锚点；固化帮助学习者积累重复使用的范例而加速建立构式垂直范畴；统计优选加快垂直范畴的拓展，避免过度概括；语境多样性帮助帮助学习者识别语言单位之间的统计关联，建立形义映射，加快构式水平范畴的形成；连接强度反映语言使用的规约化程度，影响语言的理解、加工和产出；学习者已有的语言知识会导致学习者在二语学习过程中的注意偏向，影响不同阶段构式范畴的建立。

9.1.2　概率机制的主要量化方法

根据认知科学和语料库语言学的最新成果，本书将概率机制的主要量化方法做了梳理，内容归纳如下。

（1）固化将语言构式确立为一种认知程序的过程。主要的量化方法有构式出现的形符频率和类符频率，以及构式形式和意义的连接强度。

（2）统计优选表达同义关系的不同构式之间的竞争概率。主要的量化方法有同义构式使用的形符和类符频率，以及形式和其他意义的连接强度。

（3）新近性指在理解某一语言事件或行为时，学习者更倾向于考虑最近发生的语言事件或行为，倾向于记住最后呈现的语言信息。学者们较多使用离散程度、检索行、结构启动来量化此机制。

（4）构式连接强度指的是提示线索与结果共现的概率。目前相关的量化指标主要有界定搭配、类联接、搭配构式的 T 分数、Z 值、MI 值、对数 Dice、动词 VAC 搭配构式连接强度、动词 VAC 忠实度（Faith）、ΔP 等。

（5）语境多样性指的是构式出现在不同文本和语境中的概率。目前相关的量化指标主要有构式的类符频率、分布范围、分散度等。语料库语言学近年来也使用了一些信息科学中的指标来量化语境多样性，主要量化方法有 SD、vc、Juilland's D、Carroll's D_2、Rosengren's S、DP/DP$_{norm}$、KL 散度等。

（6）原型、凸显性指构式范例在范畴中心的代表性程度，以及与其他范畴成员的区别程度。目前主要的量化指标有频率、连接强度、度中心性、接近中心性、介数中心性、语境独特性等。

（7）惊奇度指在特定语境下语言选择的意外程度。相关常用量化指标有构式形符频率、构式与语境的连接强度。

（8）习得性注意现象指当某个刺激 A 与特定结果 X 建立了联系之后，当随后再尝试将另一个不同的提示 B 与相同的结果 X 建立联系时，会遇到更大的难度。量化指标常有语言形式的冗余度，以及形式和功能连接强度对应的指标。

9.1.3　实证研究结果总结

本书围绕语言输入分布、固化、统计优选、语境多样性、构式连接强度、学习者已有的语言知识等概率机制对二语发展的作用，以及在二语学习过程中如何调控概率机制，有效加强其促学效果，促进构式在不同阶段的快速发展展开实证研究，由四个部分构成，主要研究总结如下。

（1）第一部分（Zipf 频率、固化和统计优选与二语构式发展）两项实证研究主要结果如下：研究一发现，当目标构式是抽象的语言结构如英语虚拟条件句时，以不同频率输入多目标构式的促学作用的差异不大；然而，Zipf 偏态输入在阻止同类构式互相干扰方面更有效。简言之，在考虑到以往学习过的句式可能带来的干扰时，频繁地接触并重复学习高频出现的实例对于学习者掌握英语的虚拟条件句，是一种更为高效的学习方法。研究二发现，固化、统计优选、语义聚类对二语 un-[VERB]构式泛化错误的抑制权重不同，都是基于学习者在语言输入过程中凭借一般认知机制对目标结构特征分析的结果。由于动词词根本身在日常语言中的出现频率就远高于它们被用于 un-[VERB]这种否定构式的频率，学习者首先会大量接触到这些动词词根。因此，在学习初期，基于词汇出现频率的固化现象对学习者的语言习得的影响最为明显。相比之下，un-[VERB]这种构式在语言输入中较晚出现，学习者需要在接触到这些用法后才能逐步分析并总结出其独特的语义特点。随着语言输入的累积，学习者开始依据词汇的频率来构建语言使用的倾向性，他们会比较 un-[VERB]构式与其同义词构式在不同语境下的适用性。在这个过程中，语义的准确性和统计优选逐渐发挥重要作用。从语言习得和发展的角度来看，随着学习者接收到的语言输入量的增加，固化、统计优选以及动词本身的语义特征在 un-[VERB]构式的习得过程中的作用变得越来越显著。特别是在对二年级和四年级学生的研究中发现，固化效应在他们使用带 un-前缀的动词与不带该前缀的动词时表现得尤为突出。统计优选和语义聚类在教师使用非 un-动词时共同起抑制作用。不难发现，上述因素的制约规律为：固化→统计优选、语义。

（2）第二部分（频率、连接强度与二语构式加工研究）的两项实证研究主要结果如下：研究一考察了词频、搭配频率、连接强度和方向性对母语和二语搭配加工的影响。结果显示，在加工所有右向搭配时，母语者和高级二语学习者都经历了显著的启动效应；在加工左向搭配时，只有母语者经历了明显的启动效应。这些启动效应可通过词频、搭配频率、连接强度 MI 值和 ΔP 指标进行有效预测；

然而，与低频率搭配相比，词频对高频率搭配的启动效应显著降低。总之，词频、搭配频率、连接强度和方向性在母语和二语的搭配加工中作用显著。研究二考察了语言中的动词频率、动词-VAC 频率、VAC-动词连接强度和动词-VAC 语义典型性对二语学习者 VAC 在线加工的影响。研究结果显示，学习者的隐含统计知识驱动动词-VAC 类符-形符的加工。具体而言，他们在判断词汇时，会受到词汇的语义原型特性的影响，即词汇本身与 VAC 用法的接近程度；而在判断这种组合的意义时，则受到动词与 VAC 之间连接强度的制约。换句话说，能够加快 VAC 在线加工速度的关键因素包括：动词-VAC 频率、VAC-动词连接强度，以及动词-VAC 语义典型性。

（3）第三部分（n-gram 在二语产出中的作用研究）的两项实证研究主要结果如下：研究一考察了四种不同熟练度水平的中国大学英语学习者在口语产出任务中的 n-gram 使用情况。研究结果显示，在二元组和三元组的使用上，不同熟练程度的学习者表现出了显著的差异，这些差异主要体现在词汇组合的频率和它们之间的连接强度上。学术文体中出现的二元组和三元组的比例和连接强度对二语学习者的口语熟练程度有显著的预测作用，表明得分较高的口语样本包含关联度较强的二元组和三元组，以及更高频的学术三词组。研究二考察了二语学习者的搭配知识与口语水平之间的关系。研究通过单词联想任务和语料库中的搭配测量指标来分析刺激词和反应的搭配程度。结果表明，在单词联想任务中，那些能够产出较多低频词汇搭配的学习者在表达时语速更快，无声停顿的次数更少，整体流畅性也更为出色。产出更强关联搭配的被试在语言产出中倾向于使用更复杂的词汇。搭配知识是预测口语水平的有效因素。

（4）第四部分（基于语境多样性与续任务的概率机制调控）的两项实证研究主要结果如下：研究一探讨了语境多样性即单词出现在文本中的数量对二语词汇学习的影响。研究发现，在接触新词的总次数保持不变的情况下，语境多样性的提升可提高二语学习者对单词的回忆和识别能力，以及将单词与其含义相匹配的能力。研究二通过 LGCM 分析了续任务对中国高中生英语 n-gram 使用的历时影响。研究发现，续写英语文本可有效促进高中生在写作中运用二元组和三元组的能力，他们能更多地使用高频和连接强度高的二元组和三元组，证实了语境和学习者的语言协同对二语短语知识的促学作用。

9.2　研究的学术价值

首先，本书研究以基于用法的语言学理论为指导，对我国学生二语构式的发展进行考察，对固化、统计优选、语境多样性、n-gram 连接强度等概率机制发挥的作用予以重点度量；立足中国外语学习实际，尝试构建二语概率性学习机制的理论框架，梳理了量化概率机制的方法，验证了二语概率机制的心理语言学机理，对国际二语概率机制研究有重要启示。

其次，本书研究借鉴认知科学的最新成果，厘清了概率机制与构式发展的交互关系，将实验与教学实践相结合，进一步促进二语学习理论与教学实践的有机融合，为教学实践提供理论指南。本书研究采用教学实验的方式，通过对部分概率机制的调控来促进二语构式的学习效率，所得结果有助于教师在二语教学中利用概率策略优化教学设计。

9.3 研究的不足之处

尽管本书研究取得了一些成果，但仍存在以下不足之处。

（1）对概率机制与语言理解、语言（尤其是二语）学习过程、语言产出的关系的文献梳理不够深入。就目前的研究进展而言，概率机制在二语发展过程中的心理语言学模型尚未完全建立。概率机制如何帮助学习者快速、准确地识别出语音、语法和语义等方面的规律，使学习者能够快速理解语言的句法结构，从而建立起正确的语法表征，准确地理解语言中的含义，最终建立起正确的语义表征等方面需要系统深入地研究。

（2）影响概率机制的关键因素需进一步厘清，如习得性注意、语境、语言输入时间的临近性、构式范例间的启动、范例典型性、构式自身复杂度、构式间的语义关系、构式范例间的语义紧密度、构式范例的呈现顺序、语法规则、语言水平、一般认知能力以及工作记忆容量等。这些因素如何在语言输入中与概率机制交互作用仍需深入考察。

（3）实证研究模块三是概率机制调控对二语构式的促学效果研究。该部分由语境多样性调控、基于续任务的二语短语知识的促学效果，以及给实验组开设语言对比工作坊三大部分构成，其中第三部分语言对比工作坊因与被试的实际教学安排冲突未能按时完成，造成概率调控部分的实证证据有点单薄。

（4）验证概率机制的促学效果所使用的目标构式有限。实证研究部分重点关注了中级英语学习者难学的虚拟条件句、短语动词、程式化语言、VAC、动词前缀等构式。对其他典型构式如定语从句构式、介词构式、疑问构式、多义词构式、程式语言结构、语篇构式等的研究尚未完全展开。

9.4　未来的研究方向

本书研究遗留了一些值得继续探究的问题，今后可从以下方面开展研究。

（1）概率模型构建。概率模型是概率机制的核心，具有心理现实性。今后的研究在构建概率模型时，需要考虑到语音、语法、语义等方面自身的分布特征，并根据实际的语言输入分布与学习者的一般认知机制来建立理论模型。同时，研究语言概率性学习机制时不仅需要考虑到学习者如何利用概率机制来加速语言学习的过程，而且需要考虑到学习者如何利用概率机制来产生合理的语言输出。

（2）概率性学习机制量化。对语言输入和输出进行数学建模和分析。通过统计方法，可以量化语音、语法和语义等方面的概率分布，从而揭示语言输入和输出的规律和特征。通过建立神经网络模型，可以模拟学习者在概率机制的作用下对语言输入的处理和语言输出的产生过程。这些模型可以用于量化概率机制在语言学习中的作用和效果。通过运用机器学习算法，可以从大量的语言输入和输出数据中自动学习语音、语法和语义等方面的规律和模式，从而量化概率机制在语言学习中的作用。

（3）概率性学习机制实证检验。在构式学习的不同阶段，五类概率机制（固化、统计优选、语境多样性、构式连接强度以及学习者已有的语言知识）发挥了不同作用，英语构式种类庞杂，本书研究仅涉及词素、搭配、论元结构等。此外，对于概率机制的研究，目前主要聚焦于静态的观察视角，即关注学习者在某一学习阶段对构式的理解、加工和产出表现，而较少深入探讨这一机制在语言结构发展的不同阶段的动态演变过程。构式学习与其他变量的相互作用融入了动态的语言系统中，随之影响语言使用，语言动态发展观更符合概率机制发生的实际情况。因此，我们需要深入探究概率机制如何在语言结构发展的不同阶段对不同类型的构式产生影响，以及它是如何与其他多种因素（如学习环境、教学方法、学习者的个体差异等）相互作用，共同推动构式的动态发展的。同时，还应研究如何通过调控概率机制来提高二语学习者在构式学习中的效率，这是当前亟待深入研究的课题。

参 考 文 献

蔡金亭. 2021. 语言迁移研究. 北京: 外语教学与研究出版社.

蔡金亭, 李佳. 2016. 语言层迁移和概念迁移的研究方法. 外语界, (4): 2-10.

蔡金亭, 王敏. 2020. 基于使用取向的二语习得研究: 理论、实证与展望. 外语与外语教学, (2): 1-15, 147.

董晓丽, 张晓鹏. 2017. 不同频率分布的语言输入对两类英语构式的促学研究. 现代外语, 40(4): 540-551.

龚嵘. 2007. 从大学英语学习者词汇错误看认知因素对二语词库表征的影响. 外语界, (1): 39-46.

桂诗春. 2004. 以概率为基础的语言研究. 外语教学与研究, 36(1): 3-9.

桂诗春. 2007. 不确定性判断和中国英语学习者的虚化动词习得. 外语教学与研究, 39(1): 3-12, 80.

侯晓明, 孙培健, 张婷婷. 2022. 整体频次和搭配强度在母语和二语多词序列加工中的作用: 以汉语双字副词短语为例. 世界汉语教学, 36(2): 236-250.

姜琳, 陈锦. 2015. 读后续写对英语写作语言准确性、复杂性和流利性发展的影响. 现代外语, 38(3): 366-375, 438.

姜琳, 涂孟玮. 2016. 读后续写对二语词汇学习的作用研究. 现代外语, 39(6): 819-829, 874.

梁君英. 2007. 构式语法的新发展: 语言的概括特质: Goldberg《工作中的构式》介绍. 外语教学与研究, 39(1): 72-75.

刘海涛. 2022. 依存关系与语言网络. 北京: 科学出版社.

麦春萍, 张晓鹏. 2018. 齐普夫分布对二语学习者习得虚拟 IF 句的影响研究. 解放军外国语学院学报, 41(4): 103-110.

宁春岩. 2011. 什么是生成语法. 上海: 上海外语教育出版社.

孙妙, 杨连瑞. 2018. 基于预期力不足假说的中国英语学习者统计优选过程研究. 外语教学与研究, 50(6): 935-945.

王初明. 2007. 论外语学习的语境. 外语教学与研究, 39(3): 190-197, 240.

王初明. 2011. 基于使用的语言习得观. 中国外语, 8(5): 1.

王初明. 2015. 构式和构式语境与第二语言学习. 现代外语, 38(3): 357-365, 438.

王初明. 2016. 以"续"促学. 现代外语, 39(6): 784-793, 873.

王初明. 2017. 从"以写促学"到"以续促学". 外语教学与研究, 49(4): 547-556, 639-640.

王初明. 2018. 如何提高读后续写中的互动强度. 外语界, (5): 40-45.

王初明. 2021. 语言习得过程: 创造性构建抑或创造性模仿? 现代外语, 44(5): 585-591.

王启. 2015. 中低水平二语学习者高频普通二语搭配的心理现实性. 现代外语, 38(2): 206-216, 292.

王启. 2019. 规约优先 兼顾能产: 语言使用的搭配优先模式. 现代外语, 42(1): 72-84.

文秋芳, 王立非. 2008. 中国学生英语口笔语语料库 2.0 版. 北京: 外语教学与研究出版社.

文秋芳, 梁茂成, 晏小琴. 2008. 中国学生英语口笔语语料库（2.0 版）. 北京: 外语教学与研究出版社.

俞理明. 2004. 语言迁移与二语习得：回顾反思和研究. 上海: 上海外语教育出版社.

张淑静. 2003. 从反应类型看词汇习得. 外语教学与研究, 35(4): 275-281.

张维友. 2004. 英语词汇学教程. 2 版. 武汉: 华中师范大学出版社.

张维友, 2015. 英语词汇学教程. 3 版. 武汉: 华中师范大学出版社.

张晓鹏, 文句. 2018. 固化、占位和名词语义对英语名转动词学习的影响. 第二语言学习研究, 4(1): 47-61.

张晓鹏, 董晓丽. 2017. 英语名词可数性转换习得中的抑制因子探究. 外语教学与研究, 49(1): 98-110, 160-161.

张晓鹏, 马武林. 2014. 语言输入的频率分布对中国学生习得英语抽象构式的影响. 现代外语, 37(1): 74-84, 146.

张晓鹏, 张晓瑾. 2020. 频率和方向偏好对英语动宾搭配加工的影响研究. 外语与外语教学, (2): 16-26, 147.

张晓鹏. 2015. 英语动词-论元构式的习得初期, 如何 "学伴" 为更佳. 解放军外国语学院学报, 38(3): 65-73.

张晓鹏. 2016. 读后续写对二语写作过程影响的多维分析. 外语界, (6): 86-94.

张晓燕, 王敏. 2019. 语境对二语构式学习中占位的影响. 现代外语, 42 (6): 767-778.

朱雪龙. 2001. 应用信息论基础. 北京: 清华大学出版社.

Abbot-Smith, K. & Behrens, H. 2006. How known constructions influence the acquisition of other constructions: The German passive and future constructions. *Cognitive Science*, 30(6): 995-1026.

Abbot-Smith, K. & Tomasello, M. 2006. Exemplar-learning and schematization in a usage-based account of syntactic acquisition. *The Linguistic Review*, 23(3): 275-290.

Ädel, A. & Erman, B. 2012. Recurrent word combinations in academic writing by native and non-native speakers of English: A lexical bundles approach. *English for Specific Purposes*, 31(2): 81-92.

Adelman, J. S., Brown, G. D. A. & Quesada, J. F. 2006. Contextual diversity, not word frequency, determines word-naming and lexical decision times. *Psychological Science*, 17(9): 814-823.

Alderson, J. C. 2007. Judging the frequency of English words. *Applied Linguistics*, 28(3): 383-409.

Allan, L. G. 1980. A note on measurement of contingency between two binary variables in judgment tasks. *Bulletin of the Psychonomic Society*, 15(3): 147-149.

Ambridge, B. & Brandt, S. 2013. *Lisa* filled water into the cup: The roles of entrenchment, pre-emption and verb semantics in German speakers' L2 acquisition of English locatives. *Zeitschrift Für Anglistik Und Amerikanistik*, 61(3): 245-263.

Ambridge, B. 2013. How do children restrict their linguistic generalizations? An (un-)grammaticality judgment study. *Cognitive Science*, 37(3): 508-543.

Ambridge, B. & Lieven, E. V. M. 2011. *Child Language Acquisition: Contrasting Theoretical Approaches*. Cambridge: Cambridge University Press.

Ambridge, B., Barak, L., Wonnacott, E., et al. 2018. Effects of both preemption and entrenchment in the retreat from verb overgeneralization errors: Four reanalyses, an extended replication, and a meta-analytic synthesis. *Collabra: Psychology,* 4(1): 23.

Ambridge, B., Bidgood, A., Twomey, K. E., et al. 2015. Preemption versus entrenchment: Towards a construction-general solution to the problem of the retreat from verb argument structure overgeneralization. *PLoS One*, 10(4): e0123723.

Ambridge, B., Pine, J. M. & Rowland, C. F. 2012. Semantics versus statistics in the retreat from locative overgeneralization errors. *Cognition,* 123(2): 260-279.

Ambridge, B., Pine, J. M. & Rowland, C. F. 2011. Children use verb semantics to retreat from overgeneralization errors: A novel verb grammaticality judgment study. *Cognitive Linguistics*, 22(2): 303-323.

Ambridge, B., Pine, J. M., Rowland, C. F., et al. 2008. The effect of verb semantic class and verb frequency (entrenchment) on children's and adults' graded judgements of argument-structure overgeneralization errors. *Cognition*, 106(1): 87-129.

Ambridge, B., Pine, J. M., Rowland, C. F., et al. 2009. A semantics-based approach to the "no negative evidence" problem. *Cognitive Science*, 33: 1301-1316.

Ambridge, B., Pine, J. M., Rowland, C. F., et al. 2014. Avoiding dative overgeneralisation errors: Semantics, statistics or both? *Language, Cognition and Neuroscience*, 29(2): 218-243.

Ambridge, B., Theakston, A. L., Lieven, E. V. M., et al. 2006. The distributed learning effect for children's acquisition of an abstract syntactic construction. *Cognitive Development*, 21(2): 174-193.

Anderson, J. R. 1990. *The Adaptive Character of Thought*. Hillsdale, NJ: Psychological Press.

Andersen, R. W. 1990. Models, processes, principles and strategies. In B. van Patten & J. F. Lee (Eds.), *Second Language Acquisition—Foreign Language Learning* (pp. 45-68). Clevedon: Multilingual Matters.

Anderson, J. R. & Schooler, L. J. 2000. The adaptive nature of memory. In E. Tulving & F. I. M. Craik (Eds.), *The Oxford Handbook of Memory* (pp. 557-570). London: Oxford University Press.

Andringa, S., de Glopper, K. & Hacquebord, H. 2011. Effect of explicit and implicit instruction on free written response task performance. *Language Learning*, 61(3): 868-903.

Arnon, I. & Snider, N. 2010. More than words: Frequency effects for multi-word phrases. *Journal of Memory and Language*, 62(1): 67-82.

Arnon, I., McCauley, S. M. & Christiansen, M. H. 2017. Digging up the building blocks of language: Age-of-acquisition effects for multiword phrases. *Journal of Memory and Language*, 92: 265-280.

Aronoff, M. 1976. Word Formation in Generative Grammar. Cambridge: The MIT Press.

Aslin, R. N. & Newport, E. L. 2012. Statistical learning: From acquiring specific items to forming general rules. *Current Directions in Psychological Science,* 21(3): 170-176.

Baayen, H. 2010. Demythologizing the word frequency effect: A discriminative learning perspective. *The Mental Lexicon*, 5(3): 436-461.

Baayen, R. H. 1993. On frequency, transparency and productivity. In G. Booij & J. van Marle (Eds.), *Yearbook of Morphology*. Dordrecht: Kluwer Academic.

Baayen, R. H. 2001. *Word Frequency Distributions*. Dordrecht, Boston: Kluwer Academic.

Balota, D. A. & Spieler, D. H. 1998. The utility of item-level analyses in model evaluation: A reply to seidenberg and plaut. *Psychological Science*, 9(3): 238-240.

Balota, D. A., Yap, M. J. & Cortese, M. J. 2006. Visual word recognition: The journey from features to meaning (a travel update). In M. J. Traxler & M. A. Gernsbacher (Eds.), *Handbook of Psycholinguistics* (pp. 285-375). Amsterdam: Elsevier.

Balota, D. A., Cortese, M. J., Sergent-Marshall, S. D., et al. 2004. Visual word recognition of single-syllable words. *Journal of Experimental Psychology: General*, 133(2): 283-316.

Barðdal, J. 2008. *Productivity: Evidence from Case and Argument Structure in Icelandic*. Amsterdam: John Benjamins Publishing Company.

Baroni, M. 2008. Word frequency distributions. In A. Lüdeling & M. Kytö (Eds.), *Corpus Linguistics: An International Handbook*. Berlin: Mouton de Gruyter.

Bates, D., Mäechler, M., Bolker, B., et al. 2015. Fitting linear mixed-effects models using lme4. *Journal of Statistical Software*, 67(1): 1-48.

Beaujean, A. A. 2014. *Latent Variable Modeling using R: A Step-By-Step Guide*. New York: Routledge/Taylor & Francis.

Beckner, C., Blythe, R., Bybee, J., et al. 2009. Language is a complex adaptive system: Position paper. *Language Learning*, 59(1): 1-26.

Berch, D. B., Krikorian, R. & Huha, E. M. 1998. The corsi block-tapping task: Methodological and theoretical considerations. *Brain and Cognition*, 38(3): 317-338.

Bestgen, Y. & Granger, S. 2014. Quantifying the development of phraseological competence in L2 English writing: An automated approach. *Journal of Second Language Writing*, 26: 28-41.

Biber, D. & Reppen, R. 2015. *The Cambridge Handbook of English Corpus Linguistics*. Cambridge: Cambridge University Press.

Biber, D., Conrad, S. & Cortes, V. 2004. If you look at…: Lexical bundles in university teaching and textbooks. *Applied Linguistics*, 25(3): 371-405.

Biber, D., Johansson, S., Leech, G., et al. 1999. *Longman Grammar of Spoken and Written English*. Harlow: Pearson Education.

Blute, B. & Housen, A. 2012. Defining and operationalising L2 complexity. In A. Housen, F. Kuiken, & I. Vedder (Eds.), *Dimensions Of L2 Performance And Proficiency: Complexity, Accuracy and Fluency in SLA* (pp. 21-46). Amsterdam: John Benjamin.

Blything, R. P., Ambridge, B. &Lieven, E. V. M. 2014. Children use statistics and semantics in the retreat from overgeneralization. *PLoS ONE*, 9(10): 1-11.

Bod, R. 2006. Exemplar-based syntax: How to get productivity from examples. *The Linguistic Review*, 23(3): 291-320.

Boers, F. & Lindstromberg, S. 2009. *Optimizing A Lexical Approach to Instructed Second Language Acquisition*. Basingstoke: Palgrave Macmillan.

Boers, F. & Lindstromberg, S. 2012. Experimental and intervention studies on formulaic sequences in a second language. *Annual Review of Applied Linguistics*, 32: 83-110.

Boers, F., Eyckmans, J., Kappel, J., et al. 2006. Formulaic sequences and perceived oral proficiency:

Putting a lexical approach to the test. *Language Teaching Research*, 10(3): 245-261.

Bollen, K. A. & Curran, P. J. 2006. *Latent Curve Models: A Structural Equation Perspective*. Hoboken: Wiley.

Bonk, W. & Healy, A. F. 2005. *Priming Effects Without Semantic or Associative Links Through Collocation* (pp. 10-13). Presented at the 46th Annual Meeting of the Psychonomic Society, Toronto, Canada November.

Bowerman, M. 1988. The "no negative evidence" problem: How do children avoid constructing an overly general grammar? In J. A. Hawkins (Ed.), *Explaining Language Universals* (pp. 73-101). Oxford: Blackwell.

Boyd, J. K. & Goldberg, A. E. 2009. Input effects within a constructionist framework. *The Modern Language Journal*, 93(3): 418-429.

Boyd, J. K. 2014. Statistical Pre-emption. In P. J. Brooks & V. Kempe (Eds.), *Encyclopedia of Language Development*. SAGE Reference: Los Angeles.

Boyd, J. K. & Goldberg, A. E. 2011. Learning what not to say: The role of statistical preemption and categorization in a-adjective production. *Language*, 87(1): 55-83.

Boyd, J. K., Ackerman, F. & Kutas, M. 2012. Adult learners use both entrenchment and preemption to infer grammatical constraints. Paper presented at the 2012 IEEE International Conference on Development and Learning and Epigenetic Robotics (ICDL): 1-2. San Diego, CA.

Braine, M. D. S. & Brooks, P. J. 1995. Verb argument structure and the problem of avoiding an overgeneral grammar. In M. Tomasello & W. E. Merriman (Eds.), *Beyond Names for Things: Young children's acquisition of verbs* (pp. 353-376). Hillsdale: Lawrence Erlbaum Associates.

Brezina, V., McEnery, T. & Wattam, S. 2015. Collocations in context: A new perspective on collocation networks. *International Journal of Corpus Linguistics*, 20: 139-173.

Brooks, P. J. & Tomasello, M. 1999. How children constrain their argument structure constructions. *Language*, 75(4): 720-738.

Brooks, P. J., Tomasello, M., Dodson, K., et al. 1999. Young children's overgeneralizations with fixed transitivity verbs. *Child Development*, 70: 1325-1337.

Brown, R. & Hanlon, C. 1970. Derivational complexity and order of acquisition in child speech. In J. R. Hayes (Ed.), *Cognition and the Development of Language* (pp. 11-53). New York: Wiley.

Browne, M. W. & Cudeck, R. 1993. Alternative ways of assessing model fit. In K. A. Bollen & J. S. Long (Eds.), *Testing Structural Equation Models* (pp. 136-162). Newbury Park: Sage.

Bürkner, P. C. 2017. brms: An R package for Bayesian multilevel models using Stan. *Journal of Statistical Software*, 80(1): 1-28.

Bybee, J. L. 2006. From usage to grammar: The mind's response to repetition. *Language*, 82(4): 711-733.

Bybee, J. L. 1985. *Morphology: A Study of the Relation between Meaning and Form*. Amsterdam: John Benjamins Publishing Company.

Bybee, J. L. 2010. *Language, Usage and Cognition*. Cambridge: Cambridge University Press.

Bybee, J. L. 2013. Usage-based theory and exemplar representations of constructions. In T. Hoffmann & G. Trousdale (Eds.), *The Oxford Handbook of Construction Grammar* (pp. 49-69). Oxford:

Oxford University Press.

Bybee, J. L. & Eddington, D. 2006. A usage-based approach to Spanish verbs of "becoming". *Language*, 82(2): 323-355.

Bybee, J. L. & Thompson, S. 2000. Three frequency effects in syntax. Paper presented at the Twenty-Third Annual Meeting of the Berkeley Linguistics Society: General Session and Parasession on Pragmatics and Grammatical Structure. Berkeley Linguistics Society, Berkeley.

Bybee, J. L. & Hopper, P. J. 2001. *Frequency and The Emergence of Linguistic Structure*. Amsterdam: John Benjamins Publishing Company.

Callies, M. 2013. Agentivity as a determinant of lexico-grammatical variation in L2 academic writing. *International Journal of Corpus Linguistics*, 18(3): 357-390.

Carrol, G. & Conklin, K. 2020. Is all formulaic language created equal? Unpacking the processing advantage for different types of formulaic sequences. *Language and Speech*, 63(1): 95-122.

Carrol, G., Conklin, K. & Gyllstad. H. 2016. Found in translation. *Studies in Second Language Acquisition*, 38(3): 403-443.

Carroll, J. B. 1970. An alternative to Juilland's usage coefficient for lexical frequencies and aproposal for a standard frequency index. *Computer Studies in the Humanities and Verbal Behaviour*, 3(2): 61-65.

Casenhiser, D. & Goldberg, A. E. 2005. Fast mapping between a phrasal form and meaning. *Developmental Science*, 8(6): 500-508.

Chater, N. & Vitányi, P. 2007. "Ideal learning" of natural language: Positive results about learning from positive evidence. *Journal of Mathematical Psychology*, 51(3): 135-163.

Chen, Y. H. & Baker. P. 2010. Lexical bundles in L1 and L2 academic writing. *Language Learning & Technology*, 14(2): 30-49.

Chomsky, N. 1965. *Aspects of the Theory of Syntax*. Cambridge: The MIT Press.

Chomsky, N. 2014. *The Minimalist Program*. Cambridge: The MIT Press.

Church, K. W. & Gale, W. A. 1995. Poisson mixtures. *Natural Language Engineering,* 1(2): 163-190.

Church, K. W. & Hanks, P. 1990. Word association norms, mutual information, and lexicography. *Computational Linguistics*, 16: 22-29.

Clark, E. V. 1993. *The Lexicon in Acquisition*. Cambridge: Cambridge University Press.

Clark, E. V. & Clark, H. H. 1979. When nouns surface as verbs. *Language*, 55(4): 767-811.

Collins, A. M. & Loftus, E. F. 1975. A spreading-activation theory of semantic processing. *Psychological Review*, 82(6): 407-428.

Comrie, B. 1987. *The World's Major Languages*. London: Routledge.

Conklin, K. & Schmitt, N. 2008. Formulaic sequences: Are they processed more quickly than nonformulaic language by native and nonnative speakers? *Applied Linguistics*, 29(1): 72-89.

Conklin, K. & Schmitt, N. 2012. The processing of formulaic language. *Annual Review of Applied Linguistics*, 32: 45-61.

Cortese, M. J. & Balota, D. A. 2012. Visual word recognition in skilled adult readers. In M. J. Spivey, K. McRae & M. F. Joanisse (Eds.), *The Cambridge Handbook of Psycholinguistics* (pp. 159-185). Cambridge: Cambridge University Press.

Crossley, S. A. 2020. Linguistic features in writing quality and development: An overview. *Journal of Writing Research*, 11: 415-443.

Crossley, S. A. & Salsbury, T. L. 2011. The development of lexical bundle accuracy and production in English second language speakers. *International Review of Applied Linguistics in Language Teaching*, 49(1): 1-26.

Crossley, S. A., Salsbury, T., McNamara, D. S., et al. 2011. What is lexical proficiency? Some answers from computational models of speech data. *TESOL Quarterly*, 45(1): 182-193.

Crossley, S. A., Subtirelu, N. & Salsbury, T. 2013. Frequency effects or context effects in second language word learning. *Studies in Second Language Acquisition*, 35(4): 727-755.

Crossley, S. A. & McNamara, D. S. 2012. Predicting second language writing proficiency: The roles of cohesion and linguistic sophistication. *Journal of Research in Reading*, 35(2): 115-135.

Crutchley, A. 2013. Structure of child and adult past counterfactuals, and implications for acquisition of the construction. *Journal of Child Language*, 40(2): 438-468.

Cui, Y. Y., Yang, L. R. & Wolter, B. 2022. Alignment effect in the continuation task of Chinese low-intermediate English learners. *Applied Linguistics Review*, 13(4): 501-526.

Daller, M. H., van Hout, R. & Treffers-Daller, J. 2003. Lexical richness in the spontaneous speech of bilinguals. *Applied Linguistics*, 24(2): 197-222.

Daudaravičius, V. & Marcinkevičienė, R. 2004. Gravity counts for the boundaries of collocations. *International Journal of Corpus Linguistics*, 9(2): 321-348.

Davies, M. 2009. The 385+ million word Corpus of Contemporary American English (1990–2008+): Design, architecture, and linguistic insights. *International Journal of Corpus Linguistics*, 14(2): 159-190.

Davies, M. 2010. The Corpus of Contemporary American English (COCA). https://www.english-corpora.org/coca/[2010-6-20].

de Bot, K., Lowie, W. & Verspoor, M. 2007. A dynamic systems theory approach to second language acquisition. *Bilingualism: Language and Cognition*, 10(1): 7-21.

de Cock, S. 2004. Preferred sequences of words in NS and NNS speech. *Belgian Journal of English Language and Literatures*, 2: 225-246.

de Cock, S., Granger, S., Leech, G., et al. 1998. An automated approach to the phrasicon of EFL learners. In S. Granger (Ed.), *Learner English on Computer* (pp. 67-79). London & New York: Addison Wesley Longman.

de Jong, N. H. 2016. Predicting pauses in L1 and L2 speech: The effects of utterance boundaries and word frequency. *International Review of Applied Linguistics in Language Teaching*, 54(2): 113-132.

de Jong, N. H., Steinel, M. P., Florijn, A., et al. 2012. The effect of task complexity on functional adequacy, fluency and lexical diversity in speaking performances of native and non-native speakers. In A. Housen, F. Kuiken & I. Vedder (Eds.), *Dimensions of L2 Performance and Proficiency: Complexity, Accuracy and Fluency in SLA* (pp. 121-142). Amsterdam: John Benjamins Publishing Company.

DeKeyser, R. M. 2001. Automaticity and automatization. In P. Robinson (Ed.), *Cognition and Second*

Language Instruction (pp. 125-151). Cambridge: Cambridge University Press.

DeKeyser, R. M. 2015. Skill acquisition theory. In B. van Patten & J. Williams (Eds.), *Theories in Second Language Acquisition: An Introduction* (pp. 94-112). London: Routledge.

Demberg, V. & Keller, F. 2008. Data from eye-tracking corpora as evidence for theories of syntactic processing complexity. *Cognition*, 109(2): 193-210.

Divjak, D. 2017. The role of lexical frequency in the acceptability of syntactic variants: evidence from that-clauses in Polish. *Cognitive Science*, 41(2): 354-382.

Divjak, D. & Arppe, A. 2013. Extracting prototypes from exemplars what can corpus data tell us about concept representation? *Cognitive Linguistics*, 24(2): 221-274.

Doughty, C. & Williams, J. 1998. *Focus on Form in Classroom Second Language Acquisition*. Cambridge: Cambridge University Press.

Dowman, M. 2000. Addressing the learnability of verb subcategorizations with Bayesian inference. In L. Gleitman & A. Joshi (Eds.), *Proceedings of the 22nd Annual Conference of the Cognitive Science Society* (pp. 107-112). Austin: Cognitive Science Society.

Durrant, P. 2014. Corpus frequency and second language learners' knowledge of collocations. *International Journal of Corpus Linguistics*, 19(4): 443-477.

Durrant, P. & Doherty, A. 2010. Are high-frequency collocations psychologically real? Investigating the thesis of collocational priming. *Corpus Linguistics and Linguistic Theory*, 6(2): 125-155.

Durrant, P. & Schmitt, N. 2009. To what extent do native and non-native writers make use of collocations? *International Review of Applied Linguistics*, 47(2): 157-177.

Durrant, P. & Schmitt, N. 2010. Adult learners' retention of collocations from exposure. *Second Language Research*, 26(2): 163-188.

Egbert, J., Burch, B. & Biber, D. 2020. Lexical dispersion and corpus design. *International Journal of Corpus Linguistics*, 25(1): 89-115.

Eguchi, M. & Kyle, K. 2020. Continuing to explore the multidimensional nature of lexical sophistication: The case of oral proficiency interviews. *The Modern Language Journal*, 104(2): 381-400.

Ellis, N. C. 2001. Memory for language. In P. Robinson (Ed.), *Cognition and Second Language Instruction* (pp. 33-68). Cambridge: Cambridge University Press.

Ellis, N. C. 2002. Frequency effects in language processing: A review with implications for theories of implicit and explicit language acquisition. *Studies in Second Language Acquisition*, 24(2): 143-188.

Ellis, N. C. 2006. Language acquisition as rational contingency learning. *Applied Linguistics*, 27(1): 1-24.

Ellis, N. C. 2012. Formulaic language and second language acquisition: Zipf and the phrasal teddy bear. *Annual Review of Applied Linguistics*, 32: 17-44.

Ellis, N. C. 2016. On-line processing of verb-argument constructions: Lexical decision and semantic processing. *Language and Cognition*, 8: 391-420.

Ellis, N. C. & Ferreira-Junior, F. G. 2009. Constructions and their acquisition: Islands and the distinctiveness of their occupancy. *Annual Review of Cognitive Linguistics*, 7: 111-139.

Ellis, N. C. & O'Donnell, M. B. 2011. Robust language acquisition–an emergent consequence of language as a complex adaptive system. In L. Carlson, C. Hölscher & T. Shipley (Eds.), *Proceedings of the 33rd Annual Conference of the Cognitive Science Society* (pp. 3512-3517). Austin: Cognitive Science Society.

Ellis, N. C. & O'Donnell, M. B. 2012. Statistical construction learning: Does a zipfian problem space ensure robust language learning? In P. Rebuschat & J. N. Williams (Eds.), *Statistical Learning and Language Acquisition* (pp. 265-304). Berlin: Mouton de Gruyter.

Ellis, N. C. & Ogden, D. C. 2015. Language cognition. *Journal of Child Language*, 42: 182-186.

Ellis, N. C. & Sagarra, N. 2010. The bounds of adult language acquisition: Blocking and learned attention. *Studies in Second Language Acquisition*, 32(4): 553-580.

Ellis, N. C. & Sagarra, N. 2011. Learned attention in adult language acquisition: A replication and generalization study and meta-analysis. *Studies in Second Language Acquisition*, 33(4): 589-624.

Ellis, N. C., O'Donnell, M. B. & Römer, U. 2013. Usage-based language: Investigating the latent structures that underpin acquisition. *Language Learning*, 63 (S1): 25-51.

Ellis, N. C., O'Donnell, M. B. & Römer, U. 2014. The processing of verb–argument constructions is sensitive to form, function, frequency, contingency and prototypicality. *Cognitive Linguistics*, 25(1): 55-98.

Ellis, N. C., Römer, U. & O'Donnell, M. B. 2016. *Usage-based Approaches to Language Acquisition and Processing: Cognitive and Corpus Investigations of Construction Grammar*. Malden: Wiley-Blackwell.

Ellis, N. C., Simpson-Vlach, R. & Maynard, C. 2008. Formulaic language in native and second language speakers: Psycholinguistics, corpus linguistics, and tesol. *TESOL Quarterly*, 42(3): 375-396.

Ellis, N.C. & Larsen-Freeman, D. 2006. Language emergence: Implications for applied linguistics-Introduction to the special issue. *Applied Linguistics*, 27(4): 558-589.

Ellis, N. C. & Cadierno, T. 2009. Constructing a second language introduction to the special section. *Annual Review of Cognitive Linguistics*, 7: 111-139.

Erickson, L. & Thiessen, E. D. 2015. Statistical learning of language: Theory, validity, and predictions of a statistical learning account of language acquisition. *Developmental Review*, 37: 66-108.

Erman, B. & Warren, B. C. 2000. The idiom principle and the open choice principle. *Text & Talk*, 20(1): 29-62.

Eskildsen, S. W. 2009. Constructing another language: Usage-based linguistics in second language acquisition. *Applied Linguistics*, 30(3): 335-357.

Evert, S. 2005. *The Statistics of Word Cooccurrences: Word Pairs and Collocations*. Ph. D. thesis. Stuttgart: University of Stuttgart.

Evert, S. 2008. Corpora and collocations. In A. Lüdeling & M. Kytö (Eds.), *Corpus Linguistics: An International Handbook* (pp. 1212-1248). Berlin: Mouton de Gruyter.

Ferrer-i-Cancho, R. & Solé, R. V. 2001. Two regimes in the frequency of words and the origins of complex lexicons: Zipf's law revisited. *Journal of Quantitative Linguistics*, 8(3): 165-173.

Firth, J. 1957. A synopsis of linguistic theory, 1930-55. In *Studies in Linguistic Analysis* (pp. 1-31). Special Volume of the Philological Society. Oxford: Blackwell.

Fitzpatrick, T. 2007. Word association patterns: Unpacking the assumptions. *International Journal of Applied Linguistics*, 17(3): 319-331.

Frances, C., Martin, C. D. & Duñabeitia, J. A. 2020. The effects of contextual diversity on incidental vocabulary learning in the native and a foreign language. *Scientific Reports*, 10(1): 13967.

Frenck-Mestre, C. & Prince. P. 1997. Second language autonomy. *Journal of Memory and Language*, 37(4): 481-501.

Fulga, A. & McDonough, K. 2016. The impact of first language background and visual information on the effectiveness of low-variability input. *Applied Psycholinguistics*, 37(2): 265-283.

Gablasova, D., Brezina, V. & McEnery, T. 2017. Collocations in corpus-based language learning research: Identifying, comparing, and interpreting the evidence. *Language Learning*, 67: 155-179.

Garner, J. & Crossley, S. 2018. A latent curve model approach to studying L2 N-Gram development. *The Modern Language Journal*, 102(3): 494-511.

Garner, J., Crossley, S. A. & Kyle, K. 2019. N-gram measures and L2 writing proficiency. *System*, 80: 176-187.

Garner, J., Crossley, S. & Kyle, K. 2018. Beginning and intermediate L2 writer's use of *n*-grams: An association measures study. *International Review of Applied Linguistics in Language Teaching*, 58(1): 51-74.

Gaskell, M. G. 2007. *The Oxford Handbook of Psycholinguistics*. Oxford: Oxford University Press.

Gass, S. M. & Mackey, A. 2002. Frequency effects and second language acquisition: A complex picture? *Studies in Second Language Acquisition*, 24(2): 249-260.

Givón, T. 1979. *On Understanding Grammar*. New York: Academic Press.

Goldberg, A. E. 2006. *Constructions at Work: The Nature of Generalization in Language*. Oxford: Oxford University Press.

Goldberg, A. E. 2019. *Explain Me This: Creativity, Competition, and the Partial Productivity of Constructions*. Princeton: Princeton University Press.

Goldberg, A. E. & Boyd, J. K. 2015. A-adjectives, statistical preemption, and positive evidence: Reply to Yang. *Language*, 91: 184-197.

Goldberg, A. E. & Casenhiser, D. 2008. Construction learning and second language acquisition. In P. Robinson & N. C. Ellis (Eds.), *Handbook of Cognitive Linguistics and Second Language Acquisition* (pp.197-215). New York: Routledge.

Goldberg, A. E. 1995. *Constructions: A Construction Grammar Approach to Argument Structure*. Chicago: University of Chicago Press.

Goldberg, A. E., Casenhiser, D. M. & Sethuraman, N. 2004. Learning argument structure generalizations. *Cognitive Linguistics*, 15(3): 289-316.

Goldberg, A. E., Casenhiser, D. & White, T. R. 2007. Constructions as categories of language. *New Ideas in Psychology*, 25(2): 70-86.

Goldstone, R. L. & Medin, D. L. 1994. Time course of comparison. *Journal of Experimental*

Psychology: Learning, Memory, and Cognition, 20(1): 29-50.

González-Fernández, B. & Schmitt, N. 2015. How much collocation knowledge do L2 learners have? *International Journal of Applied Linguistics*, 166(1): 94-126.

Grainger, J. 1990. Word frequency and neighborhood frequency effects in lexical decision and naming. *Journal of Memory and Language*, 29(2): 228-244.

Granger, S. 2015. Contrastive interlanguage analysis: A reappraisal. *International Journal of Learner Corpus Research*, 1: 7-24.

Granger, S. & Bestgen, Y. 2014. The use of collocations by intermediate vs. advanced non-native writers: A bigram-based study. *International Review of Applied Linguistics in Language Teaching*, 52(3): 229-252.

Gries, S. T. & Wulff. S. 2005. Do foreign language learners also have constructions? Evidence from priming, sorting, and corpora. *Annual Review of Cognitive Linguistics*, 3: 182-200.

Gries, S. T. 2008. Dispersions and adjusted frequencies in corpora. *International Journal of Corpus Linguistics*, 13(4): 403-437.

Gries, S. T. 2010. Dispersions and adjusted frequencies in corpora: Further explorations. In S. T. Gries, S. Wulff & M. Davies (Eds.), *Corpus-Linguistic Applications: Current Studies, New Directions* (pp. 197-212). Rodopi: Amsterdam.

Gries, S. T. 2014a. Corpus and quantitative methods. In J. R. Taylor & J. Littlemore (Eds.), *The Bloomsbury Companion to Cognitive Linguistics* (pp. 279-300). London: Bloomsbury.

Gries, S. T. 2014b. Frequencies, probabilities, and association measures in usage-/exemplar-based linguistics: Some necessary clarifications. In N. Gisborne & W. Hollmann (Eds.), *Theory and Data in Cognitive Linguistics* (pp. 15-48). Amsterdam: John Benjamins Publishing Company.

Gries, S. T. 2017. Corpus approaches. In B. Dancygier (Ed.), *The Cambridge Handbook of Cognitive Linguistics* (pp. 590-606). Cambridge: Cambridge University Press.

Gries, S. T. 2019. Ten lectures on corpus-linguistic approaches: Applications for usage-based and psycholinguistic research. *Distinguished Lectures in Cognitive Linguistics Series*. Leiden & Boston: Brill.

Gries, S. T. 2022. Toward more careful corpus statistics: Uncertainty estimates for frequencies, dispersions, association measures, and more. *Research Methods in Applied Linguistics*, 1: 100002.

Gries, S. T. & Ellis, N. C. 2015. Statistical measures for usage-based linguistics. *Language Learning*, 65: 228-255.

Gries, S. T. & Kootstra, G. 2017. Structural priming within and across languages: A corpus-based perspective. *Bilingualism: Language and Cognition*, 20: 235-250.

Gries, S. T. & Stefanowitsch, A. 2004. Extending collostructional analysis: A corpus-based perspective on "alternations". *International Journal of Corpus Linguistics*, 9(1): 97-129.

Gries, S. T. 2013. 50-something years of work on collocations: What is or should be next.... *International Journal of Corpus Linguistics*, 18(1): 137-166.

Gries, S. T., Hampe, B. & Schönefeld, D. 2005. Converging evidence: Bringing together experimental and corpus data on the association of verbs and constructions. *Cognitive*

Linguistics, 16(4): 635-676.

Gries, S. T. & Durrant, P. 2020. Analyzing co-occurrence data. In M. Paquot & S. T. Gries (Eds.), *A Practical Handbook of Corpus Linguistics*. Cham: Springer.

Groom, N. 2009. Effects of second language immersion on second language collocational development. In A. Barfield & H. Gyllstad (Eds.), *Researching Collocations in Another Language* (pp. 21-33). Houndmills: Palgrave Macmillan.

Gyllstad, H. & Wolter, B. 2016. Collocational processing in light of the phraseological continuum model: Does semantic transparency matter? *Language Learning*, 66(2): 296-323.

Halliday, M. & Hasan, R. 1985. *Language, Context and Text: Aspects of Language in Social-Semiotic Perspective*. Geelong: Deakin University Press.

Halliday, M. A. K. 1991. Corpus studies and probabilistic grammar. In K. Aijmer et al. (Eds.), *English Corpus Linguistics* (pp. 29-43). London: Longman.

Henriksen, B. 2013. Research on L2 learners' collocational competence and development: A progress report. In C. Bardel, C. Lindqvist & B. Laufer (Eds.), *L2 Vocabulary Acquisition, Knowledge and Use: New Perspectives on Assessment and Corpus Analysis* (pp. 29-56). Amsterdam: Eurosla.

Hernandez, M., Costa, A. & Arnon. I. 2016. More than words: Multiword frequency effects in non-native speakers. *Language, Cognition and Neuroscience*, 31(6): 785-800.

Hills, T. T., Maouene, J., Riordan, B., et al. 2010. The associative structure of language: Contextual diversity in early word learning. *Journal of Memory and Language*, 63(3): 259-273.

Hilpert, M. & Diessel, H. 2017. Entrenchment in construction grammar. In H. Schmid (Ed.), *Entrenchment and the Psychology of Language Learning: How We Reorganize and Adapt Linguistic Knowledge* (pp. 57-74). Berlin: Mouton de Gruyter.

Hoey, M. 2005. *Lexical Priming: A New Theory of Words and Language*. London: Routledge.

Hoffman, P. & Woollams, A. M. 2015. Opposing effects of semantic diversity in lexical and semantic relatedness decisions. *Journal of Experimental Psychology: Human Perception and Performance*, 41(2): 385-402.

Hopper, P. 1987. Emergent grammar. In *Proceedings of the Thirteenth Annual Meeting of the Berkeley Linguistics Society* (Berkeley) (pp. 139-157). Berkeley, CA: Berkeley Linguistics Society.

Hulstijn, J. & de Graaff, R. 1994. Under what conditions does explicit knowledge of a second language facilitate the acquisition of implicit knowledge? A research proposal. *AILA Review*, 11: 97-112.

Hunston, S. 2002. *Corpora in Applied Linguistics*. Cambridge: Cambridge University Press.

Hutchison, K. A. 2003. Is semantic priming due to association strength or feature overlap? A microanalytic review. *Psychonomic Bulletin & Review*, 10(4): 785-813.

Hwang, H., Jung, H. & Kim, H. 2020. Effects of written versus spoken production modalities on syntactic complexity measures in beginning-level child EFL learners. *The Modern Language Journal*, 104(1): 267-283.

Isbell, D. R. & Rogers, J. 2021. Measuring implicit and explicit learning and knowledge. In P. Winke &

T. Brunfaut (Eds.), *Routledge Handbook of SLA and Language Testing* (pp. 305-315). London: Routledge.

Izumi, S. & Bigelow, M. 2000. Does output promote noticing and second language acquisition? *TESOL Quarterly*, 34: 239-278.

Jacobs, C. L., Dell, G. S., Benjamin, A. S., et al. 2016. Part and whole linguistic experience affect recognition memory for multiword sequences. *Journal of Memory and Language*, 87: 38-58.

Jaeger, F. & Snider, E. 2008. Implicit learning and syntactic persistence: Surprisal and cumulativity. In *Proceedings of the 29th Annual Cognitive Science Society* (pp. 1061-1066). Austin, TX: Cognitive Science Society.

Jaeger, T. F. & Snider, N. E. 2013. Alignment as a consequence of expectation adaptation: Syntactic priming is affected by the prime's prediction error given both prior and recent experience. *Cognition*, 127(1): 57-83.

Jágrová, K., Avgustinova, T., Stenger, I., et al. 2019. Language models, surprisal and fantasy in Slavic intercomprehension. *Computer Speech & Language*, 53: 242-275.

James, W. 1890. *The Principles of Psychology*. New York: Holt.

Jarvis, S. & Pavlenko, A. 2007. *Crosslinguistic Influence in Language and Cognition*. London: Routledge.

Jelinski, J. B. & VanPatten, B. 1997. Input processing and grammar instruction in second language acquisition. *Hispania*, 80(4): 811.

Jiang, N. 2000. Lexical representation and development in a second language. *Applied Linguistics*, 21(1): 47-77.

Johns, B. T., Dye, M. & Jones, M. N. 2016. The influence of contextual diversity on word learning. *Psychonomic Bulletin & Review*, 23(4): 1214-1220.

Jones, M. N., Dye, M. & Johns, B. T. 2017. Context as an organizing principle of the lexicon. In B. H. Ross (Ed.), *The Psychology of Learning and Motivation* (pp. 239-283). San Diego: Elsevier Academic Press.

Joseph, H. & Nation, K. 2018. Examining incidental word learning during reading in children: The role of context. *Journal of Experimental Child Psychology*, 166: 190-211.

Juilland, A. & Chang-Rodriguez, E. 1964. *Frequency Dictionary of Spanish Words*. Berlin: Mouton de Gruyter.

Kamin, L. J. 1968. "Attention-like" processes in classical conditioning. In M. R. Jones (Ed.), *Miami Symposium on the Prediction of Behavior: Aversive Stimulation*. Miami: University of Miami Press.

Kemmer, S. & Barlow, M. 1999. Introduction: A usage-based conception of language. In M. Barlow & S. Kemmer (Eds.), *Usage-based Models of Language* (pp. 7-28). Center for the Study of Language and Information. Stanford, CA.

Kemmer, S. & Barlow, M. 2000. Introduction: A usage-based conception of language. In M. Barlow & S. Kemmer (Eds.), *Usage-based Models of Grammar* (pp. i-xxi). Stanford, CA: Center for the Study of Language and Information.

Kidd, E., Lieven, E. & Tomasello, M. 2006. Examining the role of lexical frequency in the acquisition and processing of sentential complements. *Cognitive Development*, 21(2): 93-107.

Kim, M., Crossley, S. A. & Kyle, K. 2018. Lexical sophistication as a multidimensional phenomenon: Relations to second language lexical proficiency, development, and writing quality. The *Modern Language Journal*, 102(1): 120-141.

Klein, W. 1998. The contribution of second language acquisition research. *Language Learning*, 48(4): 527-549.

Koizumi, R. & In'nami, Y. 2013. Vocabulary knowledge and speaking proficiency among second language learners from novice to intermediate levels. *Journal of Language Teaching and Research*, 4(5): 900-913.

Kormos, J. 2006. *Speech Production and Second Language Acquisition*. Mahwah: Lawrence Erlbaum Associates.

Krajewski, G., Theakston, A. L., Lieven, E. V. M., et al. 2011. How polish children switch from one case to another when using novel nouns: Challenges for models of inflectional morphology. *Language and Cognitive Processes*, 26: 830-861.

Kyle, K. & Crossley, S. 2016. The relationship between lexical sophistication and independent and source-based writing. *Journal of Second Language Writing*, 34: 12-24.

Kyle, K. & Crossley, S. A. 2015. Automatically assessing lexical sophistication: Indices, tools, findings, and application. *TESOL Quarterly*, 49(4): 757-786.

Kyle, K., Crossley, S. & Berger, C. 2018. The tool for the automatic analysis of lexical sophistication (TAALES): Version 2.0. *Behavior Research Methods*, 50(3): 1030-1046.

Lakoff, G. 1987. *Women, Fire, and Dangerous Things: What Categories Reveal about the Mind*. Chicago: University of Chicago Press.

Lakoff, G. 1991. Cognitive versus generative linguistics: How commitments influence results. *Language & Communication*, 11: 53-62.

Langacker, R. W. 1987. *Foundations of Cognitive Grammar: Theoretical Prerequisites* (Vol. 1). Stanford: Stanford University Press.

Langacker, R. W. 2017. Entrenchment in cognitive grammar. In H. J. Schmid (Ed.), *Entrenchment and the Psychology of Language Learning: How We Reorganize and Adapt Linguistic Knowledge*. Berlin: Mouton de Gruyter and APA.

Larsen-Freeman, D. 2013. Transfer of learning transformed. *Language Learning*, 63: 107-129.

Laufer, B. & Girsai, N. 2008. Form-focused instruction in second language vocabulary learning: A case for contrastive analysis and translation. *Applied Linguistics*, 29(4): 694-716.

Lemhöfer, K. & Broersma, M. 2012. Introducing LexTALE: A quick and valid lexical test for advanced learners of English. *Behavior Research Methods*, 44(2): 325-343.

Le ń ko-Szymańska, A. 2014. The acquisition of formulaic language by EFL learners A cross-sectional and cross-linguistic perspective. *International Journal of Corpus Linguistics*, 19(2): 225-251.

Levelt, W. M. 1989. *Speaking: From Intention to Articulation*. Cambridge: The MIT Press.

Lewis, M. 2000. *Teaching Collocation: Further Developments in the Lexical Approach*. Hove: Language Teaching Publications.

Lijffijt, J. & Gries, S. T. 2012. Correction to "Dispersions and adjusted frequencies in corpora". *International Journal of Corpus Linguistics*, 17: 147-149.

MacWhinney, B. 1978. The acquisition of morphophonology. In *Monographs of the Society for research in child development* (Vol. 43). Chicago: Chicago University Press.

MacWhinney, B. 2001. The competition model: The input, the context, and the brain. In P. Robinson (Ed.), *Cognition and Second Language Instruction* (pp. 69-90). New York: Cambridge University Press.

Madlener, K. 2015. *Frequency Effects in Instructed Second Language Acquisition*. Berlin: Mouton de Gruyter.

Maguire, M. J., Hirsh-Pasek, K., Golinkoff, R. M., et al. 2008. Focusing on the relation: Fewer exemplars facilitate children's initial verb learning and extension. *Developmental Science*, 11(4): 628-634.

Manning, C. D. 2003. Probabilistic syntax. In R. Bod, J. Hay & S. Jannedy (Eds.), *Probabilistic Linguistics* (pp. 289-341). Cambridge: The MIT Press.

McCarthy, P. M. & Jarvis, S. 2010. MTLD, Vocd-D, and HD-D: A validation study of sophisticated approaches to lexical diversity assessment. *Behavior Research Methods*, 42(2): 381-392.

McCauley, S. M. & Christiansen, M. H. 2017. Computational investigations of multiword chunks in language learning. *Topics in Cognitive Science*, 9(3): 637-652.

McDonald, S. A. & Shillcock, R. C. 2003. Eye movements reveal the on-line computation of lexical probabilities during reading. *Psychological Science*, 14(6): 648-652.

McDonough, K. & Nekrasova-Becker, T. 2014. Comparing the effect of skewed and balanced input on English as a foreign language learners' comprehension of the double-object dative construction. *Applied Psycholinguistics*, 35(2): 419-442.

McDonough, K. & Trofimovich, P. 2009. *Using Priming Methods in Second Language Research*. London: Routledge.

McDonough, K. & Trofimovich, P. 2013. Learning a novel pattern through balanced and skewed input. *Bilingualism: Language and Cognition*, 16: 654-662.

McElreath, R. 2020. *Statistical rethinking: A Bayesian course with examples in R and Stan* (2nd ed.). Taylor and Francis: CRC Press.

McLean, S., Stewart, J. & Batty, A. O. 2020. Predicting L2 reading proficiency with modalities of vocabulary knowledge: A bootstrapping approach. *Language Testing*, 37(3): 389-411.

McNamara, T. P. 2005. *Semantic Priming: Perspectives from Memory and Word Recognition*. Hove: Psychology Press.

Meara, P. & Miralpeix, I. 2017. *Tools for Researching Vocabulary*. Bristol: Multilingual Matters.

Meara, P. 1996. The dimensions of lexical competence. In G. Brown, K. Malmkjaer & J. Williams (Eds.), *Competence and Performance in Language Learning* (pp. 35-53). Cambridge: Cambridge University Press.

Meara. P. & Fitizpatrick, T. 2000. Lex30:An improved method of assessing productive vocabulary in an L2. *System*, 28(1): 19-30.

Meisel, J. M., Clahsen, H. & Pienemann, M. 1981. On determining developmental stages in natural second language acquisition. *Studies in Second Language Acquisition*, 3(2): 109-135.

Miralpeix, I. & Muñoz, C. 2018. Receptive vocabulary size and its relationship to EFL language skills. *International Review of Applied Linguistics in Language Teaching*, 56: 1-24.

Montemurro, M. A. 2001. Beyond the zipf–mandelbrot law in quantitative linguistics. *Physica A: Statistical Mechanics and its Applications*, 300: 567-578.

Morris, W. C., Cottrell, G. W. & Elman, J. L. 2000. A connectionist simulation of the empirical acquisition of grammatical relations. In S. Wermter & R. Sun (Eds.), *Hybrid Neural Systems Integration* (pp. 175-193). Berlin: Springer.

Nakamura, D. 2012. Input skewedness, consistency, and order of frequent verbs in frequency-driven second language construction learning: A replication and extension of Casenhiser and Goldberg (2005) to adult second language acquisition. *International Review of Applied Linguistics in Language Teaching*, 50(1): 1-37.

Nesselhauf, N. 2005. *Collocations in a Learner Corpus*. Amsterdam: John Benjamins Publishing Company.

Newman, M. 2005. Power laws, Pareto distributions and zipf's law. *Contemporary Physics*, 46(5): 323-351.

Ninio, A. 1999. Pathbreaking verbs in syntactic development and the question of prototypical transitivity. *Journal of Child Language*, 26(3): 619-653.

O'Grady, W. 1997. *Syntactic Development*. Chicago: University of Chicago Press.

Öksüz, D., Brezina, V. & Rebuschat, P. 2021. Collocational processing in L1 and L2: The effects of word frequency, collocational frequency, and association. *Language Learning*, 71(1): 55-98.

Onnis, L. & Thiessen, E. 2013. Language experience changes subsequent learning. *Cognition*, 126(2): 268-284.

Pagán, A. & Nation, K. 2019. Learning words via reading: Contextual diversity, spacing, and retrieval effects in adults. *Cognition Science*, 43: 1-24.

Pajak, B., Fine, A. B., Kleinschmidt, D. F., et al. 2016. Learning additional languages as hierarchical probabilistic inference: Insights from first language processing. *Language Learning*, 66(4): 900-944.

Paquot, M. 2017. L1 Frequency in foreign language acquisition: Recurrent word combinations in French and Spanish EFL learner writing. *Second Language Research*, 33: 13-32.

Paquot, M. 2018. Phraseological competence: A missing component in university entrance language tests? Insights from a study of EFL learners' use of statistical collocations. *Language Assessment Quarterly*, 15:1, 29-43.

Paquot, M. 2019. The phraseological dimension in interlanguage complexity research. *Second Language Research*, 35: 121-145.

Paquot, M. & Granger, S. 2012. Formulaic language in learner corpora. *Annual Review of Applied Linguistics*, 32: 130-149.

Parmentier, F. B. R., Comesaña, M. & Soares, A. P. 2017. Disentangling the effects of word frequency and contextual diversity on serial recall performance. *Quarterly Journal of Experimental Psychology*, 70(1): 1-17.

Pawley, A. & Syder, F. 1983. Two puzzles for linguistic theory: Nativelike selection and nativelike fluency. In J. Richards & R. W. Schmidt (Eds.), *Language and Communication* (pp. 191-225). London: Longman.

Pedersen, T., Patwardhan, S. & Michelizzi, J. 2004. WordNet: Similarity-measuring the relatedness of concepts. In Proceedings of the Nineteenth National Conference on Artificial Intelligence (pp. 38-41). San Jose: Association for Computational Linguistics.

Pellicer-Sánchez, A. 2016. Incidental L2 vocabulary acquisition from and while reading: An eye-tracking study. *Studies in Second Language Acquisition*, 38(1): 97-130.

Perdue, C. 1993. *Adult Language Acquisition: Crosslinguistic Perspectives*. Cambridge: Cambridge University Press.

Perea, M., Soares, A. P. & Comesaña, M. 2013. Contextual diversity is a main determinant of word identification times in young readers. *Journal of Experimental Child Psychology*, 116(1): 37-44.

Perfors, A., Tenenbaum, J. B. & Regier, T. 2011. The learnability of abstract syntactic principles. *Cognition*, 118(3): 306-338.

Pickering, M. J. & Garrod, S. 2004. Toward a mechanistic psychology of dialogue. *Behavioral and Brain Sciences*, 27(2): 169-226.

Pienemann, M. 1998. *Language Processing and Second Language Development: Processability Theory*. Amsterdam: John Benjamins Publishing Company.

Pierrehumbert, J. B. 2001. Exemplar dynamics: Word frequency, lenition and contrast. In J. Bybee & P. Hopper (Eds.), *Frequency and the Emergence of Linguistic Structure* (pp. 137–157). Amsterdam: John Benjamins Publishing Company.

Pinker, S. 1989. *Learnability and Cognition: The Acquisition of Argument Structure*. Cambridge: Bradford Books.

Plakans, L. & Gebril, A. 2013. Using multiple texts in an integrated writing assessment: Source text use as a predictor of score. *Journal of Second Language Writing*, 22(3): 217-230.

Playfoot, D., Balint, T., Pandya, V., et al. 2016. Are word association responses really the first words that come to mind? *Applied Linguistics*, 39(5): 607-624.

Plonsky, L. & Oswald, F. L. 2014. How big is "big"? Interpreting effect sizes in L2 research. *Language Learning*, 64(4): 878-912.

Plummer, P., Perea, M. & Rayner, K. 2014. The influence of contextual diversity on eye movements in reading. *Journal of Experimental Psychology: Learning, Memory, and Cognition*, 40(1): 275-283.

Qi, Yan. & Ding, Yanren. 2011. Use of formulaic sequences in monologues of Chinese EFL learners. *System*, 39: 164-174.

Rastle, K., Harrington, J. & Coltheart, M. 2002. 358, 534 nonwords: The ARC nonword database. *The Quarterly Journal of Experimental Psychology*, 55(4): 1339-1362.

Read, J. 2000. *Assessing Vocabulary*. Cambridge: Cambridge University Press.

Reber, A. S. 1989. Implicit learning and tacit knowledge. *Journal of Experimental Psychology: General*, 118(3): 219-235.

Reber, A. S. 1993. *Implicit Learning and Tacit Knowledge: An Essay on the Cognitive Unconscious*.

Oxford: Oxford University Press.

Rebuschat, P. & Williams, J. N. 2012. *Statistical Learning and Language Acquisition*. Berlin: Mouton de Gruyter.

Rehder, B. 2001. Interference between cognitive skills. *Journal of Experimental Psychology: Learning, Memory, and Cognition*, 27(2): 451-469.

Rescorla, R. A. 1968. Probability of shock in the presence and absence of cs in fear conditioning. *Journal of Comparative and Physiological Psychology*, 66(1): 1-5.

Revesz, A. 2014. Towards a fuller assessment of cognitive models of task-based learning: Investigating task-generated cognitive demands and processes. *Applied Linguistics*, 35: 87-92.

Robenalt, C. & Goldberg, A. E. 2016. Nonnative speakers do not take competing alternative expressions into account the way native speakers do. *Language Learning*, 66(1): 60-93.

Robinson, P. 1996. Learning simple and complex second language rules under implicit, incidental, rule search, and instructed conditions. *Studies in Second Language Acquisition*, 18: 27-67.

Robinson, P. 2011. Second language task complexity, the Cognition Hypothesis, language learning, and performance. In P. Robinson (Ed.), *Second Language Task Complexity* (pp. 3-38). Amsterdam: John Benjamins Publishing Company.

Römer, U., O'Donnell, M. B. & Ellis, N. C. 2014. Second language learner knowledge of verb–argument constructions: Effects of language transfer and typology. *Modern Language Journal*, 98(4): 952-975.

Römer, U., O'Donnell, M. B. & Ellis, N. C. 2015. Using COBUILD grammar patterns for a large-scale analysis of verb-argument constructions: Exploring corpus data and speaker knowledge. In N. Groom, M. Charles & S. John (Eds.), *Corpora, Grammar and Discourse: In Honour of Susan Hunston* (pp. 43-72). Amsterdam: John Benjamins Publishing Company.

Römer, U., Roberson, A., O'Donnell, M. B., et al. 2014. Linking learner corpus and experimental data in studying second language learners' knowledge of verb-argument constructions. *ICAME Journal*, 38(1): 115-135.

Rosa, E., Tapia, J. L. & Perea, M. 2017. Contextual diversity facilitates learning new words in the classroom. *PLoS ONE*, 12(6): 1-12.

Rosch, E. 1975. Cognitive representation of semantic categories. *Journal of Experimental Psychology*, 104: 192-233.

Rosch, E. & Mervis, C. B. 1975. Family resemblances: Studies in the internal structure of categories. *Cognitive Psychology*, 7: 573-605.

Rosengren, I. 1971. The quantitative concept of language and its relation to the structure of frequency dictionaries. *Études de Linguistique Appliquée (Nouvelle Série)*, 1: 103-127.

Rosseel, Y. 2012. Lavaan: An R package for structural equation modeling. *Journal of Statistical Software*, 48: 1-36.

Rowland, C. F., Chang, F., Ambridge, B., et al. 2012. The development of abstract syntax: Evidence from structural priming and the lexical boost. *Cognition*, 125(1): 49-63.

Ruhland, R., Wijnen, F. & van Geert, P. 1995. An exploration into the application of dynamic systems modelingto language acquisition. In M. Verrips & F. Wijnen (Eds.), *Amsterdam Series in Child Language Development: Vol.4. Approaches to Parameter Setting* (pp. 107-134). Amsterdam: University of Amsterdam, Institute for General Linguistics.

Sagarra, N. & Ellis, N. C. 2013. From seeing adverbs to seeing morphology: Language experience and adult acquisition of L2 tense. *Studies in Second Language Acquisition*, 35: 261-290.

Sagi, E., Gentner, D. & Lovett, A. 2012. What difference reveals about similarity. *Cognitive Science*, 36: 1019-1050.

Saito, K. 2020. Multi-or single-word units? The role of collocation use in comprehensible and contextually appropriate second language speech. *Language Learning*, 70: 548-588.

Saito, K., MacMillan, K., Mai, T., et al. 2020. Developing, analyzing and sharing multivariate datasets: Individual differences in L2 learning revisited. *Annual Review of Applied Linguistics*, 40: 9-25.

Satorra, A. & Bentler, P. M. 1994. Corrections to test statistics and standard errors in covariance structure analysis. In A. von Eye & C. C. Clogg (Eds.), *Latent Variables Analysis: Applications for Developmental Research* (pp. 399-419). Thousand Oaks, CA: Sage.

Saussure, F. d. 1916. *Cours de linguistique general*. Payot: Paris.

Schmid, H. J. 2010. Entrenchment, salience, and basic levels. In D. Geeraerts & H. Cuyckens (Eds.), *The Oxford Handbook of Cognitive Linguistics* (pp. 117-138). Oxford: Oxford University Press.

Schmidt, R. W. 1990. The role of consciousness in second language learning. *Applied Linguistics*, 11: 129-158.

Schmidt, R. 2001. Attention. In P. Robinson (ed.), *Cognition and Second Language Instruction* (pp. 3-32). Cambridge: Cambridge University Press.

Schmitt, N. 2012. Formulaic language and collocation. In C. Chapelle (Ed.), *The Encyclopedia of Applied Linguistics* (pp. 1-10). New York: Blackwell.

Schooler, L. J. & Anderson, J. R. 1997. The role of process in the rational analysis of memory. *Cognitive Psychology*, 32(3): 219-250.

Seidenberg, M. S. & McClelland, J. L. 1989. A distributed, developmental model of word recognition and naming. *Psychological Review*, 96(4): 523-568.

Shanks, D. R. 1995. *The Psychology of Associative Learning*. New York: Cambridge University Press.

Simon, H. A. 1957. *Models of Man, Social and Rational: Mathematical Essays on Rational Human Behavior in a Social Setting*. New York, NY: Wiley.

Sinclair, J. 1991. *Corpus, Concordance, Collocation*. Oxford: Oxford University Press.

Sinclair, J. 2004. *Trust the Text: Language, Corpus and Discourse*. London: Routledge.

Singley, M. & Anderson, J. 1989. *The Transfer of Cognitive Skill*. Cambridge: Harvard University Press.

Siyanova-Chanturia, A. & Schmitt, N. 2008. L2 learner production and processing of collocation: A multi-study perspective. *The Canadian Modern Language Review*, 64(3): 429-458.

Siyanova-Chanturia, A. & Martinez, R. 2015. The idiom principle revisited. *Applied Linguistics*, 36(5): 549-569.

Siyanova-Chanturia, A. & Pellicer-Sanchez, A. 2018. *Understanding Formulaic Language: A Second*

Language Acquisition Perspective. London: Routledge.

Siyanova-Chanturia, A. & Spina, S. 2020. Multi-word expressions in second language writing: A large-scale longitudinal learner corpus study. *Language Learning*, 70(2): 420-463.

Siyanova-Chanturia, A., Conklin, K. & van Heuven, W. J. B. 2011. Seeing a phrase 'time and again' matters: The role of phrasal frequency in the processing of multi-word sequences. *Journal of Experimental Psychology: Language, Memory, and Cognition*, 37(3): 776-784.

Skehan, P. 2009. Modelling second language performance: Integrating complexity, accuracy, fluency, and lexis. *Applied Linguistics*, 30(4): 510-532.

Sobel, H. S., Cepeda, N. J. & Kapler, I. V. 2011. Spacing effects in real-world classroom vocabulary learning. *Applied Cognitive Psychology*, 25(5): 763-767.

Sonbul, S. 2015. Fatal mistake, awful mistake, or extreme mistake? Frequency effects on offline/on-line collocational processing. *Bilingualism: Language and Cognition*, 18(3): 419-437.

Spada, N. & Tomita, Y. 2010. Interactions between type of instruction and type of language feature: A meta-analysis. *Language Learning*, 60(2): 263-308.

Spieler, D. H. & Balota, D. A. 1997. Bringing computational models of word naming down to the item level. *Psychological Science*, 8(6): 411-416.

Stefanowitsch, A & Gries, S. T. 2003. Collostructions: Investigating the interaction between words and constructions. *International Journal of Corpus Linguistics*, 8(2): 209-243.

Stefanowitsch, A. 2008. Negative entrenchment: A usage-based approach to negative evidence. *Cognitive Linguistics*, 19(3): 513-531.

Stefanowitsch, A. 2011. Constructional preemption by contextual mismatch: A corpus-linguistic investigation. *Cognitive Linguistics*, 22(1): 107-129.

Stengers, H., Boers, F., Housen, A., et al. 2011. Formulaic sequences and L2 oral proficiency: Does the type of target language influence the association? *International Review of Applied Linguistics*, 49: 321-343.

Suttle, L. & Goldberg, A. E. 2011. The partial productivity of constructions as induction. *Linguistics*, 49(6): 1237-1269.

Szudarski, P. & Carter, R. 2016. The role of input flood and input enhancement in EFL learners' acquisition of collocations. *International Journal of Applied Linguistics*, 26(2): 245-265.

Tachihara, K. & Goldberg, A. E. 2020. Reduced competition effects and noisier representations in a second language. *Language Learning*, 70(1): 219-265.

Tatsumi, T., Ambridge, B. & Pine, J. M. 2018. Disentangling effects of input frequency and morphophonological complexity on children's acquisition of verb inflection. *Cognitive Science*, 42(2): 555-577.

Tavakoli, P. & Skehan, P. 2005. Strategic planning, task structure, and performance testing. In R. Ellis (Ed.), *Planning and Task Performance in a Second Language* (pp. 239-273). Amsterdam: John Benjamins Publishing Company.

Tavakoli, P. & Uchihara, T. 2020. To what extent are multiword sequences associated with oral fluency? *Language Learning*, 70(2): 506-547.

Taylor, J. 2011. Prototype theory. In C. Maienborn, K. Heusinger & P. Portner (Eds.), *An*

International Handbook of Natural Laugage Mining, Volume 1 (pp. 643-664). Berlin: Mouton de Gruyter.

Taylor, J. R. 2012. *The Mental Corpus. How Language is Represented in the Mind*. Oxford: Oxford University Press.

Tenenbaum, J. B., Kemp, C., Griffiths, T. L., et al. 2011. How to grow a mind: statistics, structure, and abstraction. *Science*, 331(6022): 1279-1285.

Theakston, A. L. 2004. The role of entrenchment in children's and adults' performance on grammaticality judgment tasks. *Cognitive Development*, 19(1): 15-34.

Todd, R. W. 2019. Exploring the direction of collocations in eight languages. *Canadian Journal of Linguistics*, 64(1): 146-154.

Toglia, M. P. & Battig, W. F. 1978. *Handbook of Semantic Word Norms*. Hillsdale, NJ: Lawrence Erlbaum.

Tomasello, M. 2003. *Constructing a Language*. Boston: Harvard University Press.

Tomasello, M. & Brooks, P. J. 1999. Early syntactic development: A construction grammar approach. In M. Barrett (Ed.), *The Development of Language* (pp. 161-190). Hove: Psychology Press.

Tremblay, A., Derwing, B., Libben, G., et al. 2011. Processing advantages of lexical bundles: Evidence from self-paced reading and sentence recall tasks. *Language Learning*, 61(2): 569-613.

Trousdale, G. & Hoffmann, T. 2013. *Oxford Handbook of Construction Grammar*. Oxford: Oxford University Press.

Uchihara, T. & Clenton, J. 2020. Investigating the role of vocabulary size in second language speaking ability. *Language Teaching Research*, 24(4): 540-556.

Uchihara, T. & Saito, K. 2019. Exploring the relationship between productive vocabulary knowledge and second language oral ability. *The Language Learning Journal*, 47(1): 64-75.

Urrutibétheity, H. N. 1972. The statistical properties of the Spanish lexicon. *Cahiers de lexicologie*, 20: 79-95.

Vafaee, P. & Suzuki, Y. 2020. The relative significance of syntactic knowledge and vocabulary knowledge in second language listening ability. *Studies in Second Language Acquisition*, 42(2): 383-410.

van Patten, B. 1996. *Input Processing and Grammar Instruction in Second Language Acquisition*. Norwood: Ablex

van Patten, B. & Williams, J. 2014. *Theories in Second Language Acquisition: An Introduction* (2nd ed.). London: Routledge.

Vergara-Martínez, M., Comesaña, M. & Perea, M. 2017. The ERP signature of the contextual diversity effect in visual word recognition. *Cognitive, Affective, & Behavioral Neuroscience*, 17(3): 461-474.

Vilkaitė-Lozdienė, L. 2022. Do different morphological forms of collocations show comparable processing facilitation? *Journal of Experimental Psychology: Learning, Memory, and Cognition*, 48(9): 1328-1347.

Wang, C. M. & Wang, M. 2015. Effect of Alignment on L2 Written Production. *Applied Linguistics*, 36(5): 503-526.

Wang, C. 1995. Semantic structure theory and L2 learning of adjectival participles. Unpublished Ph.D. dissertation, Chinese University of Hong Kong, Hong Kong, China.

Webb, S., Newton, J. & Chang, A. 2013. Incidental learning of collocation. *Language Learning*, 63: 91-120.

Wesche, M. & Paribakht, T. S. 1996. Assessing second language vocabulary knowledge: Depth versus breadth. *Canadian Modern Language Review*, 53: 13-40.

Whorf, B. L. 1956. *Language, Thought, and Reality*. Cambridge: The MIT Press.

Wolter, B. 2001. Comparing the L1 and L2 mental lexicon: A depth of individual word knowledge model. *Studies in Second Language Acquisition*, 23(1): 41-69.

Wolter, B. & Gyllstad, H. 2011. Collocational links in the L2 mental lexicon and the influence of L1 intralexical knowledge. *Applied Linguistics*, 32(4): 430-449.

Wolter, B. & Yamashita, J. 2017. Word frequency, collocational frequency, L1 congruency, and proficiency in L2 collocational processing: What accounts for L2 performance? *Studies in Second Language Acquisition*, 40(2): 395-416.

Wonnacott, E., Newport, E. L. & Tanenhaus, M. K. 2008. Acquiring and processing verb argument structure: Distributional learning in a miniature language. *Cognitive Psychology*, 56(3): 165-209.

Wood, D. 2006. Uses and functions of formulaic sequences in second language speech: An exploration of the foundations of fluency. *The Canadian Modern Language Review*, 63(1): 13-33.

Wood, D. 2009. Effects of focused instruction of formulaic sequences on fluent expression in second language narratives: A case study. *Canadian Journal of Applied Linguistics*, 12: 39-57.

Wood, D. 2010. *Formulaic Language and Second Language Speech Fluency: Background, Evidence, and Classroom Applications*. London/New York: Continuum.

Wood, D. 2015. *Fundamentals of Formulaic Language: An Introduction*. London: Bloomsbury.

Wray, A. 2002. *Formulaic Language and The Lexicon*. Cambridge: Cambridge University Press.

Wulff, S., Ellis, N. C., Römer, U., et al. 2009. The acquisition of tense-aspect: Converging evidence from corpora and telicity ratings. *The Modern Language Journal*, 93(3): 354-369.

Wulff, S., Stefanowitsch, A. & Gries, S. T. 2006. Brutal Brits and persuasive Americans: Variety-specific meaning construction in the into-causative. In G. Radden, K.-M. Köpcke, T. Berg, et al. (Eds.), *Aspects of Meaning Construction* (pp. 265-281). Amsterdam: John Benjamins Publishing Company.

Xu, F. & Tenenbaum, J. B. 2007. Word learning as Bayesian inference. *Psychological Review*, 114(2): 245-272.

Yamashita, J. & Jiang, N. 2010. L1 influence on the acquisition of L2 collocations: Japanese ESL users and EFL learners acquiring English collocations. *TESOL Quarterly*, 44(4): 647-668.

Yang, C. D. 2004. Universal grammar, statistics or both? *Trends in Cognitive Sciences*, 8(10): 451-456.

Yang, C. D. 2015. For and against frequencies. *Journal of Child Language*, 42: 287-293.

Yang, H. & Weir, C. 1998. *Validation study of the National College English Test*. Shanghai: Shanghai Foreign Language Education Press.

Yang, Y. L., Sun, Y., Chang, P., et al. 2019. Exploring the relationship between language aptitude, vocabulary size, and EFL graduate students' L2 writing performance. *TESOL Quarterly*, 53(3): 845-856.

Yao, Y., Vehtari, A., Simpson, D., et al. 2018. Using stacking to average Bayesian predictive distributions (with discussion). *Bayesian Analysis*, 13(3): 917-1007.

Year, J. & Gordon, P. 2009. Korean speakers' acquisition of the English ditransitive construction: The role of verb prototype, input distribution, and frequency. *The Modern Language Journal*, 93(3): 399-417.

Yi, W. 2018. Statistical sensitivity, cognitive aptitudes, and processing of collocations. *Studies in Second Language Acquisition*, 40(4): 831-856.

Yi, W., Lu, S. Y. & Ma, G. J. 2017. Frequency, contingency and online processing of multiword sequences: An eye-tracking study. *Second Language Research*, 33(4): 519-549.

Yuan, F. & Ellis, R. 2003. The effects of pre-task planning and on-line planning on fluency, complexity and accuracy in L2 monologic oral production. *Applied Linguistics*, 24(1): 1-27.

Zareva, A. & Wolter, B. 2012. The 'promise' of three methods of word association analysis to L2 lexical research. *Second Language Research*, 28(1): 41-67.

Zhang, S. M. & Zhang, L. J. 2021. Effects of a xu-argument based iterative continuation task on an EFL learner's linguistic and affective development: Evidence from errors, self-initiated error corrections, and foreign language learning attitude. *System*, 98: 102481.

Zhang, X. & Mai, C. 2018. Effects of entrenchment and preemption in second language learners' acceptance of English denominal verbs. *Applied Psycholinguistics*, 39(2): 413-436.

Zhang, X. P. & Dong, X. L. 2016. Revisiting zipfian frequency: L2 acquisition of English prenominal past participles. *The Modern Language Journal*, 100(2): 404-427.

Zhang, X. 2017. Second language users' restriction of linguistic generalization errors: The case of English un-prefixation development. *Language Learning*, 67: 569-598.

Zhang, X. P. & Dong, X. L. 2019. Input frequency and construction interference interactions in L2 development. *Second Language Research*, 35: 505-527.

Zhang, X. P. & Li, W. W. 2021. Effects of n-grams on the rated L2 writing quality of expository essays: A conceptual replication and extension. *System*, 97: 102437.

Zhang, X. P. & Mai, C. P. 2018. Effects of entrenchment and preemption in second language learners' acceptance of English denominal verbs. *Applied Psycholinguistics*, 39(2): 413-436.

Zipf, G. K. 1935. *The Psycho-Biology of Language: An Introduction to Dynamic Philology*. Cambridge: The MIT Press.